儒家文明省部共建协同创新中心研究成果

山东师范大学中国语言文学山东省一流学科资助出版

中国博士后科学基金面上资助课题
"魏晋南北朝正史礼志研究"(2019M652460)阶段性成果

山东省社科规划研究课题"郑玄礼学体系
建构研究"(24CZWJ06)阶段性成果

山东大学中国经学研究中心成果

《仪礼》郑注发微

郭超颖 著

中华书局

图书在版编目(CIP)数据

《仪礼》郑注发微/郭超颖著. —北京:中华书局,2025.6. — ISBN 978-7-101-17216-4

Ⅰ.K892.9

中国国家版本馆 CIP 数据核字第 20250HL295 号

书　　名	《仪礼》郑注发微	
著　　者	郭超颖	
封面题签	刘晓东	
责任编辑	葛洪春	
装帧设计	刘　丽	
责任印制	韩馨雨	
出版发行	中华书局	
	（北京市丰台区太平桥西里 38 号　100073）	
	http://www.zhbc.com.cn	
	E-mail:zhbc@zhbc.com.cn	
印　　刷	三河市中晟雅豪印务有限公司	
版　　次	2025 年 6 月第 1 版	
	2025 年 6 月第 1 次印刷	
规　　格	开本/920×1250 毫米　1/32	
	印张 12⅝　插页 2　字数 300 千字	
国际书号	ISBN 978-7-101-17216-4	
定　　价	78.00 元	

目 录

序 ………………………………………………… 刘晓东　1

绪　论 ………………………………………………………… 1

上编　礼的基本原则

第一章　尊主分明 …………………………………………… 51
　　第一节　礼不并敬 ………………………………………… 51
　　第二节　意旨归属确定 …………………………………… 90
第二章　动态平衡 ………………………………………… 117
　　第一节　动力注入 ……………………………………… 117
　　第二节　生成新平衡 …………………………………… 132

下编　礼的核心原则

第三章　相人偶为敬 ……………………………………… 167
　　第一节　携同共存 ……………………………………… 173
　　第二节　顺达人心 ……………………………………… 190

第四章　贵重勤劳 ⋯⋯⋯⋯⋯⋯⋯⋯⋯⋯⋯⋯⋯⋯⋯⋯⋯ 215

第一节　勤劳上事者贵 ⋯⋯⋯⋯⋯⋯⋯⋯⋯⋯⋯⋯ 216

第二节　近其事得申 ⋯⋯⋯⋯⋯⋯⋯⋯⋯⋯⋯⋯⋯ 226

第三节　不以无事乱有事 ⋯⋯⋯⋯⋯⋯⋯⋯⋯⋯⋯ 230

第四节　贱者因事得献 ⋯⋯⋯⋯⋯⋯⋯⋯⋯⋯⋯⋯ 239

第五章　渐成而有终 ⋯⋯⋯⋯⋯⋯⋯⋯⋯⋯⋯⋯⋯⋯⋯ 245

第一节　循序渐进 ⋯⋯⋯⋯⋯⋯⋯⋯⋯⋯⋯⋯⋯⋯ 246

第二节　合乎时宜 ⋯⋯⋯⋯⋯⋯⋯⋯⋯⋯⋯⋯⋯⋯ 260

第三节　礼有终结 ⋯⋯⋯⋯⋯⋯⋯⋯⋯⋯⋯⋯⋯⋯ 270

第六章　直观显明 ⋯⋯⋯⋯⋯⋯⋯⋯⋯⋯⋯⋯⋯⋯⋯⋯ 289

第一节　预告警策显明 ⋯⋯⋯⋯⋯⋯⋯⋯⋯⋯⋯⋯ 289

第二节　重志别贤 ⋯⋯⋯⋯⋯⋯⋯⋯⋯⋯⋯⋯⋯⋯ 303

第三节　明恩惠显哀荣 ⋯⋯⋯⋯⋯⋯⋯⋯⋯⋯⋯⋯ 309

第四节　见示亲敬 ⋯⋯⋯⋯⋯⋯⋯⋯⋯⋯⋯⋯⋯⋯ 313

第七章　尊重他人意志 ⋯⋯⋯⋯⋯⋯⋯⋯⋯⋯⋯⋯⋯⋯ 319

第一节　不期待必然 ⋯⋯⋯⋯⋯⋯⋯⋯⋯⋯⋯⋯⋯ 320

第二节　容许个人情况不同 ⋯⋯⋯⋯⋯⋯⋯⋯⋯⋯ 325

第三节　尊者的选择空间 ⋯⋯⋯⋯⋯⋯⋯⋯⋯⋯⋯ 327

第四节　言语委婉不斥 ⋯⋯⋯⋯⋯⋯⋯⋯⋯⋯⋯⋯ 332

第八章　伦匹对等 ⋯⋯⋯⋯⋯⋯⋯⋯⋯⋯⋯⋯⋯⋯⋯⋯ 337

第一节　使人各以其爵 ⋯⋯⋯⋯⋯⋯⋯⋯⋯⋯⋯⋯ 337

第二节　尊卑不伉礼 ⋯⋯⋯⋯⋯⋯⋯⋯⋯⋯⋯⋯⋯ 342

第九章　礼渎则亵 ⋯⋯⋯⋯⋯⋯⋯⋯⋯⋯⋯⋯⋯⋯⋯⋯ 353

第一节　盛礼后不扰尊者 ⋯⋯⋯⋯⋯⋯⋯⋯⋯⋯⋯ 354

第二节　不频繁举事 ⋯⋯⋯⋯⋯⋯⋯⋯⋯⋯⋯⋯⋯ 357

第十章　尊逸卑劳 ……………………………………… 363
　　第一节　卑者先于尊者就事 ……………………………… 364
　　第二节　尊者恒安卑者主劳 ……………………………… 369

主要参考文献 ……………………………………………… 387
后　记 …………………………………………………… 395

序

近年来才认识了郭超颖,是由于读其文而识其人的。初读她的文章,颇惊讶其对礼学的精熟,后来逐渐了解,方知她受礼学于南京师大方向东教授,后入山东大学王承略教授门,渊源有自。而且一直专力礼经,不暇余学,所以知识精纯集中。后来逐渐熟悉,于是她乘暇光,临敝宅,时时就礼学作一番交流,对我来说,也是一件比较愉悦的事。现在她的大作《〈仪礼〉郑注发微》成书,嘱我写几句话,于是应嘱如下。

《礼记·郊特牲》:"礼之所尊,尊其义也。失其义,陈其数,祝史之事也。"郑玄《礼序》:"礼者,体也,履也。统之于心曰体,践而行之曰履。"于是觉得,礼者,外行之仪而内存乎义,仪是义的表现,义是仪的内存。仪是随时而变的,而义是相对稳定的。可以说,礼正是通过其仪的适应性,完成了其义的超越性。说句文言罢,就是"义之时义大矣哉"了。所以,对礼义的阐发与对礼仪的描述是同等重要的。如:就篇阐义,冠、昏、乡饮、射、燕、聘都有专门阐述其义的著作篇章收录在《礼记》中,后来宋代刘敞又作士相见及公食大夫之义,清代凌廷堪复作觐义。观《汉书·儒林传》:"汉兴,鲁高堂生传士礼十七篇,而鲁徐生善为颂。"注引苏林以为"徐氏后有张氏,不知经,但能盘辟为礼容"。又《艺文志》:"汉兴,制氏以雅乐声律,世在乐官,颇能纪其铿锵鼓舞,而不能言其义。"可知礼失其义,正与乐同,其外仪虽可矜饰而内无情实,只能成为一种表演性的行为了。所以就礼来说,其揖让之节,俎豆之数,登降之序,趣翔之别,各有其蕴义存乎其间。前述诸篇之义都是概要之言,没有能够从具体委曲周旋中作详细的说明。而郑玄作注,正是从这一方面作出了弥补。注中不仅对于节文数度作了更为详尽的说明与补充,而且对动容周旋,都阐发其义蕴,明其尊卑先后隆降之故,发其伦叙等位差次之微。使人根据其义蕴,可以适变其仪文而成教化以垂后世。

郑注阐发礼义,散在注文中。超颖辑聚分类,复作详解,深析本注,互证他文。有功于郑学,是其一。有功于礼学,是其二。有功于礼教文化,是其三。对这样一部著作,我只有高兴与佩服,因此写了上面这些话。

刘晓东

2022.12.20夜

绪　论

第一节　问题的提出

一、礼之组织生成和运作的内部合理性问题

礼是治世①。《礼记·仲尼燕居》曰："礼者何也？即事之治也。君子有其事，必有其治。"②中国古代社会的礼对社会生产生活进行系统管理调配，保障社会有序恒久地运作。治世在于使万物合

---

① 钱玄云："学者以为礼学是经国济世之学，与国家建制、社会习俗、个人道德修养，均有直接关系，是实践致用之学。"（钱玄《三礼通论》，南京：南京师范大学出版社，1996年，第1页）陈顾远《中国法制史概要》："礼由儒家言之，实为一切规范之总称，有劝人为善之道德律，有出礼入刑之社会律，有安邦治国之政事律。"（陈顾远《中国法制史概要》，北京：商务印书馆，2011年，第324页）陈氏又云："儒家既认为礼系节制约束之标准，为个人如何守分之标准，而又取事之所宜设为纲纪，此在名义上虽不称其为法，实际上则已为法矣。现代所称之法，认为系关于国家人民各方面一切事物之依据，礼何独不然？"（陈顾远《中国法制史概要》，第328页）
② 《礼记正义》卷五十，阮元校刻《十三经注疏》（附校勘记），北京：中华书局，1980年，第1613页。以下十三经文献如无特殊标注，均为此版本，不赘述。

于道理,故"礼也者,理也"①,理,指道理,"天下安而万理得矣"②,这也是礼的目的。如何实现合理且尽可能使政治文明"止于至善"? 就要"礼以行义"(《左传·成公二年》),义,"宜也。错心方直,动合事宜,乃谓之为义"③,故《礼记·表记》曰"义者,天下之制也","既使物各得其宜,是能裁断于事也"④。礼的这种"于事合宜,所为得理",是社会组织的利益根本,是"义以生利,利以平民,政之大节"。正是有鉴于这一范畴,班固《汉书·礼乐志》言:"六经之道同归,而礼乐之用为急。"⑤《礼记·祭统》曰:"凡治人之道,莫急于礼。"⑥

礼义是传统中国文化的核心。随着人类社会发展进程,古礼在近代一度被视为进步的阻碍,意味着"落后""愚昧""繁琐"。实际上,我们批判的是旧有的秩序架构。古礼固然不匹配于当今社会,礼的本质也必然不为保守而生。"礼,时为大"(《礼记·礼器》),与时俱进是礼的基本精神。王国维《殷周制度论》发挥殷周制度大变革背景下新制度、新文化的精神,而陈梦家则阐释商周文化之因袭相承性⑦。"殷因于夏礼,所损益可知也。周因于殷礼,所

---

① 《礼记正义》卷五十,第1614页。
② [汉]贾谊撰,方向东集解《贾谊〈新书〉集解》,南京:河海大学出版社,1994年,第246页。
③ 《春秋左传正义》卷三,第1723页。
④ 《礼记正义》卷五十四,第1639页。
⑤ 《汉书》卷二十二,北京:中华书局,1962年,第1027页。
⑥ 《礼记正义》卷四十九,第1602页。
⑦ 陈梦家《陈梦家学术论文集·古文字中之商周祭祀》,北京:中华书局,2016年,第51页。

损益可知也"①,"周监于二代,郁郁乎文哉,吾从周"②就是这个道理③。杜佑《通典》曾对上古与秦汉间诸礼的变迁做出过精彩的论述,云:

> 上古人食禽兽之肉,而衣其皮毛,周氏尚文去质,玄衣纁裳,犹用皮为韠,所以制婚礼纳征,用玄纁俪皮,充当时之所服耳。秦汉以降,衣服制度与三代殊,乃不合更以玄纁及皮为礼物也。……如三代制,天子诸侯至庶人,祭则立尸,秦汉则废。又天下列国,唯事征伐,志存于射,建侯择士,皆主于斯。秦汉以降,改制郡县,战争既息,射艺自轻,唯祀与戎,国之大事,今并岂要复旧制乎!其朝宗觐遇,行朝享礼毕,诸侯皆右肉袒于庙门之东,乃入门右,北面立、告听事,今岂须行此礼乎!宾礼甚重,两楹间有反爵之坫,筑土为之,今会客岂须置坫乎!又并安能复古道邪?略举数事,其余可知也。④

衣服制作工艺产生变革,婚礼不再用玄纁及皮为礼物;三代祭祀中的立尸之义,久被废止⑤;郡县制推行,列国征伐终结,射

---

① 《论语注疏》卷二,第2463页。
② 《论语注疏》卷三,第2467页。
③ 陈梦家谓:"孔子之言,历两千余载得地下周器殷契之而比勘之,益信而有征矣。原夫孔子之意,非谓商周文化混然一系,乃谓周文化因于商文化,二者之间为先后相承的,而非同时对立的。今仅由商契周金祭祀之比较,已足证商周间文化因袭相承之关系。"(陈梦家《陈梦家学术论文集·古文字中之商周祭祀》,第51—52页)
④ [唐]杜佑撰,王文锦等点校《通典》卷五十八《礼》十八,北京:中华书局,1988年,第1652—1653页。
⑤ 顾炎武《日知录》认为"尸礼废而像事兴,盖在战国之时",王应麟《困学纪闻》认为"自秦则废"。

艺的重要性因而被削弱。朝宗觐遇,诸侯在庙门东右肉袒的礼仪早已不复存在,宾礼的反爵之坫也随宫室制度的殊别而消失①。故杜佑以"略举数事,其余可知也"的道理,认为"详观三代制度,或沿或革不同,皆贵适时,并无虚事。岂今百王之末,毕循往古之仪?""徒称古礼,是乖从宜之旨。《易》曰'随时之义大矣哉!'先圣之言,不可诬也。"《宋书·礼志一》:"夫有国有家者,礼仪之用尚矣。然而历代损益,每有不同,非务相改,随时之宜故也。"②

古人认为,"礼义以为器"(《礼记·礼运》),礼义人情,"其政治也",器,"所以操事",以礼义人情来治政时事。传统的礼仪、礼制、礼俗中与现代社会精神相背离者,无益于实际,古代皇权政治下的内容随附着机制的消亡而湮没,故而亦构不成恢复,这是礼变化的方面③。此外礼义中蕴含的规律原理则有稳定性。

凡礼的产生制作,应当符合两个层面,一不悖于自然界普遍规律,二符合人情人性的伦理。前者是人与自然的关系,后者是人类社会内部的关系。关于礼符合自然界的基本运作规律,体现在古人那里是"天地""四时""阴阳"等概念,如"凡礼之大体,体天地,法四时,则阴阳,顺人情,故谓之礼"④,"夫礼必本于天,动而之地,

---

① [唐]杜佑撰,王文锦等点校《通典》卷五十八《礼》十八,第1652—1653页。
② 《宋书》卷十四《礼志一》,北京:中华书局,2018年,第355页。
③ 费孝通提出"文化自觉"的概念,认为:"文化自觉只是指生活在一定文化中的人对其文化有'自知之明',明白它的来历,形成过程,所具的特色和它发展的趋向,不带任何'文化回归'的意思,不是要'复旧',同时也不主张'全盘西化'或'全盘他化'。自知之明是为了加强对文化转型的自主能力,取得决定适应新环境、新时代时文化选择的自主地位。"(费孝通《反思·对话·文化自觉》,《北京大学学报》[哲学社会科学版]1997年第3期)
④ 《礼记正义》卷六十三,第1694页。

列而之事,变而从时,协于分艺,其居人也曰养,其行之以货力、辞让、饮食、冠昏、丧祭、射御、朝聘"①,所以礼要讲究因时因地制宜等基本原则。应该承认,凡一种健康的社会管理制度都必然具备科学因素,较为适应当时的实际情况,在历史时期具备合理性。

对于人情人性,《史记·礼书》云"缘人情而制礼,依人性而作仪"②,人情人性有其常体,礼虽不常行,但其义则有常。礼依据人情人性制定,以调和平衡③。人有探得他人隐私的好奇心,同时也有自我隐私能够得到保证的希望,所以礼规定"户外有二屦,言闻则入,言不闻则不入。将入户,视必下。入户奉扃,视瞻毋回",郑玄注云:"不干掩人之私也。"④规定"离坐离立,毋往参焉。离立者不出中间",见两人并立并坐,不要插身到他们中间去,郑玄注云:"为干人私也。"⑤

基于以上两点,礼之义是礼的根本。故《礼记·郊特牲》曰:"礼之所尊,尊其义也。失其义,陈其数,祝史之事也。故其数可陈也,其义难知也。"⑥古人论礼特贵其义,正因义是礼的本质。但这不意味礼义蕴含的东西都是不变的,纲常大体层面的"所因之礼"自帝制结束便不再是万世不变,但此绝非等同于礼义即是纲常大

---

① 《礼记正义》卷二十二,第1426页。
② 《史记》卷二十三《礼书》,北京:中华书局,2014年,第1371页。
③ 《荀子·礼论》云:"礼起于何也?曰:人生而有欲,欲而不得,则不能无求。求而无度量分界,则不能不争。争则乱,乱则穷。先王恶其乱也,故制礼义以分之,以养人之欲,给人之求。使欲必不穷乎物,物必不屈于欲。两者相持而长,是礼之所起也。"
④ 《礼记正义》卷二,第1238页。
⑤ 《礼记正义》卷二,第1240页。
⑥ 《礼记正义》卷二十六,第1455页。

体①,礼义里面一定存在着固定可因循的东西。《礼记·大传》所云"亲亲,尊尊,长长,男女有别"被认为是不会变革的,这是伦理道德的大端,然而至近世,该主旨也要区分维度,即个人有无独立自主之人格,尊卑男女是否为依附从属②。此外,礼义更有体现着中华民族核心哲学内涵与独特思维方式的内容。

例如《礼记》曰:"适墓不登垄。"郑玄注云:"为其不敬。"③到墓地去时,不登人家墓冢。古时如此,今也应如此,我们对这件事的情感思考没有发生变化,所以当发生踩踏陵园塑像这类事件时,就会激起大家的愤怒不满。而且这又是中西方文化的共同认识。又如"邻有丧,舂不相。里有殡,不巷歌",郑玄注云:"助哀也。"④邻家有丧事,不唱歌助舂。同里有丧事,不在巷中唱歌。这同样也适用于今天。无论古今丧葬祭祀的差异有多大,这种对逝者的尊重,人们之间相互体谅的同理心是不变的。

又例如,我国国家烈士纪念日的流程第一项是主持人就位后

---

① 义是指合理,如"义者,君臣上下之事,父子贵贱之差也,知交朋友之接也,亲疏内外之分也。臣事君宜,下怀上宜,子事父宜,贱敬贵宜,知交友朋之相助也宜,亲者内而疏者外宜。义者,谓其宜也,宜而为之,故曰:'上义为之而有以为也。'"(《韩非子·解老》)而某事物的合理与否本身有时代性的界定。

② 陈独秀在《一九一六年》一文中宣布:"尊重个人独立自主之人格,勿为他人之附属品。"瞿同祖说:"所谓伦常纲纪,实即贵贱、尊卑、长幼、亲疏的纲要。五伦之中除朋友一伦处于平等地位外,其余四种都是对立的优越与从属关系。"(瞿同祖《中国法律与中国社会》,北京:商务印书馆,2017年,第318页)

③《礼记正义》卷三,第1249页。

④《礼记正义》卷三,第1249页。

先向纪念碑鞠躬,再宣布仪式开始①。为什么要先向纪念碑鞠躬?制定这个流程有什么依据?《仪礼·士虞礼》祭神时,迎神的祝引导受祭的尸之前,都必先面向尸,郑玄对此的解释是:"为之节"。现在在仪式前向纪念碑鞠躬,就是一个仪节,其含义就是为众人提示节度。这就说明,古今两件事看似不相干,但细究起来,都反映了中国人的行事思维。《礼记·曲礼》曰:"侍坐于所尊,敬毋余席。"②对应现代的情形:从敬重尊者角度出发,无论会场,还是课堂,前排位置出现大面积空置是比较失敬的。古时坐在席子上,现在是板凳、沙发,无论具体仪节器物变化如何,尊敬师长以及不妨碍后来者的道理没有变化。举以上这些例子是为说明,虽然现代社会看起来和古代生活状况已经有很大差别,但我们思考问题的思维方式或理念还是有延续性的。

  冯友兰《中国哲学史》言:"礼之义,即礼普遍之原理。"对这种普遍原理的认识,不能全部停留在纲常等级的层面,它更包含中国礼仪文明中的基本精神与原则,是我们核心哲学内涵与独特思维方式的体现,具有文化的合理性,因而具备历史的传承性。关于该问题,安东尼·吉登斯的观点可以借鉴,他认为"传统并不是由诸如风俗等事实组成的,而是有约束力的道德内容的一个规范化结构。这种规范化结构有'完整性'和一种特殊的时间性。传统与'集体记忆'联系在一起,其本身便是重构'过去时间'的一个框

---

① 参2014年4月1日民政部公布实施《烈士公祭办法》。
② 《礼记正义》卷二,第1240页。按:"敬毋余席",此据注疏及《曲礼》疏引"敬无余席"。亦有以"尊敬"连言者。

架,它转而又'组织将来时间'"①。应该说,礼义,尤其是礼义中礼原则的内容颇似吉登斯所指出的那样。

二、郑玄《仪礼注》礼义对礼仪原则的揭示

《仪礼》作为来源于宗周礼乐文明体系的古经,是礼的本经,是记述上古礼乐最权威的文献,对历代制度、法律、仪典影响深远。这主要体现在三个方面,一是经义制度。经典范式与经义理据相辅相成,注重经义理据建设是儒家六经的根本特色,儒家六经的精神是一种历史动态中的砥砺自进,是中国哲学智慧生生不息之所在。《仪礼》礼义的这种"比谊会意"的效用,同样是儒家经世致用注重理据建设的根本体现。历代的经典解读无不在时世的轮替中沿着文献传承与经义构建的主线起伏上下。二是典礼制度。《开元礼》确立我国古代仪典大体范式,而《开元礼》即依照《仪礼》诸篇的仪节原则设定。上古与中古,下到元明清,服饰、衣食、宫室、官职在变化,但作为礼仪活动组织的原则正如上文所提及的,具有稳定性。三是律法制度。我国古代的律法成形于唐律和其《律疏》,而"唐律一准乎礼"(《四库全书总目》)②,唐朝的律令制度是法典的伦理化,基于礼的原则而建立等差的人间秩序。这个原则是指亲疏、尊卑、贵贱、长幼等差秩序③。

---

① [德]贝克、[英]吉登斯、[德]拉什著,赵文书译《自反性现代化:现代社会秩序中的政治、传统与美学》,北京:商务印书馆,2001年,第256页。
② 关于历代丧服制度大略变迁,章太炎《丧服依开元礼议》有过简明勾勒。章太炎《丧服依开元礼议》卷一,《章太炎全集》第一辑,上海:上海人民出版社,2014年,第19—23页。
③ 高明士《中国中古礼律综论》,北京:商务印书馆,2017年,第203页。

也正因如此,探寻《仪礼》组织礼仪(朝堂仪典和日常礼仪)的原则很有必要。然而"《礼》、《乐》法而不说"①,《仪礼》节文威仪委曲繁重,多为名物度数之学,每每被视以实学,这使得《仪礼》经文的礼义并非直接显明。故《荀子》又言"学莫便乎近其人"。

前人论读《仪礼》之法,首在分节、绘图、释例三端,如陈澧、皮锡瑞、梁启超等都有揭示。作为研读与治学方法,有一定道理,但它们并非《仪礼》学的三个统摄性构成。这既不符合《仪礼》这部经书的历史地位角色,也有所偏离《仪礼》这部经书的思想精髓。事理逻辑与礼义法则,才是汉唐间礼学发展的主旨诉求,程式仪节是它的一个基础,也受益于其发展而获得独立。以郑玄为代表的经义学派,完成了原则理念的界定,在历史实践的容受中,便物我俱化,其成也是斯,其变也是斯。

明郝敬说《仪礼》"枝叶繁琐,未甚切日用"②,不能言发义理,故不以《仪礼》为经。清姚际恒③认为《仪礼》仅仅是"仪"而不是"礼",指摘《仪礼》论不及义,其说"云'仪礼'者,礼为总名,犹曰礼之仪云尔,勿以辞害意可也。后儒不达,谓十七篇中有仪有礼,直

---

① [清]王先谦撰,沈啸寰、王星贤点校《荀子集解·劝学》,北京:中华书局,1988年,第14页。
② [明]郝敬《读礼记》,《续修四库全书》第97册,上海:上海古籍出版社,2002年,第71页。
③ 姚际恒的《仪礼通论》为所著《九经通论》之一,姚际恒认为:"人谓郑康成长于《礼》,《诗》非其所长,多以三《礼》释《诗》,故不得《诗》之意。予谓康成《诗》固非长,《礼》亦何长之有!苟使真长于《礼》,必不以《礼》释《诗》矣。况其以《礼》释《诗》,又皆谬解之理也。夫以《礼》释《诗》且不可,况谬解之理乎!今世既不用郑笺,穷经之士亦往往知其谬,故悉不辨论。"(姚际恒《诗经通论》卷前《诗经论旨》,北京:中华书局,1958年,第4—5页)

以'仪礼'为对举之辞,误也。尝慨此书,在作者初未尝为礼",故"《仪礼》单著其仪,而未可为礼者也"①。刘咸炘云:"吾谓徒便考据夸精博而无益大义者,甲部中莫如是书,学者不可不知其流弊。"②朱熹引陈振叔说《仪礼》"此乃是仪,更须有礼书。《仪礼》只载行礼之威仪,所谓'威仪三千'是也,礼书如云'天子七庙,诸侯五,大夫三,士二'之类,是说大经处。这是礼,须自有个文字",认为陈氏"亦尽得"③。对此,皮锡瑞认为"则犹未知《礼经》关系之重,更在制度之上也。《仪礼经传通解》有《王朝礼》,即是说大经之文字,制度虽不可略,然不如冠、昏、丧、祭之礼,可以通行"④。

实际上,《仪礼》文本重"仪"的特性恰是其价值所在。《仪礼》作为详细记载中国早期礼仪行为的作品,细腻地保存了上古时期社会生活的仪式章法。这样早期的系统的"仪"类文献记录,在人类文明中具有突出意义。《仪礼》所记载的这套经典范式,具有经典性、系统性、细密性、练要性等要素。礼的组织生成与运作遵循着固有法则,法则的存在保证着仪节的规范性、可重复性,这可以被认为是礼的"义"。"礼者,体也,履也。统之于心曰体,践而行之曰履。"⑤《仪礼》既然是"践而行之"的礼,则周折委曲之中必有所以如此之法度蕴藉,故朱熹言"《仪礼》事事都载在里面,其间曲折

---

① [清]姚际恒《仪礼通论》,《续修四库全书》第86册,第6页、第7页。
② 刘咸炘《学略》,上海:华东师范大学出版社,2009年,第15页。
③ [宋]朱熹《朱子语类》卷八十五,朱杰人等主编《朱子全书》,上海:上海古籍出版社,合肥:安徽教育出版社,2010年,第2900页。
④ [清]皮锡瑞撰,吴仰湘点校《经学通论》,北京:中华书局,2017年,第264页。
⑤ 《礼记正义》卷首,第1225页。

难行处，他都有个措置得恰好"①。"措置得恰好"，其实就是因为有相应之义存在。所以，《仪礼》作为礼仪的一种范式，其行事以此规范的原因，以及行事的目的意义，自然是其题中应有之义，而这实际上都是《仪礼》的礼义所在。《仪礼》对仪与义的涵容，将为整合中国传统礼学理论提供最为基础的内容与方向把握。

《仪礼》礼义研究就是探求礼仪规范背后的情理依据。礼义研究就是通过经典范式来了解事物的真实，掌握事物治理的规律，依据法则尽可能地去探索本质。事实上，阐释《仪礼》"仪"背后的义理一直是《仪礼》研究的特色。也可以说，《仪礼》诠释重视"为什么"的特点同样是中国礼学注重正当依据与合理性的表征。中国早期哲学非常重视理据揭示与建设，先秦诸子的学说就有很好的体现。如《孙子》云："言不相闻，故为金鼓；视不相见，故为旌旗。"②使相闻相见，就是对金鼓旌旗之用做出解释。就《仪礼》礼义而言，《礼记》有《冠义》《昏义》《乡饮酒义》《射义》《燕义》《聘义》《祭义》等篇目，专门阐发《仪礼》十七篇诸礼背后的礼义。《礼记》里保存下来的孔门弟子内部关于具体礼制仪节的讨论，也是义理择取的问题，这个传统亦为汉代经师所承袭，成为他们解经的主体思路。汉初的贾谊在这方面做了突出的贡献，《新书·礼》云：

> 礼者，臣下所以承其上也。故《诗》云："一发五豝，吁嗟乎驺虞。"驺者，天子之囿也；虞者，囿之司兽者也。天子佐舆

---

① [宋]朱熹《朱子语类》卷八十五《丧服经传》，朱杰人等主编《朱子全书》，第2905页。
② [春秋]孙武撰，[三国]曹操等注，杨丙安校理《十一家注孙子校理》，北京：中华书局，1999年，第146页。

十乘,以明贵也。贰牲而食,以优饱也。虞人翼五豝以待一发,所以复中也。人臣于其所尊敬,不敢以节待,敬之至也。①

礼者,所以节义而没不逮。故飨饮之礼,先爵于卑贱而后贵者始羞,肴膳下浃而乐人始奏。觞不下遍,君不尝羞;肴不下浃,上不举乐。故礼者,所以恤下也。②

贾谊这里所指出的"优饱""恤下"等义,在郑玄《仪礼注》中也得以体现。

此外,从唐杜佑《通典》保存的一段西汉《石渠论》关于《仪礼》射礼讨论的文字也可看出。

> 汉《石渠议》曰:"'乡请射告主人,乐不告者,何也?'戴圣曰:'请射告主人者,宾主俱当射也。夫乐,主所以乐宾也,故不告于主人也。'宣帝甘露三年三月,黄门侍郎临奏:'《经》曰乡射合乐,大射不,何也?'戴圣曰:'乡射至而合乐者,质也。大射,人君之礼,仪多,故不合乐也。'闻人通汉曰:'乡射合乐者,人礼也,所以合和百姓也。大射不合乐者,诸侯之礼也。'韦玄成曰:'乡射礼所以合乐者,乡人本无乐,故合乐岁时,所以合和百姓以同其意也。至诸侯,当有乐,《传》曰:诸侯不释悬。明用无时也。君臣朝廷固当有之矣,必须合乐而后合,故不云合乐也。'时公卿以玄成议是。"③

这段文字探讨了两个问题:第一,乡射中,宾允许射箭,司射会汇报

---

① [汉]贾谊撰,方向东集解《贾谊〈新书〉集解》,第242页。
② [汉]贾谊撰,方向东集解《贾谊〈新书〉集解》,第245页。
③ [唐]杜佑撰,王文锦等点校《通典》卷七十七《礼》三十七,第2105页。

主人，但是宾同意以乐助射，却不再汇报给主人，为何有这个差别。第二，为何乡射有"合乐"环节，而大射却没有。郑玄无疑继承了《仪礼》研究的这个特色。

《汉书·艺文志》云："昔仲尼没而微言绝，七十子丧而大义乖。"实际上，经义在生成凝炼的过程中一直伴有理解上的起伏波动。但经的性质又决定了经义的恒定性。中国早期核心经典，是具有价值期许与实践引导意义的事理文本经典。经体现早期文明对朴素哲理的制作。经贵在经义，也就是中国核心的哲学思维方式，古人认为经义无限接近事物本质，是哲学范畴上的最优存在，所以经义应该有常道定数。这就意味着经义诠释有经典权威的存在。

就礼义来说，黄侃所论精当："自《传》《记》之后，师儒能言礼意者多矣，要以郑君为最精。"[①] 郑玄《三礼注》在进行名物训诂、典章考究、义理阐发的过程中，已对礼所涵盖的核心要素进行了系统揭示与阐发。也即包含"是什么""为什么""如何做""意义与目的"等方面。郑玄注《仪礼》，缘经而制，对其文本特色有着最精要的把握，郑玄围绕经典仪节范式，创造性揭示了它的礼义原则（理据），以及目的意义。

郑玄首先是把握住"六经"的系统性原则，在融合与调整中，使经典形成一个符合时代演进的有机阐发整体。经典在宗周时期就涵养出体系，各有所司，各有所治，所以章学诚提出"古人未尝离事而言理，《六经》皆先王之政典也"的观点。中国早期学术的特征之一就是具备体系性建构。无论是宗周的语言文字，还是制度法令。

根据《礼记·经解》所记，孔子对"五经"的认识为："温柔敦

---

① 黄侃《黄侃国学文集·礼学略说》，北京：中华书局，2006年，第361页。

厚,《诗》教也;疏通知远,《书》教也;广博易良,《乐》教也;絜静精微,《易》教也;恭俭庄敬,《礼》教也;属辞比事,《春秋》教也。"① 荀子作为先秦学术转型代表性人物,其《儒效》篇曰:"圣人也者,道之管也。天下之道管是矣,百王之道一是矣,故《诗》《书》《礼》《乐》之归是矣。《诗》言是,其志也;《书》言是,其事也;《礼》言是,其行也;《乐》言是,其和也;《春秋》言是,其微也。"②《劝学》曰:"故《书》者,政事之纪也;《诗》者,中声之所止也;《礼》者,法之大分,类之纲纪也,故学至乎《礼》而止矣。夫是之谓道德之极。《礼》之敬文也,《乐》之中和也,《诗》《书》之博也,《春秋》之微也,在天地之间者毕矣。"③荀子的这个建构非常重要,定型了对"五经"性质体系的认知,并为汉初学者所接受。贾谊云:"《书》者,著德之理于竹帛而陈之,令人观焉,以著所从事""《诗》者,志德之理,而明其指,令人缘之以自成也""《易》者,察人之循德之理与弗循,而占其吉凶""《春秋》者,守往事之合德之理与不合,而纪其成败,以为来事师法""《礼》者,体德理而为之节文,成人事"④。其后董仲舒云:"《诗》《书》序其志,《礼》《乐》纯其美,《易》《春秋》明其知。六学皆大,而各有所长。《诗》道志,故长于质。《礼》制节,故长于文。《乐》咏德,故长于风。《书》著功,故长于事。《易》本天地,故长于数。《春秋》正是非,故长于治人。"⑤

---

① 《礼记正义》卷五十,第1609页。
② [清]王先谦撰,沈啸寰、王星贤点校《荀子集解·儒效》,第133页。
③ [清]王先谦撰,沈啸寰、王星贤点校《荀子集解·劝学》,第11—12页。
④ [汉]贾谊撰,方向东集解《贾谊〈新书〉集解》,第339—340页。
⑤ [清]苏舆撰,钟哲点校《春秋繁露义证》,北京:中华书局,1992年,第35—36页。

东汉以来,学者对于五经体系的构建开始了新的探索。这个工作到了郑玄时代,则是以郑学为代表的经义学派对《仪礼》礼义进行重新整合与建构。一方面,是以《周礼》五礼统摄三《礼》,建构周公的"太平经",取代公羊学以《春秋》为礼学理论之本的论证,生成了经典治世的新政治理想;另一方面,是以《仪礼》礼义挈领三《礼》礼义,以"义"代"仪",借助经典权威构建完整的礼义情理依据体系。两者的交汇点在于形成了一套以为时用的《仪礼》礼义规范践行体系。这个礼学理论体系承接董仲舒,不但继续维持了经典治世的根本,而且开启了隋唐礼制建设新常态。

在把握"六经"体系原则的基础上,郑玄注解《仪礼》的特点就是《仪礼》诠释体系的建立。他通过校订今古文、训诂名物、解释制度,建立起一套礼义法则。《文心雕龙》云:"文以字成,则训故为要;文以义立,则体例居先,此二者又莫备于经,莫精于经。"《仪礼》文、事、义兼备。《仪礼》经文同于《春秋》,具有属辞比事的文法,郑玄在接受今古文文本时,有着精密恰当的考量。在"文"的基础上,郑玄注重"事"的把握,由此确立了一些基本的礼学理论,在灵活运用经义基础上,创造性建构了自己的注文体系。后世对郑玄的反驳,存在最为致命的问题:丧失了对"五经"、《仪礼》的体系性把握。解决问题时逻辑混乱,顾此失彼是主要表现。

如清人吴廷华、金鹗等把《大射仪》宾、公和大夫、士组耦时谁为上下射的问题弄错。射礼二人为一耦,二人分上、下射,《乡射礼》有大夫前来观礼,若参与射箭,则与士相匹配,郑玄对此解释,大夫等前来助主人乐宾,不自相组合以区别众人。大夫与士组耦,士为上射,大夫为下射。《大射仪》公和宾相组合,注疏多次说明公为下射,宾为上射。金鹗云:"《大射》非所以兴贤,当正名分,安得以士为上射乎？《乡射》主人为下射，不言先发，以三耦上射先发推之，知主人后发也。《大射》君乃先发，君为上射明矣。君不为下射，而大夫不为下射明矣。"此为想当然。因为上、下射的仪节有明确记述，经文有明证，故黄以周《礼书通故》阐述到：

> 《大射仪》耦皆拾取矢节云"上射东面，下射西面"，又云"若士与大夫为耦，士东面，大夫西面"，则大夫为下射《经》有明证矣。《燕礼·记》云："君与射则为下射，乐作而后就物。"大射与燕射同，则君为下射亦有明证矣，金氏之说，本吴氏《疑义》，误甚。①

韦协梦《仪礼蠡测》认为大夫为上射，士为下射②，亦误。如此类经本层面问题，《仪礼》经文错综回环，郑氏注经亦有体例，若不对经注熟烂于胸，可随心勾连，诚不能晓畅述说，说则必错。礼家争议如聚讼，有确不能解决需要存疑的，但还有大部分属无中生有者。清人的诸多新说异解，不足备一家之说，而很多都是错误。他们诚然解决了《仪礼》研究的很多问题，但也制造了相应分量的问题。且礼学研究渐成显学以后，诸多迭出新见都是勇于自信，不待真正把文本切实掌握，即起而攻驳。这给礼学研究带来不必要的繁复和误导。而这些错误的理解，直接导致礼义的错乱。

---

① ［清］黄以周撰，王文锦点校《礼书通故》卷二十五，第3册，北京：中华书局，2010年，第1129页。
② 关于上、下射，清人或以后世君臣等级以体上古。《明集礼·军礼》云："凡射各以长官为主射。"（［明］徐一夔等《明集礼》卷三十五，影印文渊阁《四库全书》第650册，上海：上海古籍出版社，1987年，第126页。）明以来尤为讲求等级，且鉴于礼仪性质内容的异同，典型原则的典型表现或有出入，不影响原则本身。

礼义本质上反映着人类的思想情感,这种"人情""人性"具有超越时空,乃至文化差异的共通性,当阐释者与创作者有共同知识背景与情感体验时,就具备能够洞察创作者意图的可能性,即使元典本旨的绝对客观真实已不可印证。是谢灵运言"谁谓古今殊,异代可同调"。如陈澧《东塾读书记》开篇为《孝经》第一,陈澧最重郑学,认同郑玄关于《孝经》为六艺总会的观点,故而首列《孝经》。研究者如果对其学理依据有相关的了解,则可以推知《孝经》居目次第一的原因。传统文学批评中的"知人论世""以意逆志"正是说明这个道理。

《黄帝内经·素问》云:"余闻善言天者,必有验于人;善言古者,必有合于今;善言人者,必有厌于己。如此则道不惑而数极,所谓明也。"郑玄的礼义法则理论能称为经典理论,这是符合事理与学理演进的必然结果。虽然《仪礼》学在后世渐成名物度数之学,但两汉魏晋南北朝时期,经学如何参与社会管理与社会关系建构是最主要的问题。由此经义理据建设是这一时期学术发展的主旨脉络。以郑玄为代表的汉魏六朝经师显然完成了他们的历史使命。这首先是两汉经学、礼学诠释发展带来的积累性成果。如贾谊、董仲舒、司马迁、刘向、刘歆、曹褒、崔寔、蔡邕、卢植等,他们对经义如何沟通理论与实践都做出了推进工作。其次郑玄本身的学术造诣也使得他能够代表这一群星璀璨的经学时代做出最后的建构。郑玄兼治今、古,"自是学者略知所归"[1],魏晋南北朝世道"惟

---

[1]《后汉书》卷三十五《张曹郑列传》,北京:中华书局,1965年,第1213页。

郑氏礼学是赖"①,他的成就应置于"中国文化史上的一位伟人,一位学术巨匠"②的地位予以认识。郑玄礼学造诣的独高,对传统文化要旨的融会贯通,还表现在他能践礼行之,且可为朝廷定制上③。这一点极为重要。因为书斋之学与典政制作的哲学维度是不同的。故东汉卢植云:"修礼者,应征有道之人,若郑玄之徒。"④此外,郑玄的数算逻辑与能力,使得他的阐释方法及文本处理水平是最高明最合理的。王鸣盛言:"经义宜宗郑康成,此金科玉条,断然不可改移者也。"⑤郑玄《仪礼注》非但有礼义的存在,且郑玄礼义之阐发,非止发礼仪之微,更是抉经之心。

三、礼仪原则研究中要至为重视的问题

关于"礼义"的定义及其重要性可以反复强调。长久以往,"礼义"更多被解释为礼制的目的和意义。这个概念是欠缺的。蕴藉在《仪礼》中的礼仪规范原则,或者说礼仪活动组织生成的原则并

---

① 陈澧在《学思自记》言《学思录》大旨之一即有"明郑学维持魏晋南北朝世道"一语。汉末至魏晋南北朝,虽然间有王肃几欲夺席,但总体上还是郑学的统治时代。故皮锡瑞言:"当时莫不仰望,称伊、洛以东,淮、汉以北,康成一人而已。咸言先儒多阙,郑氏道备。自来经师未有若郑君之盛者也。"
② 杨天宇《郑玄〈三礼注〉研究》,天津:天津人民出版社,2007年,第14页。
③ 陈澧《东塾读书记·郑学》,言郑玄非但注解,亦可为朝廷定制,又能履而行之([清]陈澧《东塾读书记》卷十五,《陈澧集》第2册,上海:上海古籍出版社,2008年,第265页)。李云光对此有进一步论证阐述(李云光《三礼郑氏学发凡》,上海:华东师范大学出版社,2012年,第3页)。杨天宇《略论"礼是郑学"》亦有论(杨天宇《郑玄〈三礼注〉研究》,第55—62页)。
④《后汉书》卷六十四《吴延史卢赵列传》,第2117页。
⑤ [清]王鸣盛《仪礼管见序》,[清]褚寅亮《仪礼管见》,清乾隆刻本,《续修四库全书》第88册,第373页。

不是礼的目的和意义，而是目的和意义能够达成所依赖的原则。《仪礼》所具有的礼仪活动程序单的性质，使其对礼仪行为规范的范式有着天然的呈现和演绎。如此，在礼仪的目的和意义以外，揭示礼仪如此范式的原因与依据所在就成为其最重要的内容。简单来讲，此即回答了"为什么"的问题。属于郑玄对礼仪规范原则的揭示。

关于原因，即"为什么"，本是中国早期哲学最重视的领域。但当郑玄构建起这个框架后，礼学理论研究反而就对此缺少了敏感和警醒。

原则，具有基础性、简洁性、核心性等特点。总结原则，不是简单呈现某类现象，而是要析别内在原因，回答"为什么"。概括基本属性，总结核心原则，不是通过郑玄注文揭示的典型事例，来阐释其典型表现，而是对提取出的典型事例进行聚类分析，进而提炼概括出基本原则。

任何一门学科，都应有自己的基本原理。基本原理，非该领域的基础性具体知识。在传统礼学的近现代转型中，构建礼义原则是没有实现的但却真正关系学理未来走向的环节。一般而言，一个理论够不够基本，要看它是否可以从另一个更完备的理论中推导出来。在此基础上，更完备意味着统摄更丰富，适用范围更大。而若一个基本理论可以从另一个同等意义的理论中推导出来，在该情况下，或许可以认为这两个理论其实是一个理论。

例如，在《仪礼》所记的诸礼仪节中，存在一类情况，就是用疾速这种方式作为应答反应。那是否就可以归结为"礼有疾速"类似的表述，以权且作为礼的一种规范原则？显然不妥。因为这是一种现象，疾速背后的原因才是关键。通过分析发现，人际交往中，处于同频考量,当甲方特别敬重乙方,乙方就会用急承来回应,再进一步,为何要进行调频?这才是原则研究的思路。

再如,郑玄揭示礼无事者不要干扰有事者,注文为"不以无事乱有事"。尊卑就位践履要事时,卑者地位会提升,注文为"近事得申"。揭示卑者勤劳上事时会得到更多的尊敬,注文会说"尊之""贵之"。揭示卑者在活动中得到酬报是因为勤劳事务,注文为"贱者因事得献"。这些注文及其代表的事例各有所指,似不相涉,而可以成为各自事例类型的总结,因而取得原则性的地位。但它们之上还有更为基本和重要的理论,这些仅是典型事例,仅是演绎。

针对上述情况,就这个层面来说,原有研究缺少理论框架的建构,这是最紧要切迫的。此外已有的原则性的总结,包括郑玄奠定的这些基础理论,也仍需要进行重新的审视和锻造。主要问题有:

首先,容易把原则的典型表现当成原则本身。造成的后果是未能追本溯源,没有找到真正的根本,也无法产生理论性的东西。这样做最容易陷入讲故事模式,或者只见形而下的琐细与片段,不能找到材料内在的逻辑。

其次,根据典型事例总结出的条目,看似情况相同实则不是同一问题。比如"礼以相变为敬","礼以相变为敬"是礼的一个原则,也是郑玄《仪礼注》《礼记注》里一个高频概念。以往我们把礼仪的相异(差异)和不相因袭都划归到"礼以相变为敬"的原因上来。且不论"以相变为敬"是一个原则还是一种典型表现,实际上礼的"相变"分为两大类:一类是为了达到区分的目的,而展示出的礼仪各方面的差异;一类是相变化的这个动作是为给礼仪注入一种动力,促成礼的动态生成,这种动态中蕴含着"敬"。可见,"礼以相变为敬"两个方面不是一个问题。而且相同的仪节,也并非相同的礼义。仪节相同并不一定意味着礼义的相同,即共同的表象下,实质存有差异。所以即使从礼仪"凡例"总结的角度来看,亦亟需有新的突破。

再次,混淆原则和条例的概念。《仪礼》研究重明例,就是归纳通用的条例。括例学本是汉魏经师进行经传研究的经典路径,郑玄注文、贾公彦疏文的括例学是精湛丰富的。宋元诸儒也沿袭这种理路进行了拓展工作。如清人凌廷堪《礼经释例》就是集大成之作。但后人对"凡例"之学的过度依赖也带来了概念的混乱。从文本层级来看,有经例(经文自含有的条例)、注例(注文含有的条例)、疏例(疏文含有的条例)。从例的含括内容来看,有文例、事例、器物例、义例。文例,就是"如何写"的问题,经文、注疏立文的文法修辞之意。事例,是"如何做"的问题,例如《礼经释例》"凡迎宾主人敌者于大门外,主人尊者于大门内""凡始卒于室,小殓后则奉尸于堂",这是具体行礼仪节的归纳。器物例,就是名物制度之例,钱玄《三礼名物通释》就是这方面的代表作。而"义例",应该侧重"为什么"的问题,可以看成礼的属性探讨。我们可以说礼是"尊主分明"的,礼是"动态平衡"的,决不会说礼是"凡迎宾主人敌者于大门外"之类的条例。所以,我们探讨"例",要明白层次。如曹元弼《礼经学》于"郑注每就一事示例"列"凡礼不参、凡礼不必事、凡敬不能并、凡礼卑者先即事尊者后"①,这些"例"存在于注文中,但说的却是"义例"。

郑玄礼学能够独步古今,必然知悉礼义所含的世事演进的道

---

① [清]曹元弼著,周洪校点《礼经学》,北京:北京大学出版社,2012年,第37页。

理,解人虽不易得,但真正能熟知经注的宗师大家,也能于此取之不尽,用之不竭。然而传统的著述形式,也使得这种细密精微,可意会不可言传,甚或真积力久仍不可得。礼学成为专门之学,或者"绝学",都与此有关。而这就限制礼学这门学问在现代学术体系中应有的地位和该做的贡献。现实中,人类学、社会学、管理学上的很多知识都被跨学科借鉴,礼学研究也只有建构出一个完整的学科框架才能做到更积极地为国内外相关人员所运用。而礼的原则就是其中最大的短板。如果继续沉醉于因循旧有的研究方式,则很难对这门学问进行定性和定量研究。这样容易导致在礼的基本问题研究上进入陈陈相因的境地。

简单来说,礼的原则,是礼的组织生成与开展应该遵循的基本法则。我们需要做的工作是依据郑玄的揭示和总结,充分吸收前人对郑注所做的补充和疏解成果,在这个基础上,进行抽绎研究。

四、现代学术视野下中国传统礼仪基本原则的理论缺失

对礼义原则的研究,有助于客观地、深刻地、辩证地看待自身的文化哲学内涵,而这是有益交流的前提。无论来自西方思想对中国传统礼的批评,还是我们自身面临着的两种声音的焦灼——更侧重批判的反思和更侧重保守的提倡,都要回答中国的礼是不是缺少精神的高度,缺少理性和意识自主,而流于琐碎和虚伪。

东汉第五伦有一段为大家所熟知的诘礼之论:"吾兄子常病,一夜十往,退而安寝;吾子有疾,虽不省视而竟夕不眠。"这显然混淆了人的自然属性与社会属性。而中国的"礼"是一种包含事与义的法则,面向的是人的社会属性,追求各得其宜,并提出引导与价值期许。范晔《论》曰:"第五伦峭核为方,非夫恺悌之士,省其奏

议,惇惇归诸宽厚,将惩苛切之敝使其然乎?昔人以弦韦为佩,盖犹此矣。然而君子侈不僭上,俭不逼下,岂尊临千里而与牧圉等庸乎?讵非矫激,则未可以中和言也。"①汉魏六朝史论洞见事理。

从世界文明对碰来看,法国启蒙运动中,孟德斯鸠便开始了对中国礼的批评。韦伯以来,无论是内部,还是外部,有关中国传统人格和精神与现代性的讨论从未间断。即如钱穆指出的礼是中国文化的核心,所谓传统人格精神的探讨也就是中国"礼乐"治下的理念、情性探讨。如此,回答以上问题都不能抛开对礼的认知。而模糊的、主观的、粗略的认识,都欠缺严肃性。

孟德斯鸠的《论法的精神》否定传教士描述中华帝国"其原则兼容畏惧、荣宠和美德为一体"的论调,而说"对于一个如果不使用棍棒,人民便什么也不干的国家而言,我不明白他们所说的荣宠是什么"。孟德斯鸠认为:中国是一个以畏惧为原则的专制国家②。他指出:"中国立法者的主要目标是让人民太太平平地过日子",为此"制定了最广泛的礼仪规范"③。他认为中国政体独具的特点就是礼仪。"中国的政体大获成功,原因就在于一丝不苟地遵守礼仪"④。"礼仪构成民族的普遍精神"⑤。

在孟德斯鸠的理解中,礼仪能毫不费力地铭刻于中国人的心中和精神里,原因有两个:其一,中文书写方法十分复杂,要识字

---

① 《后汉书》卷四十一《第五钟离宋寒列传》,第1402—1403页。
② (法)孟德斯鸠著,许明龙译《论法的精神》,北京:商务印书馆,2012年,第150—152页。
③ (法)孟德斯鸠著,许明龙译《论法的精神》,第364—365页。
④ (法)孟德斯鸠著,许明龙译《论法的精神》,第365页。
⑤ (法)孟德斯鸠著,许明龙译《论法的精神》,第367页。

就得读书,而书里讲的都是礼仪,这就致使"中国人在一生的很大一部分时间中,把精神完全贯注在礼仪上"。其二,"礼仪不含有任何宗教成分,全都是俭朴的日常行为准则,所以它比知识性的东西更具说服力,更易打动人心"①。但这种礼并不代表真诚与道德。"令人十分惊奇的是,中国人的生活完全以礼仪为指导,可是他们却是世界上最狡黠的民族","千万别把中国人的道德与欧洲人的道德相比。每一个在中国的人都必须关注什么对自己有利"②。

孟德斯鸠认为中国的习俗、风尚和法律是持久不变的,原因在于:东方人器官纤弱,身体的怠惰影响着精神,精神因怠惰而不再能够行动和努力,甚至连精神集中也做不到。二者一并造成了心灵一旦接受印象,就无法改变。所以他说东方人的法律、习俗、风尚,乃至服装式样与数千年前一样。虽然与印度人相比,"中国的立法者比较明白事理",把人"放在能够使人履行义务的行动中去观察,从而使他们的宗教、哲学和法律全都切实可用"③。

美国人明恩溥的《中国人的气质》,也对中国礼仪文化进行了批评:

> 西方人之所以难以对中国人的礼节表示赞赏,是因为我们的心目中怀有这样的定义:"礼节就是以善意的方式表达出的真实善意。"这一定义的基础,可能是这样一种文明的观点,即在理论上将每个人的幸福都视为众人的幸福,然而在中国,礼节的意义却是全然不同的。礼节是由若干专用术语构成的

---

① (法)孟德斯鸠著,许明龙译《论法的精神》,第366页。
② (法)孟德斯鸠著,许明龙译《论法的精神》,第368—369页。
③ (法)孟德斯鸠著,许明龙译《论法的精神》,第275—276页。

  一项仪式,这些专用术语像所有的术语一样是重要的,但他们并非源自大脑或心田的愿望,而是一个复杂整体中单个的组成部分。①

  中国人对外国人表现出的礼节(如同他们相互之间表现出的礼节一样),更经常的是出于一种欲表明自己深谙得体举止之道的愿望,而不是想使客人感到舒服。②

辜鸿铭的《中国人的精神》是对这些论调的有力回应,这些回应今日看来本身也体现着中国文化的"温柔敦厚"与"止于至善"的追求。

  这种真正的礼貌,其核心是什么?是对他人感受的体谅。中国人之所以有礼貌,原因就在于,过着心灵生活的民族能觉知自己的感受,所以无须费力就能体谅别人的感受。……真正礼貌的中国人的礼仪是由心而发,因而像名贵的香膏般芬芳馥郁。③

辜鸿铭对礼文化的理解是饱含深情的,同样也是客观公正的。中国人的精神和礼是相通的,从中国人的精神,就可以看中国的礼:

  可以说,在真正的中国式人格中,有一种沉静、理智、节制的柔美,如同一块韧性良好的金属呈现的质感一样。一个

---

① (美)明恩溥著,刘文飞等译《中国人的气质》,南京:译林出版社,2011年,第27页。
② (美)明恩溥著,刘文飞等译《中国人的气质》,第28页。
③ 辜鸿铭著,李静译《中国人的精神》,天津:天津人民出版社,2016年,第38页。

真正的中国人，即使他有什么体格或道德上的缺陷，这缺陷也会由于其精神气质的温文尔雅而获得补救，或至少得以弱化。真正的中国人也许粗野，但粗野中没有卑劣；真正的中国人也许丑陋，但丑陋中没有凶恶；真正的中国人也许粗俗，但粗俗中没有强横和嚣张；真正的中国人也许愚笨，但愚笨并不至于荒唐；真正的中国人也许精明，但精明中并未深藏恶意。总而言之，哪怕是在真正的中国人的身体、头脑和性格的缺点与瑕疵中，也没有令你深恶痛绝的成分。①

关于中国文化这些特质的讨论，如梁漱溟《东西文化及其哲学》等著述中也都有讨论。但这样类似的讨论在当下尤其应该与时俱进。南朝古文经学家刘勰评价史家的道义担当为"史之为任，乃弥纶一代，负海内之责，而赢是非之尤，秉笔荷担，莫此之劳"，这也说明"立义选言"是一种极为可贵的才干。而"礼以立体，据事制范"，能够把中国早期确立起来的思想智慧加以不断总结阐释更是十分必要的。故现代学术视野下，较为清楚地厘定礼仪基本原则是礼学理论研究的一个重要方面。

第二节　礼义研究史回顾

郑玄《仪礼注》所揭示的礼义问题，在汉末经义研治中并非孤例。如何休、服虔、邴原等与郑玄同时代的经师也持有与之相同的观点。后郑玄时代主要分为以下几个阶段。

---

① 辜鸿铭著，李静译《中国人的精神》，第32页。

首先是魏晋南北朝。这一时期尚是郑玄礼义的历史丰富磨合期,主要有以下几个特点:一、朝堂礼制与社会礼仪双轨制发展。郑玄建构起的《仪礼》礼义在上层建制更侧重于推动仪注仪制诠释的发展,同时郑玄的礼义原则广泛参与社会性礼仪建设与理论探讨,从更长历史时期来看,后者的影响更为深远。二、南北朝经学在郑玄礼义接受上呈现趋同性。虽然南北朝经学特色各有侧重,一般认为南朝在经义诠释上并非宗郑一家,但事实上南朝对郑玄《仪礼》礼义的探讨饱满细腻,融入于玄谈、邦交之中,直接推动着礼义、故训的双向发展。三、祭祀制度虽然在礼事活动或礼制中性质重要,但祭祀制度的争论往往是经学哲学系统的选择问题,属于政治推演层面,故而这部分内容中的礼义原则与礼学理论反而弱化。所以只专注于祭祀制度,极容易导致对郑玄礼学理论创造性的忽视。

第二阶段是"五经正义"所确立的经典文本定型时期。贾公彦在旧疏基础上,对《仪礼》经注进行了细致全面的疏解工作,申明简质,补足不及,试图还原郑玄注的解经理路。虽然存在疏之不明、间有误解、删裁不当等问题,但主体之功,甚莫大焉! 贾公彦《仪礼疏》常被指摘,然而一个现象却可以说明一些问题:凡无疏文之经注,后世往往莫衷一是,或缄默不言。《仪礼》经注极简,若无疏文提供线索,很难明晰注文的思路和内容所指。宋庆历以后,疑古之风渐兴,但此时《仪礼》研究的宗统并未受过多冲击。对于《仪礼》礼义而言,南宋魏了翁《仪礼要义》条列注疏精华,《文渊阁提要》《总目提要》称其"梳剔爬抉,于学者最为有功"[①]。魏氏此书守

---

① 郭超颖、王域铖《四库经部礼类提要汇辑校订》,扬州:广陵书社,2020年,第114—115页。

郑义,采择多有精彩之处,而且他的选编是建立在经义研究基础上的,关注到了不少的问题。此时《仪礼》学研究仍旧立足注疏理据的完整性。

第三阶段,经典文本新演进阶段。元代是三《礼》文本演进的一个重要节点,《礼记》方面,出现了吴澄的《礼记纂言》,这是对《礼记》文本的一次较大调整。《仪礼》方面,出现了敖继公的《仪礼集说》。这两部书对后世影响极大。《文渊阁提要》《总目提要》称其"然郑注之中,录其所取,而不攻驳所不取,无吹毛索垢、百计求胜之心"①。实则相反。清褚寅亮《仪礼管见》言之最确,"然为之反复而紬绎焉,其意似不专主解经,而维在与康成立异"②。褚氏进一步指出:

> 究之以敖氏之说,深按经文,穿凿支离,破碎灭裂,实弥近似而大乱真,又其甚者,于说有不通处,则改窜经文,以迁就其辞,毋乃近于无忌惮乎。③

敖继公《仪礼集说》改疑经文、窃取注疏、自逞私臆。但其编纂体例易于学者掌握研读,其鲜明的特色对清代礼学产生了很大影响。

第四阶段,从目前存世的明代《仪礼》学著述来看,明代《仪礼》学取得的成就并不高,但由于实践性需求及复古思潮影响,《仪礼》礼义反而非常细腻地体现在明代的礼制建构中。

第五阶段,清代是《仪礼》学研究的鼎盛时期。梁启超《中国近三百年学术史》言"试总评清代礼学之成绩,就专经解释的著作论,

---

① 郭超颖、王域铖《四库经部礼类提要汇辑校订》,第122—123页。
② [清] 褚寅亮《仪礼管见》,清乾隆刻本,《续修四库全书》第88册,第375页。
③ [清] 褚寅亮《仪礼管见》,清乾隆刻本,《续修四库全书》第88册,第375页。

《仪礼》算是最大的成功,凌、张、胡、邵四部大著,各走各的路,各做到登峰造极,合起来,又能互相为用。这部经总算被他们把所有的工作都做尽了。"①凌、张、胡、邵四部大著分别是凌廷堪的《礼经释例》、张惠言的《仪礼图》、胡培翚的《仪礼正义》、邵懿臣的《礼经通论》②。此外,胡匡衷的《仪礼释官》、胡承珙的《仪礼古今文义疏》等也都取得了很好的成绩。

在清代《仪礼》学由兴至盛的这个过程中,全面解决文本的阅读理解问题,进而扭转《仪礼》研究弥代积衰的局面,是最需要完成的切实工作。这包括校勘、句读、分节、训诂、考证、释例、绘图、辑佚等各方面的内容。简单来讲,梁启超所言的"把极难读的《仪礼》变成人人可读,真算得劳苦功高了",可以说是清儒在这一经上的主要成就。故章太炎《汉学论》云:"清时之言汉学,明故训,甄度制,使三《礼》辨秩,群经文曲得大通,为功固不细。"③

但清代《仪礼》学在礼义研究上存在两点问题。

第一,总体关注较少。柳诒徵《中国文化史》云:"世尊乾嘉诸儒者,以其以汉儒之家法治经学也。然吾谓乾嘉诸儒所独到者,实非经学,而为考史之学。……或辑一代之学说(如惠栋《易汉学》之

---

① 梁启超《中国近三百年学术史》,北京:东方出版社,1996年,第214页。
② 凌廷堪《礼经释例》专门阐发《仪礼》的礼仪通例,张惠言的《仪礼图》则依照经文阐述的顺序为十七篇一一作图,使礼事的始终、坐立的向位、行动的进退跃然纸上。胡培翚的《仪礼正义》整合前人成果兼下己意,是《仪礼》新疏的集大成之作。邵懿臣的《礼经通论》明《仪礼》授受源流。陈澧总结读《仪礼》之法,主要是分节、释例、绘图,皮锡瑞亦言:"分节可先观张尔岐、吴廷华之书,释例凌延堪最详,绘图张惠言最密。"故可以看出经过清人的这几部大书,《仪礼》的研究无疑得到了根本性的推进。
③ 章太炎《太炎文录续编》卷一,《章太炎全集》第一辑,第1页。

类),或明一师之家法(如张惠言《周易虞氏义》之类),于经义亦未有大发明,特区分畛域,可以使学者知此时代此经师之学若此耳。"柳氏又言:

> 其于三《礼》,尤属古史之制度,诸儒反复研究,或著通例(如江永《仪礼释例》、凌廷勘《礼经释例》之类),或著专例(如任大椿《弁服释例》之类),或为总图(如张惠言《仪礼图》之类),或为专图(如戴震《考工记图》、阮元《车制图考》之类),或专释一事(如沈彤《周官禄田考》、王鸣盛《周礼军赋说》、胡匡衷《仪礼释官》之类),或博考诸制(如金鹗《求古录礼说》、程瑶田《通艺录》之类),皆可谓研究古史之专书。①

柳氏的认识不无道理。

第二,已有的礼义阐述并非真正尊郑。清前期的礼学研究甚有呼应汉唐注疏的志趣,这包括他们对文法、注疏体例、礼义等多方面的关注。然而乾嘉经学大盛在即,随之而起的专经研究体式,不在于恢复六经的汉唐经学系统,礼义问题上也是如此。陈澧对此说得非常明白:

> 郑君之学维持魏晋南北朝之世道,至中唐以后,其道衰微寖绝,直至国朝复知尊信,然而其道未明也,以其名尊之而已。②

《清史稿·郑珍传》言及当时礼学研究之状况,"恒苦乾、嘉

---

① 柳诒徵《中国文化史·考证学派》,上海:东方出版中心,1988年,第747页。
② [清]陈澧《东塾读书论学札记》,《陈澧集》第2册,第368页。

以还积渐生弊,号宗高密,又多出新义,未见有胜,说愈繁而事愈芜。"①对此王鸣盛《仪礼管见序》言:"顾自宋迄明六七百年之间,说经者十九皆以叛郑为事,其叛郑者十九皆似是而非。"②

在乾嘉礼学取得成绩的同时,学术总结和反思也随之产生和酝酿。清代后期,陈澧、曹元弼、皮锡瑞三人对礼义问题的思考比较凸显。

陈澧(1810—1882),字兰甫,号东塾,广东番禺人,早年服膺乾嘉汉学,中年以后治学风尚发生转变。钱穆认为他是"近百年来提倡新的读书运动之第一人"③。陈澧对《仪礼》礼义的深思便在这种背景下开展起来。首先,他持奉治经义理为本的思想④,"谓经学无关于世道,则经学甚轻,谓有关于世道,则世道衰乱如此""盖百年以来讲经学者,训释甚精,考据甚博,而绝不发明义理,以警觉世人。其所训释考据,又皆世人所不能解,故经学之书汗牛充栋,而世人绝不闻经书义理,此世道所以衰乱也"⑤。但何处才能真正寻得经学大义呢?陈澧认为"由汉唐注疏以明义理而有益有用"⑥,然而可惜的是,在他看来,无论是宋学,还是清人的汉学,都

---

① 《清史稿》卷四百八十二,北京:中华书局,1977年,第13288页。
② [清]褚寅亮《仪礼管见》,清乾隆刻本,《续修四库全书》第88册,第373页。
③ 钱穆《学籥》,《钱宾四先生全集》第24册,台北:联经出版事业公司,1998年,第80页。
④ 须要补充的是,陈澧虽然重经义,但绝不轻训诂考据,陈澧云:"本朝诸儒考据训诂之学断不可轻议,若轻议之,恐后来从而废弃之,则明儒之荒陋矣。今人考古者少,已大不如国初以来之渊博,断不可顺其风气而一空之也。但当取义理以补之耳。"(《东塾读书论学札记》,《陈澧集》第2册,第364—365页)
⑤ [清]陈澧《东塾读书论学札记》,《陈澧集》第2册,第377页。
⑥ [清]陈澧《东塾读书论学札记》,《陈澧集》第2册,第364—365页。

没有很好地重视和解决这个问题,其云:

> 汉儒之书有微言大义,而世人不知也。唐疏亦颇有之,世人更不知也。真所谓"微言绝、大义乖"矣。宋儒所说皆近于微言大义,而又或无所考据,但自谓得不传之学,夫得不传,即无考据耳,无师承耳。本朝国初儒者救明儒之病,中叶以来拾汉儒之遗,于微言大义未有明之者。①

除此之外,乾嘉以降,学界更是弊病丛生,陈澧数次批评士子懒躁,未尝看一部注疏,"大抵随手检阅"②,"多零碎经学"③。对此,陈氏提倡"微言大义必从读书考古而得"④,欲"学者皆专习一经注疏而渐求其义理,因汉儒经注而求汉儒实行"⑤,最终能治身心关世道。

在汉儒的微言大义中,陈澧特重郑学,"要识真汉学,须读郑君书"⑥,他谓郑注"其细者,训诂名物;其钜者,帝王之典礼,圣贤之微言大义,粲然具备","家法至善",于纬候、历数、律令"莫不贯综"⑦,他盛赞郑学是两汉学术集大成者,维持魏晋隋唐数百年世道,使圣人之说不至寖绝,又痛惜其元明以来的日渐衰微,故言:"宋、元、明儒者自出己意以说经义,竟无人于汉儒传注内寻求义理,孰知郑君之注义理深醇如此耶!此绝学宜共兴之。"⑧又云:

---

① [清]陈澧《东塾读书论学札记》,《陈澧集》第2册,第360页。
② [清]陈澧《东塾读书论学札记》,《陈澧集》第2册,第381页。
③ [清]陈澧《东塾读书论学札记》,《陈澧集》第2册,第363页。
④ [清]陈澧《东塾读书论学札记》,《陈澧集》第2册,第378页。
⑤ [清]陈澧《东塾读书论学札记》,《陈澧集》第2册,第373页。
⑥ [清]陈澧《东塾读书论学札记》,《陈澧集》第2册,第362页。
⑦ [清]陈澧《东塾集·郑氏全书序》卷三,《陈澧集》第1册,第113页。
⑧ [清]陈澧《东塾集·与赵子韶书六首》卷四,《陈澧集》第1册,第177页。

"读经而详味之,此学要大振兴。郑君似有劝人寻味语。"①

既汉儒之微言大义莫过郑注,那郑注义理之精粹,则必然在于郑玄的礼义之学。而且陈澧无疑持礼为六经指要的观点,他阐述"记六艺政教得失"的《经解》被记者录入于礼时,赞同孔颖达疏说的"六经其教虽异,总以礼为本",言:"《记》文引孔子曰:'安上治民,莫善于礼。'此篇当录入于礼,其义已明矣。"②实质上,陈澧在此相当于阐明了礼为六经总归。后皮锡瑞《论六经之义礼为尤重其所关系为尤切要》指出:"六经之文,皆有礼在其中;六经之义,亦以礼为尤重。于何征之?于《经解》一篇征之。"③这样,礼为六经节目与由郑玄礼义探圣人制作精义的思路重合了。这两者一是宏观上的经学认识,一是具体的治学津逮主张。故陈澧提出了礼义研治与专为的必要,云:

> 礼文之中有礼意焉,不可不知也。不明礼文,不可以求礼意。然明礼文而不明礼意,则或疑古礼不可行于后世。不知古今礼文异而礼意不异。礼意,即天理也,人情也。虽阅百世不得而异者也。④

陈澧指出明礼文的必要性,但在此之后,更要晓明礼义的存在,礼义才是礼的根本。陈澧《学思自记》中有"标出《礼》意之说"一句,《礼》就是指《仪礼》,《学思自记》是陈氏为《学思录》准备的内容,后《学思录》中的部分文稿被择取出来命名为《东塾读书记》。故

---

① [清]陈澧《东塾读书论学札记》,《陈澧集》第2册,第375页。
② [清]陈澧《东塾读书记》卷九《礼记》,《陈澧集》第2册,第171页。
③ [清]皮锡瑞著,吴仰湘点校《经学通论·三礼》,第356页。
④ [清]陈澧《东塾集·赠王玉农序》卷三,《陈澧集》第1册,第105页。

这部分内容在《东塾读书记》中得到了体现。《东塾读书记·仪礼》编大约可分三部分：第一是如何明礼文。第二即是标明礼义。第三是前人《仪礼》研究中相关的一些问题。而"既明礼文，尤当明礼意"的第二部分最涉关隘。所以，《东塾读书记》对礼义的阐明即是《学思自记》主旨的细化。

曹元弼(1867—1953)，字师郑，号叔彦，晚年号复礼老人，江苏吴县(今江苏省苏州市)人，清末民初著名经学家，主要著《礼经学》《礼经校释》等。《礼经学》是其《十四经学》中一部。《十四经学》乃根据张之洞《劝学篇·守约》的理论创作而来，以达"中体西用"之目的。曹元弼属于较保守的代表，欲以儒家礼仪来强健中国文化。他在礼义上做出的进一步工作主要是：

第一，把《仪礼》十七篇统摄于尊尊、亲亲、长长、贤贤、男女有别之下，并言诸礼在人伦上的经纬所侧重。其言：亲亲、尊尊、长长、贤贤、男女有别此五者五伦之道，而统之以三纲。长长统于亲亲，贤贤统于尊尊。三者以为之经，五者以为之纬；五者以为之经，冠、昏、丧、祭、聘、觐、射、乡以为之纬；诸礼以为之经，服物、采章、节文、等杀以为之纬。本末终始，同条共贯，须臾不可离也，一物不可缪也[①]。

第二，曹元弼在《礼经校释》这部书中，对礼义，特别是郑氏礼义进行了比较周详的疏解，这是曹元弼礼学贡献中很重要的一部分。曹氏不但做了条辨，申明了郑玄礼义，驳斥谬说，而且还对此前并无很好疏解的礼仪进行了关注。如《冠礼》"适子冠于阼阶少北避主人"，释曰：

[①] [清] 曹元弼著，周洪校点《礼经学》，第1—4页。

《记》曰:"适子冠于阼以著代也。"盖二十成人,渐有代亲之端,故冠于阼以著其义,人子于此当有怆然不安者,然主人尚未离其位也,至《昏礼》妇见舅姑,而舅姑先降自西阶,妇降自阼阶矣。人年三十娶而有子,至子娶,则父年六十,母年五十,人无百年不敝之身,瞻依怙恃定省,馈养之日去一日则少一日,《曾子》曰:"亲戚既没,虽欲孝,谁为孝。"故礼于冠昏著此义,所以深动子妇"爱日之诚"而使之及时以养,冠昏不用乐,职是故也。迨丧礼大敛殡于西阶,三月而葬,苞遣奠而赠制币,父母而宾客之矣,反哭,升堂,"反诸其所"作,妇入于室,"反诸其所养"。此时虽欲其致其一日之欢,尚可得乎,而其端则于冠子飨妇之日已早见之事有必至,为人子者不可不发深省也。①

又"适东壁见母",释曰:"父母生子,自呱呱一声而后,无一刻不望其长大成立,故冠礼父主之,醴毕,即急见母也,圣人制礼因严教敬,因亲教爱,如此所以为人伦之至也。"②

曹元弼对礼义的关注,建立在陈澧思考的基础上,并在注文之例中提出了"礼不必""礼不参"等初步判定。对曹元弼所做工作应该给予更多的探求,如他指出:

凡郑注引《礼记》,多约文。如《燕礼》注"酬而后献卿,别

---

① [清]曹元弼《礼经校释》卷一,清光绪十八年刻后印本,《续修四库全书》第94册,第123页。
② [清]曹元弼《礼经校释》卷一,清光绪十八年刻后印本,《续修四库全书》第94册,第124页。

尊卑",约《燕义》"君举旅行酬而后献卿"为说。①

对于《燕礼》注此处"别尊卑",此前研究无法明确是辨别宾与卿，还是卿与君的尊卑，曹元弼这里的解答非常精彩，依照他的观点，是辨析了卿与君的尊卑。

陈澧、曹元弼是在《仪礼》专经研究上，提出了《仪礼》研究转型的问题。然而就礼范畴来说，皮锡瑞、唐文治等推重《礼记》，虽然这里面存有差别，但就如何实现礼义的"以时为大"，却是一致的。

皮锡瑞指出"《记》者之文亦极精，能发明《礼经》十七篇之义"，"丧祭、朝聘、乡饮、昏礼，亦不出十七篇外，观此诸篇，乃知古礼所存，大有关系，较之各经，尤为切要，若必荡弃礼法，溃决堤防，正所谓'坏国丧家亡人，必先去其礼'，与孟子所谓'上无礼，下无学，贼民兴，丧无日矣'，可不儆惧乎"②。皮氏在《论〈礼经〉止于十七篇并及群经当求简明有用不当繁杂无用》篇指出"凡学务精不务博，务实不务名，务简明有用，不务繁杂无用"③，其欲提倡经义，但考虑到"《周官》《仪礼》，一代之书也；《礼记》曰'礼，时为大'，此一言也，以蔽万世制礼之法可矣"，所以他又在《论〈礼记〉所说之义古今可以通行》中提出：

> 治《礼经》者，虽重礼之节文，而义理亦不可少，圣人所定之礼，非有《记》者发明其义，则精意闳旨，未必人人能解，且节文时有变通，而义理古今不易，十七篇虽圣人所定，后世不

---

① [清]曹元弼著，周洪校点《礼经学》，第39页。
② [清]皮锡瑞著，吴仰湘点校《经学通论·三礼》，第358—359页。
③ [清]皮锡瑞著，吴仰湘点校《经学通论·三礼》，第364页。

尽可行,得其义而通之,酌古准今,期不失乎礼意,则古礼犹可以稍复。①

虽然此为就《礼记》所言,但《礼记》之义与《仪礼》之义未必不重合,《仪礼》之义亦未必全然不合时宜,且郑玄以《记》说《仪礼》之义也是常法。所以这里但看其观点也是对经义的提倡认识,其云:

> 惟发明"礼,时为大"之义甚通,言礼者必知此,乃不至于拘碍难行,《抱朴子·省烦》篇云:"冠昏饮射,何烦碎之甚耶!好古官长,时或修之,至乃讲试累月,犹有过误,而欲以此为生民之常事,至难行也。余以为可命精学洽闻之士,使删定三《礼》,割弃不要,次其源流,总合其事,类集以相从,务令约俭,无令小碎,条牒各别,令易案用。"《朱子语录》云:"古礼于今,实是难行,后世有大圣人者作,与他整理一过,令人苏醒,必不一一如古人之繁,但放古人大意,简而易行耳。"此正得其义而通之,期不失乎礼意之说也。②

自陈澧之后,曹元弼、黄侃等对礼学研究路径的近代转型开始做出尝试。礼义原则是其中的核心组成,这些都是在礼学研究固有基础上,结合具体时变而做努力。

总之,《仪礼》礼义研究想要取得进一步推动,一方面是要重新回归经典本身,一方面是回归到重视礼义原则与事理逻辑辨析上来。

---

① [清]皮锡瑞著,吴仰湘点校《经学通论·三礼》,第342页。
② [清]皮锡瑞著,吴仰湘点校《经学通论·三礼》,第343页。

第三节 研究意义

一、经义不必然保守与礼非一劳永逸

章太炎认为:"现在的时世和往昔不同,但是所变换的只是外表的粗迹,至于内在的精义是亘千载而没有变换的,所以古未必可废。所着重的在善于推阐,假使能够发挥他的精义,忽略他的粗迹,那末以前种种,未必无补于现在。"①现代社会的生产力比之漫长的古代社会发生了巨大革变,但我们也应意识到经典也是实践的产物,反映着规律性的东西,其思想具有融通性、发展性。章太炎《论读经有利而无弊》谓:

> 经学本无所谓顽固也。谥经学以顽固,盖出诸空疏不学辈之口。彼略识点画,苦于九经、三传之不尽解,而又忝拥皋比,深恐为学子问难所穷,故尽力抹杀,谥以顽固。少年浮躁,利其便己,从而附和,遂至一世波靡,良可愤叹。夫经史本以记朝廷之兴废,政治之得失,善者示以为法,不善者录以为戒,非事事尽可法也。

> 即如封建之制,秦汉而还,久已废除,亦无人议兴复者,唯三国时曹元首作《六代论》,主众建诸侯以毗辅王室;及清,王

---

① 章太炎演讲,诸祖耿等记录《章太炎国学讲演录》,北京:中华书局,2013年,第39页。

船山、王昆绳、李刚主等,亦颇以封建为是,此皆有激而然。

其次世卿之制,自《公羊》讥议以后,后世无有以为是者。唯晋世贵族用事,盖以九品中正定人材,其弊至于"上品无寒门,下品无世族",自然趋入世卿一途,然非有人蓄意主张之也。两千年来,从无以世卿为善,而竭力主张之者。有之,惟唐之李德裕。

又如肉刑之法,自汉文帝后,亦无人昌言复古。惟魏之锺繇、陈群,尝议复之,然群制定魏律,终亦不主肉刑,足知一时之论,亦自知其不可行矣。

又如井田之制,秦汉而后,惟王莽一人行之,诏以天下田为王田,禁民间不得卖买,然卒以致乱。若宋时张子厚行之于乡,要为私人之试验,非朝廷之定制。清初,颜李派之王昆绳、李刚主辈,亦颇有其意。

总计三千年来,主张封建、世卿、肉刑、井田者,曹元首、王船山、王昆绳、李刚主、李德裕、锺繇、陈群、王莽、张子厚九人而已。此九人者,除王莽外,或意有偏激,或别含作用,固不尽斥为顽固。就云顽固,二千年来,亦不过九人而已。①

"若夫经国利民,自有原则。经典所论政治,关于抽象者,往往千古不磨,一涉具体,则三代法制,不可行于今者自多"②,所以顽固不是经典固有的特性。

"天地睽而其事同也,男女睽而其志通也,万物睽而其事类也。"(睽卦《象传》)"礼"的实践性要求的是积极面对差异性,并为

---

① 章太炎演讲,诸祖耿等记录《章太炎国学讲演录》,第66—69页。
② 章太炎演讲,诸祖耿等记录《章太炎国学讲演录》,第68页。

之提供具有衡准性的处理方法。《风俗通义》云:"夫圣人之制礼也,事有其制,曲有其防,为其可传,为其可继,贤者俯就,不肖跂及。"① 这个衡准的探讨,就是礼义探讨。思维方式的培养与对它进行的关注,其背后的重点在于对"合乎道理"的聚焦与标榜。"合乎道理"就是符合普遍规律,各得其宜,有更大范围的适应性。从社会角度来说,这种规约与反思潜移默化地影响着人们的气质品格,当深受经典熏陶的他们开始走向各自领域参与社会管理实践时,也可在一定程度上对现实进行修正。

礼作为一种社会管理手段,在历史上相当时期都起着一种积极的意义。每个时代都有新的社会问题产生,当新问题产生以后势必冲击并有可能打破旧有的制约平衡,此时便需要根据礼的一些核心基本精神进行推义,然后制定新的章程以来维护社会的平衡和稳定。

礼制的活力与僵化其实质上体现着一个社会政治民生的总体形势,所以当社会制度走向衰落之时,其礼制必然也将存在着诸多弊政而备受诟病。例如在汉代后期进步思想家对丧礼中诸多弊病的无情讽刺和揭露。但是这里面也有一个问题,就是礼制在一个王朝走向灭亡之时所受到的抨击,不代表礼制本身就应该被抛弃而彻底废除,相反它必将随着新王朝的建立而被重新调整,这也就是中国古代社会历有修礼的原因。在一个朝代中,礼制需要随着社会发展逐步出现调整;而在易代之际,则又必然会有新礼制的构建而适应新的社会发展需要。所以,对于礼制的批判和摒弃是需

---

① [汉]应劭撰,王利器校注《风俗通义校注》卷三,北京:中华书局,2010年,第137页。

要就时就势而论的,一个鲜活的社会必然有足够的勇气去缔结新的礼仪平衡。

礼仪规范的引导不是一劳永逸的,风俗教化更不是,不能因一时风俗的好坏,或俗世俗情的妥否,来判断礼仪原则的合理性。即如人类努力到今天,在世界范围内依然不能根本上消除贫困、歧视、战争等问题。

习俗的特点在于人们因循情性,但容易于风气中产生恣肆,缺少规约与理性。但礼却是要制约和平衡,是一种规范,讲求自尊自爱。例如婚闹风气。婚闹本身不属于礼的范畴,而且严重违背礼的精神,特别是婚礼的意义内涵。中国早期社会存在婚礼不贺,不用乐的阶段①,后来又发生变化。《汉书·地理志》云燕地"嫁取之夕,男女无别,反以为荣,后稍颇止,然终未改"②。《群书治要》引仲长统《昌言》:"今嫁娶之会,捶杖以督之戏谑,酒醴以趣之情欲,宣淫佚于广众之中,显阴私于族亲之间,污风诡俗,生淫长奸,莫此之甚,不可不断者也。"③杨树达《汉代婚丧礼俗考》就此云:"而为之宾客者,往往饮酒欢笑,言行无忌,如近世闹新房之所为者,汉

---

① 《礼记·曾子问》曰:"嫁女之家,三夜不息烛,思相离也。取妇之家,三日不举乐,思嗣亲也。"《礼记·郊特性》曰:"昏礼不用乐,幽阴之义也。乐,阳气也。昏礼不贺,人之序也。"注云:"幽,深也。欲使妇深思其义,不以阳散之也。序犹代也。"《礼记·曲礼》曰:"贺取妻者,曰:'某子使某,闻子有客,使某羞。'"注云:"谓不在宾客之中,使人往者。……不斥主人,昏礼不贺。"《白虎通·嫁娶》有《昏礼不贺》论。《通典》有《婚礼不贺议》《婚不举乐议》。([唐]杜佑撰,王文锦等点校《通典》卷五十九《礼》十九,第1671—1674页)
② 《汉书》卷二十八下《地理志》第八,第1657页。
③ [汉]仲长统撰,孙启治校注《昌言校注》,北京:中华书局,2012年,第331页。

时即已有之。"①《意林》及《太平御览》卷八四六引《风俗通》云:"汝南张妙会杜士,士家娶妇,酒后相戏。张妙缚杜士,捶二十下,又悬足指,士遂至死。"②《酉阳杂俎》记载:"律有甲娶,乙丙共戏甲。旁有柜,比之为狱,举置柜中,覆之。甲因气绝,论当鬼薪。"③北宋末年庄绰《鸡肋编》记载:"颇多异事。如民家女子不用大盖,放人纵观,处子则坐于榻上,再适者坐于榻前。其观者若称欢美好,虽男子怜抚之,亦喜之而不以为非也。"④

又如冥婚习俗,更为礼所反对。《周礼·媒氏》曰:"禁迁葬者与嫁殇者。"郑玄:"迁葬,谓生时非夫妇,死既葬迁之,使相从也。殇,十九以下未嫁而死者。生不以礼相接,死而合之,是亦乱人伦者也。"郑司农说:"嫁殇者,谓嫁死人也,今时娶会是也。"贾公彦疏:"殇者,生年十九以下而死,死乃嫁之,不言殇娶者,举女殇,男可知也。"⑤

社会管理并非一劳永逸,礼仪作为社会管理的一种手段当然也是。王利器在《风俗通义校注·序例》里提到历代对风俗教化的重视,其云:

> 在中国封建社会时期,任何王朝,无不强调移风易俗之作用,汉代且设有风俗使,常以时分适四方,览观风俗。贾山《至言》曰:"风行俗成,万世之基定。"王吉上疏曰:"《春秋》所以大一统者,六合同风,九州共贯也。"唐德宗时,遣黜陟使行

---

① 杨树达《汉代婚丧礼俗考》,上海:上海古籍出版社,2000年,第16页。
② [汉] 应劭撰,王利器校注《风俗通义校注·佚文》,第589页。
③ [唐] 段成式撰,方南生点校《酉阳杂俎》,北京:中华书局,1981年,第8页。
④ [宋] 庄绰撰,萧鲁阳点校《鸡肋编》,北京:中华书局,1983年,第8页。
⑤ 《周礼注疏》卷十四,第733页。

天下,陆贽说使者庾何,请以五术省风俗为首务。楼钥《论风俗纪纲》,谓:"国家元气,全在风俗;风俗之本,实系纪纲。"郑晓《论风俗》,谓:"夫世之所谓风俗者,施于朝廷,通于天下,贯于人心,关乎气运,不可一旦而无焉者。"黄中坚《论风俗》,谓:"天下之事,有视之无关于轻重,而实为安危存亡所寄者,风俗是也。"其视风俗之重也胥若是,盖未尝不以移风易俗为手段,而达其潜移默化之目的,此《春秋井田记》所以有"同风俗"之说也。良以吾华为多民族之国家,幅员广大,人口众多,"百里不同风,千里不共俗",故尔古之大一统之君,继同轨同文之后,莫不以同风俗为急务也。①

每个时代都不乏对不良风俗的批评和反思,但风俗和礼的原则依据不可混为一谈。如明恩溥在对中国礼仪批评时所提到的:

> 宴请时也会采用同样的规矩,这是一种你们从未见识过的恐怖(一种过分慷慨的恐怖),热心的主人会特意在你的盘子里堆满丰盛的食物,他认为你应该喜欢这些好吃的东西,却对这样一个事实视而不见,即你根本没有食欲,一口也咽不下去。主人会说,要怪也只能怪你自己,而在他看来,他毫无疑问已经尽到了他的地主之谊。②

这仅是描述出一种生活情节,但礼的原则精神是充分尊重对方的意愿。礼的目的不是胁迫礼仪中的人,人在礼仪中也并非木偶,程式仪节是情感交流与沟通的必要手段。

---

① [汉]应劭撰,王利器校注《风俗通义校注·叙例》,第1—2页。
② (美)明恩溥撰,刘文飞等译《中国人的气质》,第29页。

所以，风俗、习俗，或惯例，与礼有一定关系，但不等同于礼。礼的内涵和外延诸多学者都有过探讨①，这也值得大家注意，在礼的探讨中，不能把概念混淆。

二、研究的延展性与价值

纵使中西方文化存在差异，风土民情各不相同，但中外礼仪在精神上一定有契合的地方。近代以来因中外交流需要，涌现出一大批丰富多彩的以文化推介沟通为目的的文献。冼玉清的《古礼与西礼之比较》是这类文献的代表。她针对当时"近日青年，每多忽视礼节，或谬认自由，或自诩西化。不知自由云者，以尊重一己不侵犯他人为自由。而西欧礼仪，其细密严重要更有十倍于中国者，故浸润中国礼教者，其人笃敬可亲；饱受西方文明者，其人亦文质可法。惟新旧皆无深切认识者，则放辟浮薄，直不知所谓而已"，以日常生活方面为例，分"个人仪注，家常琐节，访谒迎送，宴会杂礼及丧礼"五种，依据中国的《仪礼》《礼记》等文献、西文参考书 *Casselli Book of Etipuette*（by Awoman of Hil Wored）和 *Anewdook of Etiquette*（by Lillian Eichler），就"古礼有可与欧美习惯相比较者则比较之，否则略之"，对比了中国古礼与西礼的同异之处。

鉴于篇幅，现仅列冼玉清按语数条，以观其所阐述大概之

---

① 章太炎云："礼者，法度之通名，大别则官制、刑法、仪式是也。"（章太炎《礼隆杀论》卷二，《章太炎全集·检论》第一辑，第405页）黄侃言："有礼之意，有礼之具，有礼之文。"（黄侃《黄侃国学文集·礼学略说》，第359页）钱玄言："夫学《礼》不外四端：一曰礼之义，二曰礼之节，三曰百官之职，四曰礼之具。"（钱玄《三礼名物通释》，南京：江苏古籍出版社，1987年，第1页）彭林认为礼的要素有：礼法、礼义、礼器、辞令、礼容、等差。（彭林《中国古代礼仪文明》，北京：中华书局，2004年，第34—44页）

一二：

　　按：西礼行路亦以横过人前为无礼，至于今日尊卑相遇于路，卑者即不拱揖，亦以垂手肃立为合礼。

　　按：西礼凡访谒者，见主人望钟表问时刻，客当退，与此同。

　　按：访谒相见回候诸礼，西俗悉与中国同。所谓习俗人情，非野蛮不能例外也。西礼对回候尤为重视，但庆吊答礼，多用书柬致意，无亲到之需要。

　　按：宴会杂礼，中西形式表面容有不同，而其意义则相同。礼简而情厚，虽薄酒野蔬，客人当甘之如饴。若以宴会为交际必备之仪式而遗神取貌，则不必也。故必须宾主尽欢。中礼宴客，客有宴则先到，而席后不作勾留者。西礼则依时赴宴，而食后作长时间之叙谈者。

　　欧美居丧守制，前代礼甚严谨。初丧四十二日内不接见宾客。三个月内不出门。凡戚友之来慰唁者，亦须四十二日后乃往谒谢。服内不赴婚嫁等喜事，不赴宴会。居丧第一年内辍音乐，第二年内始出门访谒戚友。近日守制不如往昔之严，然妇人于守制期内六阅月不接宾客，不访谒他人。一年内不参加交际活动，不赴宴，不赴音乐会及不接受请柬。男子守制不似妇女之严谨。然曾受教育者，于居丧三四月内，亦不赴交际场所，不参加一切娱乐，不赴宴，不访谒。

通过论述，冼玉清认为西方的礼仪文化，与我们尚有相同处，国人不当以标榜西方自由而忽视礼仪修养。冼玉清在该文前言指出：

余之言礼,非谓拜跪升降揖让之仪式也。"礼义之始,在于正容体,齐颜色,顺辞令。"故徐干《法象篇》曰:"法象者莫先夫正容貌立危仪。《诗》云:敬慎威仪,惟民之则。若夫惰其威仪,恍其瞻视,忽其辞令,而望民之则我,未之有也。……君子无戏谑之言,言必有防;无戏谑之行,行必有检。………能尽敬以从礼者谓之成人。故周旋中规,折旋中矩。视不离于袺襘之间,言不越乎表著之位。声气可范,精神可爱,俯仰可宗,揖让可贵,故为万夫之望也。"①

当时讨论中西文化,沟通有无,加强介绍和增进了解的文献还有很多,不再罗列。而中西礼仪对比的研究近来也多有相关成果。

开展礼原则的探讨,具体有以下几方面的价值:

第一,有助于认识中国文化的核心哲学内含和独特思维方式。我国古代传统文化其根本归结就是我们在历史发展中所构建的礼文化。有着礼乐这一显著特征和性质的文明是中华民族在依赖自然界生存发展过程中,所形成的既有共性又有鲜明特性的本质情性。

第二,对礼原则探讨可推进礼学理论的进一步发展,至少未尝不是一种有意义的思考开端。若把礼学研究当成一个独立门类,那礼学理论就要在前人基础上做出更多的努力,在基础性问题上把框架搭建起来,把基本概念摸清楚,这对厘清研究思路,加强礼学研究与其他学科的交流都会有意想不到的帮助。

第三,有助于全面认识郑玄的经学、礼学成就。"礼是郑学",

---

① 冼玉清《冼玉清论著汇编》,桂林:广西师范大学出版社,2016年,第473—480页。

"汉儒有家法,七十子之大义赖汉以存","其幸存者毛、郑之《诗》、何氏之《公羊》、郑氏之三《礼》耳。穷经当以毛、何、郑为主,然后参以六朝、唐、宋、元、明诸儒,择其善而折衷焉"①。王鸣盛《蛾术编·郑氏著述》云:"康成注经,三《礼》居首,阅十四年乃成,用力最深也。"②据黄以周考证,郑玄注经次序"先注《周官》,次《礼记》,次《礼经》,次《古文尚书》,次《论语》,次《毛诗》,最后乃注《易》"③。如果站在汉代经学遗产与郑学本身成就地位两方面来看,对郑学礼义的全面认识则亦显得尤为切要。

皮锡瑞有"古礼情义兼尽即不能复而礼不可废"之论④,若"以旧坊为无所用而坏之者,必有水败。以旧礼为无所用而去之者,必有乱患"⑤。礼,随着时代的变迁从未停止过变化。但具体的事理逻辑与行为规范,具有原则性的特点,其反映出的思维方式,具有文化的合理性。在这个前提下,蕴含的我国传统文化和思想的礼义理论,在文化认知和实践层面,对我国当代文明建设仍然有指导借鉴的意义。

---

① [清]江藩著,钟哲整理《国朝汉学师承记》卷一,北京:中华书局,1983年,第18页。
② [清]王鸣盛撰,顾美华标校《蛾术编·郑氏著述》,上海:上海书店出版社,2012年,第826页。
③ [清]黄以周著,闵泽平、鲁林华点校《儆季文钞》卷四《答郑康成学业次第问》,[清]黄以周著,詹亚园、韩伟表主编《黄以周全集》第10册,上海:上海古籍出版社,2014年,第591页。
④ [清]皮锡瑞《经学历史·三礼》,《皮锡瑞全集》第6册,北京:中华书局,2015年,第392页。
⑤ 《礼记正义》卷五十,第1610页。

上编　礼的基本原则

本编探讨礼的两个基本性质——"尊主分明"和"动态平衡",它们是礼仪组织生成和运作的基本原则。基本就意味着适用范围更广泛,这二者是礼的原则体系中推演导出其他层级理论的基础。

"尊主分明"牵扯到区分。礼通过区分的方式来实现管理和运作。事物之间的区别可能会被混淆,可能会被打乱,但区别本身不会消失。礼的效能就是要厘清和稳定事物的区别,最直观显性的特征就是礼建构起来的尊卑等级体系。如古代社会,父权在家庭中最大。由父而及君,国家中有君权,君权至上尊贵,臣下都不敢忼礼。而在任何一场活动中,无论活动主题是贤贤,还是长长,活动尊主必然都是分明的,在正主和正宾之下的人都不能与他们相敌。

但在此,"尊主分明"不探讨有等差的尊卑体系。要探讨的是:(一)具体礼仪活动情境中,如何"不并敬"的问题,即当两个目标对象同时出现,这两个目标在足够模糊的状态下,行事者应辨明所要尊主的对象,使尊主分别明晰而没有嫌疑,对象包括人、空间、情感、事件等。(二)礼的主、客方构成具有明确性,其他任何不当礼者都不能超越自身角色定位而自领主、客方的礼仪旨归。

礼的"动态平衡",此前一直鲜有探讨,而它却十分重要。动态和平衡都是礼的状态,动态是持久宏观的,是礼产生的动力,平衡是瞬时的、关键的,也是礼追求的目的。礼的动态性看似是一个很简单的问题,甚至完全可以用一句话解释——行为、活动本就是动态的。实则不然。它牵扯到礼不但整体上是动态的,还要注入撬动动态的情理,以促进动态的持续性,来维持平衡与非平衡之间的转换。这里面牵扯到以往人们熟知的一些礼义,比如"礼以相变为敬""礼重更端"等。此前对于这些概念,我们认识到这是礼仪仪节背后的原因,或者说设定依据,但其实这些还不是问题的全部,他们之上还有更概括的东西。关于礼的平衡态则牵扯到实际情况与原则、原则内部的平衡和调整。这些礼仪准则的典型事例虽司空见惯,却蕴含深刻。

第一章　尊主分明

"尊主分明"是指要尊敬和崇尚的对象应明晰确定,没有嫌疑。主要包含:(一)不并敬。即不能同时对等地尊崇两个对象。对象不单指人,也可以是礼仪主旨、空间等。(二)意旨归属确定。任何其他非当礼者都不可越过角色定位领取当礼主、客方的礼仪意旨归属。

第一节　礼不并敬

《礼记·曲礼》:"毋不敬。"郑玄云:"礼主于敬。"[1]礼传达敬,敬体现礼[2]。然而事理不同,主旨精神则不同,礼需要加以具体地分析,使之合乎道理,《礼记·乐记》曰:"乐者为同,礼者为异,同则相亲,异则相敬。"[3]故敬的表达也需要借助辨析差异。"敬不能

---

[1]《礼记正义》卷一,第1229页。
[2]《孝经》:"礼者,敬而已矣。"注云:"敬者,礼之本也。"正义云:"此依郑注也。"(《孝经注疏》卷六,第2556页)按:"礼主于敬",不等同于敬为礼之本。敬的表达不符合道理时就是对礼的违背。故《论语·学而》:"信近于义,言可复也。恭近于礼,远耻辱也。"
[3]《礼记正义》卷三十七,第1529页。

并",作为礼的基本精神,在礼仪的各个方面都有所体现,如所用之器物、所在之向位、为事之劳逸、致敬之方式等等。与侧重论述制度层面上的"等差"不同,这里探讨的是:礼具有尊主分明的基本属性,当出现两个以上目标对象时,应做到不并敬,不混杂,避免应付、茫然;在区分中,使问题得以梳理,各得其宜。以下分尊无二上、主旨基调本末分明、行礼指向确定唯一、空间向位有所依从四个大方面来阐释。

一、尊无二上

(一)丧祭礼

丧祭礼中的不并敬,主要涉及三个方面:(1)问筮时蓍灵与庙神的尊主问题。(2)祭有所主与成鬼神之尊的问题。(3)两丧相遇时的尊主问题。

1.问筮

卜筮在庙门外。凌廷堪《礼经释例》云:"凡卜筮皆于庙门,唯将葬则于兆南。"① 《白虎通》引《逸礼》云:"皮弁素积,筮于庙门之外。"② 郑玄对庙门卜筮的礼义揭示,很好地交代出了这样行事背后的情理依据。

> 《仪礼·士冠礼》曰:"筮于庙门。"
>
> 郑玄注云:"不于堂者,嫌蓍之灵由庙神。"

---

① [清]凌廷堪著,彭林校点《礼经释例》,北京:北京大学出版社,2012年,第332页。
② [清]陈立撰,吴则虞点校《白虎通疏证》卷七,北京:中华书局,1994年,第331页。

贾公彦疏云："云'不于堂者,嫌蓍龟之灵由庙神'者,此据经冠在庙堂,此蓍筮在门外,不同处,故以庙决堂。以蓍①自有灵,知吉凶不假庙神,故云'嫌蓍龟之灵由庙神'也。"②

这是记士冠礼"筮日"的礼仪。举行冠礼前,先要在宗庙大门外占筮确定加冠的日期。在先人之庙的地界进行,而不是选择如寝门这样的地方,表现了冠礼的重要,以及对所尊重事不敢擅为的意思。但为何不像加冠时那样在庙堂,却仅是在庙门外呢?

郑玄对此解释:占筮是用蓍草来卜问吉凶,蓍龟皆自有神性,若在接近庙神的庙堂占卦,那所得结果是蓍草预示的,还是自家庙神预示的呢?为避免构成蓍草之灵是从庙神处获得的嫌疑,所以筮日仅在大门外,而不像加冠时在庙堂举行。如此既表达对冠事的重视,又不至于为事行礼尊主不明。

胡培翚《仪礼正义》云:"凡庙有室、有堂、有庭、有门。礼有行于庙之室者,祭祀阴厌之属是也。有行于庙之堂者,傧尸之属是也。有行于庙之庭者,纳牲之类是也。有行于庙之门者,此筮日之类是也。"③

曹元弼《礼经校释》云:"凡卜筮皆于庙门,所以然者,嫌蓍龟之灵由庙神,尊蓍龟也。以三隅反之,则亦嫌有蓍龟而无庙神,尊庙神也,故不于堂而于门也。"④后世礼制沿袭此义,如《开元

---

① 原作"著",此据中华书局2009年版初印本改。
② 《仪礼注疏》卷一,第945页。
③ [清]胡培翚撰,段熙仲点校《仪礼正义》卷一,南京:江苏古籍出版社,1993年,第8页。
④ [清]曹元弼《礼经校释》卷一,清光绪十八年刻后印本,《续修四库全书》第94册,第117页。

礼·序例》：

> 国有小祀应筮日者，及诸王冠婚、公主降嫁等并筮日于太庙南门之外。将筮前一日，右校扫除太庙南门之外。守宫设太卜令以下次于门外之东，皆西向。其日平明，太卜令、卜正、占者俱就次，各服公服。守宫布筮席于闑西阈外，西向。①

以上就是卜筮中的尊主分明问题。卜筮主蓍灵，不杂庙神，是不同时敬两个尊主对象。

2.祭祀

古礼宗庙、郊社及群祀的祭祀名目繁多，或各祭，或合祭，皆不并敬。合祭时有主祭，有从祭，礼制中的配享就是这种形式。《礼记·曲礼》曰："庙中不讳。"郑玄注云："为有事于高祖，则不讳曾祖以下，尊无二也。于下则讳上。"②庙中于上不讳下。这是因为尊主分明，没有同时并立的两位尊者。在行祭告神中无不贯彻着这种精神。

（1）祭告有所主

> 《仪礼·聘礼》曰："释币于门。"

> 郑玄注云："'门'，大门也。主于闑，布席于闑西阈外，东面，设洗于门外东方，其余如初于祢时。出于行，入于门，不两告，告所先见也。"③

这是记使者归国返家时先在大门外行祭的礼仪。在大门闑西

---

① [唐]杜佑撰，王文锦等点校《通典》卷一百六《礼》六十六，第2765页。
② 《礼记正义》卷三，第1251页。
③ 《仪礼注疏》卷二十三，第1068页。

阈外的地方布席，席面朝东，在门外东方设置洗，释币之礼如同释币于祢庙时一样①。

郑玄对此指出，使者出使时，出庙门后会释币于行，即祭道路，现今归家入门前先祭门，二者不兼相祭告，每次仅祭最先见到者。出行前，自庙内向外走，先见行；自外向内进，先见门，故各自行祭。

(2) 祭主不出庙门迎尸

在祭礼中，代死者受祭之人，称为尸。卜辞如："贞：于大宾延尸？"（《甲骨文合集》830）《士虞礼》注云："尸，主也。孝子之祭，不见亲之形象，心无所系，立尸而主意焉。"男者使所祭者之孙或孙列充任。女者，必使异姓，以其孙辈之妇为之。在侍尸的礼仪中，主人不出庙门迎尸。

《仪礼·特牲馈食礼》曰："祝迎尸于门外。主人降，立于阼阶东。尸入门左，北面盥，宗人授巾。"

郑玄注云："主人不迎尸，成尸尊。尸，所祭者之孙也。祖之尸，则主人乃宗子。祢之尸，则主人乃父道。事神之礼，庙中而已，出迎则为厌。"②

《仪礼·少牢馈食礼》曰："祝出，迎尸于庙门之外。主人

---

① 将行告祢，经曰："祝先入，……释币，埋于西阶东。"贾公彦疏云："言'如'者，谓释币于祝先入已下，埋于西阶东是也。"曹元弼《礼经校释》云："'埋'上脱'至'字。"此指释币于祢时，祝"先入"至"埋于西阶东"的仪节，释币于门的仪节与此同。所以贾疏该句在标点时应采用引号的形式加以提醒，不然会有不明所以的嫌疑，即应标点为："'先入'已下，'埋于西阶东'是也。"
② 《仪礼注疏》卷四十五，第1183—1184页。

降立于阼阶东,西面。祝先,入门右,尸入门左。"

郑玄注云:"主人不出迎尸,伸尊也。《特牲馈食礼》曰:'尸入,主人及宾皆辟位,出亦如之。'"①

《仪礼·少牢馈食礼》曰:"主人出,立于阼阶上,西面。祝出,立于西阶上,东面。祝告曰:'利成。'祝入。尸谡。主人降立于阼阶东,西面。祝先,尸从,遂出于庙门。"

郑玄注云:"事尸之礼,讫于庙门。"②

《特牲馈食礼》是诸侯之士祭祖祢,《少牢馈食礼》是诸侯之大夫的祭礼,在迎尸入庙仪节时,都是祝出庙门迎接尸。郑玄对此解释:主人不出庙门迎尸,是成全和伸张尸的尊贵。尸象征神,事神之礼在庙中,此时主人有子道;出庙门,则主人之尊伸,为尸者卑于主人,主人为了成全尸的尊贵,所以不出庙门相迎相送。也就是说庙中尸为大,庙外主人益尊,为避免这种冲突,所以把尊尸之礼放在庙中,以此别嫌疑。

《礼记·祭统》曰:"君迎牲而不迎尸,别嫌也。尸在庙门外则疑于臣,在庙中则全于君。君在庙门外则疑于君,入庙门则全于臣、全于子。是故不出者,明君臣之义也。"③

郑玄注云:"不迎尸者,欲全其尊也。尸,神象也。鬼神之尊在庙中,人君之尊出庙门则伸。"

这是记国君不迎尸的问题。尸代表受祭的死者,身份地位尊

---

① 《仪礼注疏》卷四十八,第1201页。
② 《仪礼注疏》卷四十八,第1203页。
③ 《礼记正义》卷四十九,第1605页。

贵,在面对尸时,君宜自卑。但尸本是臣,在庙外时,则有为臣的嫌疑,国君出迎会厌抑尸的尊贵;为尸在庙中时,成就了君、父之道,主祭的国君则有臣道、子道,如此则尸尊得以保全。为了避免君迎尸这种尊主不分情况的出现,所以鬼神的尊贵成于庙中,国君的尊贵在庙外。以上即《仪礼》记载的祭祀中尊主分明的典型事例。

该问题在后世也有体现。如东汉刘苍对明帝祫食世祖、庙乐之用的意见即践行不并敬的原则。明帝刘庄临终遗诏,不起寝庙,藏主于世祖庙便殿。汉章帝即位,遵诫不敢违,赠书东平王刘苍,认为虽在便殿,宜有所宗之号。苍言:"昔者孝文庙乐曰《昭德》之舞,孝武庙乐曰《盛德》之舞,今皆祫食于高庙,《昭德》《盛德》之舞不进,与高庙同乐。今孝明皇帝主在世祖庙,当同乐,《盛德》之乐无所施;如自立庙当作舞乐者,不当与世宗庙《盛德》之舞同名,即不改作舞乐,当进《武德》之舞。"① 庙乐明王业盛德,是"欢乐其己之所由生"(孔疏),如武王由武功而生业,民乐其武德,故以"武"为乐名。若宗庙各立,功业相异,自有殊别。若合祭共庙,则主其一,不并敬,故此皆依光武庙乐。

3. 两丧相遇

丧礼中同样也存在尊主分明的问题。在礼法的等级体系中,尊者有尊者的权威,卑者有其存在和自适的范围,井然有序中二者各有所司;但当两个具有相当权重的目标对象同时出现,包括父、母之尊,君、父之尊相遇时,礼有所取舍,不并敬。处理的原则:整体上,统于尊尊,君至尊,父至尊,前者与父母为首的亲亲相对,后

---

① 《后汉书》志第九《祭祀下》,第3198页。

者是父尊母尊相对。在此基础上,兼于当务,体察亲亲,不没亲恩。

首先,体现尊尊的情况。若出现父之尊与母之尊相遇的情境,就要辨明尊主①。根据《仪礼·丧服》,父在为母期、杖、禫;父卒得申尊,齐衰三年。《礼记·丧服四制》曰:

> 资于事父以事母,而爱同。天无二日,土无二王,国无二君,家无二尊,以一治之也。故父在为母齐衰期者,见无二尊也。②

当亲人中两人同时办丧事,如父、母同月而死,据《礼记·曾子问》,葬礼,先葬恩轻的,后葬恩重的;行奠祭礼,先祭恩重的,后祭恩轻的。

> 曾子问曰:"并有丧,如之何?何先何后?"孔子曰:"葬,先轻而后重;其奠也,先重而后轻:礼也。自启及葬不奠。行葬不哀次,反葬,奠而后辞于殡,遂修葬事。其虞也,先重而后轻,礼也。"③

在为恩轻的从启殡到下葬这段时间,对恩重未葬的暂不设朝夕奠,这是"务于当葬者",即从启母殡之后,及至葬柩欲出之前,不于殡宫为父设奠。柩车出葬经过恩重的生前在大门外设次舍接待宾客的地方时也不停车致哀,这是"轻于在殡者",即以父丧在殡为重,不敢为母伸哀。葬毕恩轻的返回之后即为恩重的设奠,而后把恩

---

① 这个问题放置于整个礼制史上是有变化的,如唐代对母服的调整,这里不展开,仅阐明该条目中蕴含的尊主分明问题。
② 《礼记正义》卷六十三,第1695页。
③ 《礼记正义》卷十八,第1390页。

重的启殡日期告诉宾客,接着准备葬事。葬后行虞祭,先祭恩重的而后祭恩轻的。

父尊与君尊的取舍。《丧服四制》曰:"其恩厚者其服重,故为父斩衰三年,以恩制者也。门内之治恩掩义,门外之治义断恩。资于事父以事君,而敬同,贵贵尊尊,义之大者也。故为君亦斩衰三年,以义制者也。"君、父之尊在不同时期不同情境下也取舍不同①。

> 曾子问曰:"大夫、士有私丧,可以除之矣,而有君服焉,其除之也如之何?"孔子曰:"有君丧服于身,不敢私服,又何除焉?于是乎有过时而弗除也。君之丧服除,而后殷祭,礼也。"②

臣子有君亲之丧时,当隆于君之事。成丧服为重始,除服为轻末,臣子在亲始重之日,尚不获伸,何况身有君服,后遭亲丧,则不敢为亲制服。等到君丧期满除服之后,再补行丧祭礼。

其次,体现兼顾亲恩的情况。《杂记》曰:

> 有父之丧,如未没丧而母死,其除父之丧也,服其除服。卒事,反丧服。虽诸父、昆弟之丧,如当父母之丧,其除诸父、昆弟之丧也,皆服其除丧之服。卒事,反丧服。③

---

① 按:先秦时期,君、父关系之演变发展,可参看王长坤《先秦儒家孝道研究》(西北大学博士学位论文,2005年,指导老师张岂之、黄留珠)。魏晋时期该问题又被提出,相关可参看唐长孺《魏晋南北朝史论拾遗·魏晋南朝的君父先后论》,北京:中华书局,1983年,第233—248页。
② 《礼记正义》卷十九,第1397页。
③ 《礼记正义》卷四十二,第1560页。

父丧小祥之后,大祥之前,又遭母丧,则当改父小祥之服而为母服重服。母亲葬后逢除父丧的大祥祭,服大祥祭之服,祭毕再反过来服母亲的丧服。若母丧未葬,而值父大祥,则不服其祥服。因二祥之祭为吉,未葬为凶,故不忍凶时行吉礼。即使是诸父、兄弟的丧事,如果丧期正当父母的丧期内,父母葬后,逢除诸父、兄弟的大祥祭,也服其祥服。等大祥祭完毕,再反过来服父母的丧服。郑玄注云:"虽有亲之大丧,犹为轻服者除,骨肉之恩也。"

　　曾子问曰:"君薨既殡,而臣有父母之丧,则如之何?"孔子曰:"归居于家,有殷事则之君所,朝夕否。"曰:"君既启,而臣有父母之丧,则如之何?"孔子曰:"归哭而反送君。"曰:"君未殡,而臣有父母之丧,则如之何?"孔子曰:"归殡,反于君所。有殷事则归,朝夕否。"①

君丧在前且已入殡,臣有父母新丧,则归于家,治父母丧,隆于父母。君丧有重大的祭奠礼,就去参加。国君的棺柩已经开殡准备安葬,这时遭遇父母丧事,臣子先回家哭父母,然后返回送国君。国君死了还未殡,这时遭遇父母丧事,则回家为父母殡敛,注云"其哀杂,主于君",然后返回到国君那里,有重大的祭奠礼就回家主持,平时为父母举行的朝夕哭奠之礼就不参加②。

　　曾子问曰:"君之丧既引,闻父母之丧,如之何?"孔子曰:"遂既封而归,不俟子。"曾子问曰:"父母之丧既引及涂,闻君

---

① 《礼记正义》卷十九,第1397页。
② 《白虎通》对此有论,可参看。[清]陈立撰,吴则虞点校《白虎通疏证》卷十一,第526—530页。

毙,如之何?"孔子曰:"遂既封,改服而往。"①

参加国君丧礼,已经拉起送葬柩车上的大绳,臣遭父母之丧,则柩棺下到墓穴里就回来,不等到同国君儿子一起。为父母办丧事,已拉起送葬柩车上的大绳,柩车已经上路,这时闻君丧,则把父母的棺柩下入墓穴后,就改服前往奔丧。

以上是两丧相遇问题。父母、国君为大,其他关系的重要性与他们相比差距显而易见,自然也不具备嫌疑的基础,不能构成相并敬。

(二)从侍尊者

1.尊前无私敬

君前不申私恩。《礼记·曲礼》曰:"君所无私讳。"郑玄注云:"谓臣言于君前,不辟家讳,尊无二。"②在国君面前不避自己家讳,这也是不并敬尊者、尊无二上的表现。

《仪礼·士丧礼》曰:"主人出迎于外门外,见马首,不哭,还,入门右,北面,及众主人袒。"

郑玄注云:"不哭,厌于君,不敢伸其私恩。"③

国君亲临大敛,主人到大门外迎接君,见到君车的马首,不哭,转身从门的右侧进入庙中,在门东面朝北而立,并和众主人一起袒露左臂。郑玄对"不哭"之义的解释是:丧主哀恸之情压降于君,在君前不敢伸张自己私恩,当以君尊为主。

---

① 《礼记正义》卷十九,第1398页。
② 《礼记正义》卷三,第1251页。
③ 《仪礼注疏》卷三十七,第1141页。

跟随尊者身边,不越过尊者自行私敬。

> 《礼记·曲礼》曰:"从于先生,不越路而与人言。"
> 郑玄注云:"尊不二也。"①

跟随先生而行,不可越过或远离先生,与他人说话。这是尊先生,不私自并敬他人。

> 《礼记·曲礼》曰:"侍坐于所尊,……,见同等不起。"
> 郑玄注云:"不为私敬。"②

侍坐于尊者,是以尊者为敬,见同辈后来者不起身执敬。此时,在场皆敬尊者,若同辈行私敬,是相杂,会削弱尊者之敬的权威。对此,《通典》记有一则"群臣侍坐太子后来"的议礼。

> 晋制,皇帝会公卿,座位定,太子后至,孙毓以为群臣不应起。礼曰"父在斯为子,君在斯为臣"。"侍坐于所尊,见同等不起",皆以为尊无二上,故有所厌之义也。昔卫绾不应汉景之召,释之正公门之法,明太子事同于群臣,群臣亦统一于所事。应依同等不起之礼。③

但不殊别皇太子时,尚存在皇太子与群臣、皇子之间的关系。原则的使用,往往不能孤立存在,关系的多维性,要求原则之间有所平衡。明帝太宁三年,诏以"汉魏以来,尊崇储贰,使官属称臣,朝臣咸拜"旧制,而令内外通议,尚书令卞壸以为:"《春秋》王太子不会

---

① 《礼记正义》卷二,第1238页。
② 《礼记正义》卷二,第1240页。
③ [唐]杜佑撰,王文锦等点校《通典》卷六十七《礼》二十七,第1870—1871页。

盟,礼同于君,皆所以重储贰,异正嫡。苟奉之如君,不得不拜矣。太子若存谦冲,故宜答拜。"①

2. 不引他敬以伉尊者

在尊者面前对答,不举伦类相当的其他尊者与之相抗并尊。《仪礼·聘礼》记载,若有以他国君所赐,向己君献忠孝,使者言辞当不自显,就蕴含了这种精神。

《仪礼·聘礼》曰:"若有献,则曰:'某君之赐也。君其以赐乎?'"

郑玄注云:"言此物某君之所赐予为惠者也。其所献虽珍异,不言某为彼君服御物,谦也。"②

这是记使者出行归来向己君献礼时的言辞。使者回国后向国君汇报出使情况,并亲自呈交彼国君赠送给君的礼物,同时为了表示对君的忠孝之情,使者也将进献礼物。这些礼物是在所聘国时,彼国君还报使者私献时赐予的。使者说:"这是某君赐予的,或许可以用来赏赐给其他臣下吧?"

郑玄对"某君之赐"表达的解释是:虽然使者所献之物必属珍异,但在表述时不直接说这是彼君使用的物品,而说此物是某君赐予以作恩惠的,这是使者谦敬的表现。同时该语境中带有尊和抑,尊的是己君,抑就是不过度显扬他君,是不同时并敬、尊主分明的体现。

---

① [唐]杜佑撰,王文锦等点校《通典》卷六十七《礼》二十七,第1871页。
② 《仪礼注疏》卷二十三,第1068页。

3. 活动节奏依尊者行止

卑者与尊者一起参与活动,当尊者有行止变动时,卑者依从尊者的动态行事,这也是尊主分明、不自我专擅的表现。

《仪礼·燕礼》曰:"卒受爵者兴,以酬士于西阶上。士升,大夫不拜乃饮,实爵。士不拜,受爵。大夫就席。士旅酬,亦如之。公有命彻幂,则卿大夫皆降,……,大夫皆辟。遂升,反坐。士终旅于上,如初。"

郑玄注云:"卿大夫降而爵止,于其反席卒之。"①

《仪礼·大射仪》曰:"卒爵者兴,以酬士于西阶上。士升,大夫不拜乃饮,实爵。士不拜,受爵。大夫就席。士旅酬,亦如之。公有命彻幂,则宾及诸公卿大夫皆降,……大夫皆辟。升,反位。士终旅于上,如初。"

郑玄注云:"卿大夫降而爵止,于其反席卒之。"②

这是记无算爵士行旅酬的礼仪。开始是一人执膳爵,一人执散爵,膳爵进献君,散爵由君指示,由此开启旅酬。当堂上卿大夫相酬完毕,最后一个受酬的大夫来到西阶上酬士。士依次旅酬。当公命彻去膳尊上的幂时,卿大夫下堂行礼。郑玄指出,卿大夫降堂时,士之相酬即暂停,等待卿大夫返回席位上时再行开始。

4. 近君则屈

诸公、大夫在国君面前,与君同时出现时,其尊厌抑而不扬,当他们远离至尊时,他们的尊贵得到申展,这从某种层面,也是尊主

---

① 《仪礼注疏》卷十五,第1023页。
② 《仪礼注疏》卷十八,第1043—1044页。

分明的体现。

　　《仪礼·燕礼》曰:"若有诸公,则先卿献之,如献卿之礼。席于阼阶西,北面,东上,无加席。"

　　郑玄注云:"席孤北面,为其大尊,屈之也。亦因阼阶西位近君,近君则屈,亲宠苟敬私昵之坐。"①

　　《仪礼·大射仪》曰:"若有诸公,则先卿献之,如献卿之礼,席于阼阶西,北面,东上,无加席。"

　　郑玄注云:"公,孤也。席之北面,为大尊,屈之也。亦因阼阶上近君,近君则亲宠苟敬私昵之坐。"②

如果有诸公来参加,主人在向卿献酒前,先献诸公,诸公的席位设在阼阶西边,席面朝北,席的首端朝东,席上不设加席。这是因为诸公地位也尊贵,在君前当屈,所以在阼阶西而面朝北。

　　《仪礼·乡射礼》曰:"君在,大夫射则肉袒。"
　　郑玄注云:"不袒薰襦,厌于君也。"③

如果射礼上有国君在,大夫射时就要袒露左臂,不同于往常只是脱去外衣袖,这是在君前,压降大夫之尊。

二、主旨基调本末分明

所谓主旨基调本末分明,就是以礼仪的内容性质为宗主,不

---

① 《仪礼注疏》卷十五,第1020页。
② 《仪礼注疏》卷十七,第1033页。
③ 《仪礼注疏》卷十三,第1012页。

另行申纾与主旨精神不匹配,甚至相背离的其他情感与行为主张。礼仪主旨不同,与之相匹配的思想感情就不同,人们的言行要配合其主旨精神,就要求恰如其分地处理自己的言行举止,使符合所处环境情形的要求。

(一)情感基调

《礼记·少仪》曰:"宾客主恭,祭祀主敬,丧事主哀,会同主诩。"① 各种活动所尚情感尊主分明,不能在主基调情境下再产生其他情绪。此尤为凸显于丧祭礼。这是一种哀伤、肃穆和欢乐不相间杂的思想情感。

《礼记·檀弓》:"子路曰:'吾闻诸夫子,丧礼,与其哀不足而礼有余也,不若礼不足而哀有余也。祭礼,与其敬不足而礼有余也,不若礼不足而敬有余也。'"郑玄注云:"丧主哀。祭主敬。"②

1. 丧礼主哀不成敬

丧事以哀恸、哀戚、悲伤为主,不以执礼成敬为主,这是人的正常情感,亲人离世带来的哀伤占满了人的情感,故而不能如往常成礼执敬。

《仪礼·士虞礼》曰:"祝迎尸。一人衰绖奉篚,哭从尸。尸入门,丈夫踊,妇人踊。"

郑玄注云:"尸入,主人不降者,丧事主哀不主敬。"③

这是记虞祭迎尸的礼仪。祝出庙迎尸,尸进入庙门,丈夫、妇人踊。郑玄指出主人在堂上西阶之位哭踊,而不像《特牲馈食礼》

---

① 《礼记正义》卷三十五,第1514页。
② 《礼记正义》卷七,第1285页。
③ 《仪礼注疏》卷四十二,第1168页。

《少牢馈食礼》尸入主人降阶,这是因为虞祭尚属丧事,并非吉祭,丧事主哀不主敬,所以主人见尸,直哀恸哭踊,不及用敬义。《特牲馈食礼》《少牢馈食礼》是吉祭之礼,主人敬尸,故尸入时,降堂站立在阼阶东边。可见,在丧事上丧主的情感主要是哀,而不是敬,所以奉尸时不能在以哀为主的主旨下,又别生出"敬",当行事尊主分明。

《礼记·曲礼下》曰:"凡非吊丧,非见国君,无不答拜者。"郑玄注云:"丧,宾不答拜,不自宾客也。"①

常礼,对方向自己行礼,皆回礼答拜。但吊丧不回拜,是宾前来之意在于助主人执丧事,非行宾、主之谊,所以主人虽行拜礼,宾不回礼。《士丧礼》宾不答拜即是。吊丧不以宾客礼行事,这就是执礼者要知晓所参与礼仪活动的性质,知道该礼仪内容下所主的情感精神。

《仪礼·士丧礼》曰:"唯君命出,升降自西阶。遂拜宾,有大夫则特拜之。即位于西阶下,东面,不踊。大夫虽不辞,入也。"

郑玄注云:"唯君命出,以明大夫以下,时来吊禭,不出也。始丧之日,哀戚甚,在室,故不出拜宾也。大夫则特拜,别于士旅拜也。即位西阶下,未忍在主人位也。不踊,但哭拜而已。不辞而主人升入,明本不为宾出,不成礼也。"②

---

① 《礼记正义》卷四,第1259页。
② 《仪礼注疏》卷三十五,第1129—1130页。

主人只有在君所命使者到来时才出室,大夫及以下,若有来吊者,不出室门。始丧主哀戚,不主宾客敬礼。君命使者到来,主人出室,并于此时才向其他来宾行拜礼。大夫不向主人致吊唁辞,而主人也不等待,即进入室中。皆因初丧主哀甚,不成礼。《礼记·丧大记》曰:"士之丧,于大夫不当敛则出。"郑玄注云:"父母始死悲哀,非所尊不出也。"① 若小敛后,则为大夫出,《礼记·杂记》曰:"当袒,大夫至,虽当踊,绝踊而拜之,反,改成踊。"② 若士来,即成踊,乃拜之。

2.祭事敬之至

《礼记·祭统》曰:"祭则观其敬而时也。"《祭义》《祭统》大量阐释祭祀"敬尽"之义,体现在祭礼的方方面面。如君臣上下皆夫妇亲自举行,"外则尽物,内则尽志",祭祀斋戒,祭时进退行止、颜色神情都有相应的规章。这无不体现祭事极敬,故在祭事为主的活动或者场合中,忌做出与肃穆庄敬不相符合甚至是相悖的言行。

  《礼记·表记》曰:"子曰:'祭极敬,不继之以乐。朝极辨,不继之以倦。'"

  郑玄注云:"极,犹尽也。辨,分别政事也。《祭义》曰:'祭之日,乐与哀半。飨之必乐,已至必哀。'"③

这是说,祭祀要竭尽虔诚之心,不可在终了时寻乐。朝礼要尽力分别政事,不可在最后表现出倦怠。这就是一种情感的尊主分明。

---

① 《礼记正义》卷四十四,第1573页。
② 《礼记正义》卷四十二,第1562页。
③ 《礼记正义》卷五十四,第1638页。

祭祀对"敬"的要求，使其他情感不相参杂，不然则是对祭祀礼的亵渎。同时对于带有祭悼、纪念等性质的场所也要求人的言行要肃静、敬穆，甚至靠近这些场所附近的空间内，也不宜与祭所要求的精神主旨太过违背。

饮酒礼中，"拜崇酒"与"告旨"往往相对，这是"敬"大于"酬谢"意。但在祭礼酬尸中，无论尸是否告旨，祭主皆不"拜崇酒"。

《仪礼·特牲馈食礼》曰："佐食取黍稷肺祭授尸。尸祭之，祭酒，啐酒，告旨。主人拜，尸奠觯答拜。祭铏，尝之，告旨。"

郑玄注云："旨，美也。祭酒，谷味之芬芬者。齐敬共之，唯恐不美。告之美，达其心，明神享之。"①

《仪礼·少牢馈食礼》曰："祝、主人皆拜妥尸，尸不言。尸答拜，遂坐。"

郑玄注云："尸自此答拜，遂坐而卒食，其间有不啐奠，不尝铏，不告旨，大夫之礼，尸弥尊也。"②

在祭礼中，尸代死者受享，告称所献美味，以畅达孝子之心，明神灵已受享，这与宾客之礼，在成全主人心意上是相同的。按照郑玄注，《少牢馈食礼》是大夫礼，尸尊贵，不向主人告旨，而《特牲馈食礼》是士礼，尸卑而告旨。然无论告旨与否，祭不在于饮，亦不在酬答感谢之情，不以宾、主殷勤尽欢为事，孝子持斋庄忠诚之心，故祭礼无"拜崇酒"仪节及礼义的存在。

---

① 《仪礼注疏》卷四十五，第1184页。
② 《仪礼注疏》卷四十八，第1201页。

（二）内容性质

所行之事与礼事主旨不相冲突，即使相洽相助也不能喧宾夺主，遮掩礼事的主旨内容性质。

1. 吉凶不相干

吉礼和凶礼不相互干犯。吉、凶是情感的两极，不应使二者相参杂，若吉凶之事相遇，则应按各自实际情况有所尊主。

> 《仪礼·聘礼》曰："遭夫人、世子之丧，君不受，使大夫受于庙，其他如遭君丧。"
>
> 郑玄注云："夫人、世子死，君为丧主，使大夫受聘礼，不以凶接吉也。"①
>
> 《仪礼·聘礼》曰："遭丧，将命于大夫，主人长衣练冠以受。"
>
> 郑玄注云："遭丧，谓主国君薨，夫人、世子死也。此三者，皆大夫摄主人。长衣，素纯布衣也。去衰易冠，不以纯凶接纯吉也。吉时在里为中衣，中衣、长衣，继皆掩尺，表之曰深衣，纯袂寸半耳。君丧不言使大夫受，子未君，无使臣义也。"②

丧事是凶。出使行聘，如果遭遇主国君夫人或者世子的丧事，主国君不亲自接受聘问。主国君为丧主，丧是凶礼，聘为吉事，不以凶接吉，故使主国的卿代替君受礼。按郑玄的意见，遭逢主国丧事，如国君薨，夫人、世子死，这时大夫摄主人，摄政为主的卿接受

---

① 《仪礼注疏》卷二十三，第1069页。
② 《仪礼注疏》卷二十三，第1069页。

慰问时穿长衣戴练冠。这里主人的服饰虽仍然属于凶服,但已不是纯凶,易其服而接受聘礼,是不以纯凶接纯吉。《仪礼·聘礼》:

> 聘君若薨于后,入竟则遂。赴者未至,则哭于巷,衰于馆。受礼,不受飨食。赴者至,则衰而出,唯稍受之。①

使者出使期间,遭己君之丧,若已入所聘国国境,既已与主国君相接,则继续前进。赴告者还没赴告主国君时,使者在巷门哭,在宾馆中穿丧服,不着凶服示人。使者接受主国所送饔饩,但不接受飨礼和食礼。赴告者告主国,主国归礼,宾可凶服受,正行聘享,则着吉服。

以上都说明当吉凶相遇时,当有所调和,不当相杂。《宋史》记载,宋使臣前往金国出使,因本国有国丧,拒不参与其簪花听乐的活动。

> 诏充遗留礼信使。初,显仁遗留使至金,必令簪花听乐。师鲁陛辞,言:"国势今非昔比,金人或强臣非礼,誓以死守。"沿途宴设,力请彻乐。至燕山,复辞簪花执射。时孝宗以孝闻,师鲁据经陈谊,反复慷慨,故金终不能夺。②
>
> 未几,假工部尚书使金贺正旦。金庭锡宴,濛以本朝忌日不敢簪花听乐,金遣人趣赴,濛坚执不从,竟不能夺。③

因丧礼整个过程是由凶渐吉,期间一些重要的节点,比如殡殓、下葬、卒哭、除服等,若其具有过渡转折性质,也是在讲求吉凶

---

① 《仪礼注疏》卷二十三,第1069页。
② 《宋史》卷三百八十九《颜师鲁传》,北京:中华书局,1977年,第11933页。
③ 《宋史》卷三百九十《莫濛传》,第11957页。

不相干。《通典·丧废祭议》述晋、宋、齐、梁、唐五朝之事①，又如后唐同光三年礼仪使奏："贞简皇太后升祔礼毕，一应宗庙伎乐及诸祀并请仍旧。"②

但总体上一个原则：纯凶和纯吉不当相杂而并，如：

> 成帝咸康七年，尚书蔡谟奏："八年正会仪注，惟作鼓吹钟鼓，其余伎乐尽不作。"侍中张澄、给事黄门侍郎陈逵驳，以为"王者观时设教，至于吉凶殊断，不易之道也。今四方观礼，陵有傧吊之位，庭奏宫悬之乐，二礼兼用，哀乐不分，体国经制，莫大于此"。诏曰："今既以天下体大，礼从权宜，三正之飨，宜尽用吉礼也。至娱耳目之乐，所不忍闻，故阙之耳。事之大者，不过上寿酒，称万岁，已许其大，不足复阙钟鼓鼓吹也。"
>
> 澄、逵又启："今大礼虽降，事吉于朝。然傧吊显于园陵，则未灭有哀；礼服定于典文，义无尽吉。是以咸宁之会，有彻乐之典，实先朝稽古宪章，垂式万世者也。"诏曰："若元日大飨，万国朝宗，庭废钟鼓之奏，遂阙起居之节，朝无磬制之音，宾无蹈履之度，其于事义，不亦阙乎！惟可量轻重，以制事中。"③

《白虎通义》云："诸侯朝，而有私丧得还何？凶服不入公门。君不呼之义也。凶服不敢入公门者，明尊朝廷，吉凶不相干。故

---

① ［唐］杜佑撰，王文锦等点校《通典》卷五十二《礼》十二，第1437—1440页。
② 《旧五代史》卷三十三《唐书》九《庄宗纪第七》，北京：中华书局，1976年，第460页。
③ 《晋书》卷二十三《志》第十三《乐下》，北京：中华书局，1974年，第718—719页。

《周官》曰:'凶服不入公门。'《曲礼》曰:'居丧不言乐,祭事不言凶,公庭不言妇女。'《论语》曰:'子于是日哭,则不歌。'"①又云:"有丧不朝,吉凶不相干,不夺孝子恩也。"②

《唐律疏议·职制》"庙享有丧遣充执事",《律》曰:"诸庙享,知有缌麻以上丧遣充执事者,笞五十;陪从者,笞三十。主司不知,勿论。有丧不自言者,罪亦如之。其祭天地社稷则不禁。"《疏议》曰:"庙享为吉事,《左传》曰:'吉禘于庄公。'其有缌麻以上惨不得预其事。若知有缌麻以上丧遣充执事者,主司笞五十。虽不执事,遣陪从者,主司笞三十。若主司不知前人有丧者,勿论。即有丧不自言,而冒充执事及陪从者,亦如之。其祭天地社稷不禁者,《礼》云'唯祭天地社稷,为越绋而行事',不避有惨,故云'则不禁'。"③缌麻是"五服"中最轻的一种,服期三个月。有缌惨以上,无论是执事,还是陪从,皆不得参与庙享吉事;但按照《礼记·王制》曰"丧三年不祭,唯祭天地社稷,为越绋而行事"④,天地社稷之祭尊于私丧,不以卑废至尊。虽遭私丧,既殡已后,若有天地社稷之祭即可参与。

《唐律疏议·户婚》"居父母丧主婚"条,《律》曰:"诸居父母丧,与应嫁娶人主婚者,杖一百。"《疏议》曰:"居父母丧,与应合嫁娶之人主婚者,杖一百;若与不应嫁娶人主婚,得罪重于杖一百,自从重科。若居夫丧而与应嫁娶人主婚者,律虽无文,从'不应为重',合杖八十。其父母丧内为应嫁娶人媒合,从'不应为重',杖

---

① [清]陈立撰,吴则虞点校《白虎通疏证》卷十一,第528—529页。
② [清]陈立撰,吴则虞点校《白虎通疏证》卷十一,第530页。
③ 刘俊文笺解《唐律疏议笺解》卷九,北京:中华书局,1996年,第738页。
④《礼记正义》卷十二,第1334页。

八十;夫丧从轻,合笞四十。"① 嫁娶是吉事,丧事纯凶,遭丧而为人主婚,以纯凶为吉事,伤害了哀思悲戚之义,违背情理。这既是对丧事的重视,同时更是行事立身"尊主分明",避免杂糅的道理,"居丧不言乐,祭事不言凶"②,为礼当各于其时。

2.财货不伤德没礼

《仪礼·聘礼》曰:"多货,则伤于德。币美,则没礼。贿,在聘于贿。"

郑玄注云:"货,天地所化生,谓玉也。君子于玉比德焉。朝聘之礼,以为瑞节,重礼也。多之则是主于货,伤败其为德。币,人所造成,以自覆币③,谓束帛也。爱之斯欲衣食之,君子之情也,是以享用币,所以副忠信。美之,则是主于币,而礼之本意不见也。言主国礼宾,当视宾之聘礼,而为之财也。宾客者,主人所欲丰也。若苟丰之,是又伤财也。"④

这是记朝聘所行玉帛的用度问题。圭璋是聘礼玉节之用,重视的是礼,如果玉赠送多了,就成了以货为主,伤败德行。束帛是人们造来覆身用的,亲爱他人因而赠送对方衣服,是忠信的象征,若过于华美,则仅见绚烂美丽,礼的本意就为之所掩。赠送聘国的礼物,当视来聘国赠送聘礼多少而定,讲求适度,不然则是伤于贪财。这些都与聘礼玉帛之用的本意不符,与聘礼本意不符合。

挚虞《决疑要注》曰:"古者朝会皆执贽,侯伯执圭,子男执璧,

---

① 刘俊文笺解《唐律疏议笺解》卷十三,第1030页。
② 《礼记正义》卷四,第1257页。
③ 按:币,张尔岐《句读》谓"币"疑当作"蔽"。
④ 《仪礼注疏》卷二十四,第1074页。

孤执皮帛,卿执羔,大夫执雁,士执雉。汉魏粗依其制,正旦大会,诸侯执玉璧,荐以鹿皮,公卿已下所执如古礼。古者衣皮,故用皮帛为币。玉以象德,璧以称事。不以货没礼,庶羞不逾牲,宴衣不逾祭服,轻重之宜也。"①

礼对事理内容性质的辩义,体现于制度上时,"忠孝恩义"是显象统摄,这之间也有内部的平衡与调整。此不再展开。如《新唐书》记载,唐韦陟的谥号,太常博士程皓议"忠孝",颜真卿以为"许国养亲不两立,不当合二行为谥"②。

(三)公私轻重

1. 私不干公

如行公事时遇私丧问题。

> 《仪礼·聘礼》曰:"若有私丧,则哭于馆,衰而居,不飨食。"
> 郑玄注云:"私丧,谓其父母也。哭于馆,衰而居,不敢以私丧自闻于主国,凶服干君之吉使。《春秋传》曰:'大夫以君命出,闻丧,徐行而不反。'"③

如果使者出聘而得知父母之丧,那就在馆舍中哭,待在馆舍时就穿丧服,不参加主国为他举行的飨礼和食礼。不因为自己私事而干扰国家间的大事,作为君的吉使不私行凶服。《白虎通义》云:"大夫使受命而出,闻父母之丧,非君命不反者,盖重君也。故《春秋传》曰:'大夫以君命出,闻丧,徐行不反。'"④《春秋繁露·精华》

---

① 《后汉书》志第五《礼仪中》,第3130页。
② 《新唐书》卷一百二十二《韦陟列传》,北京:中华书局,1975年,第4353页。
③ 《仪礼注疏》卷二十三,第1069—1070页。
④ [清]陈立撰,吴则虞点校《白虎通疏证》卷十一,第528页。

云:"徐行不反者,谓不以亲害尊,不以私妨公也。"①

后唐清泰元年(934)五月,明宗李嗣源祔庙礼,需有宰臣摄太尉行事,当时冯道在假,刘昫身担三司公事,李愚有私忌,中书门下与礼官参酌,认为"诸私忌日,遇大朝会,入阁宣召,皆赴朝参。今祔庙事大,忌日属私,请比大朝会宣召例"②。

2.轻重缓急

《礼记·曾子问》篇详列重大礼事中因突发其他事宜而不得终止或当紧急处理的情况。这些反映的是并有事时的轻重缓急的择取问题。

> 曾子问曰:"诸侯旅见天子,入门,不得终礼,废者几?"孔子曰:"四。""请问之。"曰:"大庙火,日食,后之丧,雨沾服失容,则废。如诸侯皆在而日食,则从天子救日,各以其方色与其兵。大庙火,则从天子救火,不以方色与兵。"③
>
> 曾子问曰:"诸侯相见,揖让入门,不得终礼,废者几?"孔子曰:"六。""请问之。"曰:"天子崩,大庙火,日食,后夫人之丧,雨沾服失容,则废。"④
>
> 曾子问曰:"天子尝、禘、郊、社五祀之祭,簠簋既陈,天子崩,后之丧,如之何?"孔子曰:"废。"⑤
>
> 曾子问曰:"当祭而日食,大庙火,其祭也如之何?"孔子曰:"接祭而已矣。如牲至未杀,则废。天子崩,未殡,五祀之

---

① [清]苏舆撰,钟哲点校《春秋繁露义证》,第89页。
② 《旧五代史》卷四十六《唐书》二十二《末帝纪上》,第635页。
③ 《礼记正义》卷十八,第1394页。
④ 《礼记正义》卷十八,第1394页。
⑤ 《礼记正义》卷十八,第1394页。

祭不行。既殡而祭。其祭也,尸入,三饭不侑,酳不酢而已矣。自启至于反哭,五祀之祭不行,已葬而祭,祝毕献而已。"①

曾子问曰:"诸侯之祭社稷,俎豆既陈,闻天子崩,后之丧,君薨,夫人之丧,如之何?"孔子曰:"废。自薨比至于殡,自启至于反哭,奉帅天子。"②

曾子问曰:"大夫之祭,鼎俎既陈,笾豆既设,不得成礼,废者几?"孔子曰:"九。""请问之。"曰:"天子崩,后之丧,君薨,夫人之丧,君之大庙火,日食,三年之丧,齐衰,大功,皆废。外丧自齐衰以下,行也。其齐衰之祭也,尸入,三饭不侑,酳不酢而已矣。大功,酢而已矣。小功、缌,室中之事而已矣。士之所以异者,缌不祭。所祭,于死者无服,则祭。"③

以上问题及其相关精神,后世亦有议礼讨论,如元日合朔是否需要却会等④。

礼仪主旨基调尊主分明非常重要,在参与活动时,言谈举止要和当时的主旨氛围相匹配,不能本末倒置,也不能以私干公,不分轻重缓急。如国恤宴饮,居丧饮酒是对礼制的违背。恰因如此,某些历史时期,由于受社会急剧变革的影响,会出现日常生活,或公开活动中,言行与活动主旨精神不符合的行为,这都是当时社会世道人心的一种呈现。《后汉书·五行志》引《风俗通》:"灵帝时,京师宾婚嘉会,皆作魁㯩,酒酣之后,续以挽歌。"⑤《世说新语》所载

---

① 《礼记正义》卷十八、十九,第1394、1396页。
② 《礼记正义》卷十八,第1396页。
③ 《礼记正义》卷十九,第1397页。
④ 《晋书》卷十九《志》第九《礼上》,第595页。
⑤ [汉]应劭撰,王利器校注《风俗通义校注·佚文》,第568—569页。

乖背丧礼精神的行为，实际上是用遵从其他主旨精神与之相抗的表现。《鸡肋编》"礼文亡阙，无若近时，而婚丧尤为乖舛"①，亦是此类。

现实生活中，某些处所和场合，也可能有比较明确的主旨基调要求，人们也应遵守奉行，这同样是尊主分明的表现。约言之，一些特定事宜具有凸显的主旨基调精神，行事时对其不相杂，不相掩，不取代，也不宜同时或相近地生出对等的其他敬意。

三、行礼指向确定唯一

行礼指向尊主分明就是"礼不参"的问题。"参"，"商星也"（《说文》），心宿三星鼎立，借用以表示"三"。然三星，并非仅有心宿，参宿亦是，所以《唐风·绸缪》"三星在天"，毛传"三星，参也"，郑笺"三星，心星也"。经传多借为三，《左传》"特相会，往来称地，让事也。自参以上，则往称地，来称会，成事也"，杜预注云："'特相会'，公与一国会也。会必有主，二人独会，则莫肯为主，两让，会事不成，故但书地。"②《大戴礼记·哀公问五义》谓圣人"配乎天地，参乎日月"，即与日月鼎足为三。《礼记·乡饮酒义》曰："月者，三日则成魄，三月则成时。是以礼有三让，建国必立三卿。三宾者，政教之本，礼之大参也。"③又《庄子》"以参为验"亦是。

郑玄用"礼不参"阐释了行礼指向的唯一性原则，即不可三人或三方同时执礼，其目的在于尊主分明，不并敬。在任何礼仪活动中，为礼之主、客方，皆需有确定的指向性，而不可呈现多边混合的

---

① ［宋］庄绰撰，萧鲁阳点校《鸡肋编》，第8页。
② 《春秋左传正义》卷五，第1743页。
③ 《礼记正义》卷六十一，第1684页。

模糊状态。礼仪活动只有如此才可以做到恭敬不乱、于事荦荦。

（一）嫁女父不送

宾客之礼，宾出，主人皆拜送①。《士昏礼》女父却不降送。

《仪礼·士昏礼》曰："主人揖入，宾执雁从。至于庙门，揖入。三揖，至于阶，三让。主人升，西面。宾升，北面，奠雁，再拜稽首，降，出。妇从，降自西阶。主人不降送。"

郑玄注云："'主人不降送'，礼不参。"

贾公彦疏云："云'主人不降送，礼不参'者，礼，宾、主宜各一人，今妇既送，主人不送者，以其'礼不参'也。"②

昏礼亲迎，婿至女家，女父出门相迎行再拜礼，婿面朝东答拜礼，女父执主人之礼，婿当宾；宾、主行礼备，婿由西阶降出，女从婿而降。女父只于阼阶上西面诫女，并不降送。

郑玄的解释是：行礼人员，宾、主二人，且指向确定唯一，此时是婿与女执礼环节，女父不当礼不前往参与。

该礼义亦为后世继承。如隋皇太子纳妃（《隋书·志第四》），《开元礼》公主出降③，《明集礼》品官昏礼④等。

（二）公不往参宾主

主人接待宾客，根据礼仪等级性质的差异，或出门而迎，或门

---

① 按《少牢馈食礼》，主人宿尸，尸送，揖，不拜。郑玄注云："尸不拜者，尸尊。"且礼毕，主人送佐食不拜，郑玄云："送佐食不拜，贱。"此外，清人凌廷堪《礼经释例》云："凡君与臣行礼皆不送。"
② 《仪礼注疏》卷五，第966页。
③ ［唐］杜佑撰，王文锦等点校《通典》卷一百二十九《礼》八十九，第3324页。
④ ［明］徐一夔等《明集礼》卷三十五，景印文渊阁《四库全书》第649册，第588页。

内而迎,且导宾升堂即位。在《燕礼》《大射仪》中,当为宾之大夫复以宾礼入,走至庭中时,公降阶一等向宾行揖礼,宾辟。公不请宾升堂就位。

《仪礼·燕礼》曰:"射人纳宾。宾入,及庭,公降一等揖之。公升就席。"

郑玄注云:"以其将与主人为礼,不参之也。"

贾公彦疏云:"郑知'将与主人为礼,不参之'者,下经云宾升,主人亦升。是其宾与主人为礼,不得相参之也。"①

《仪礼·大射仪》曰:"摈者纳宾,宾及庭,公降一等揖宾,宾辟。公升即席。"

郑玄注云:"以宾将与主人为礼,不参之。"

贾公彦疏云:"云'公降一等揖宾',不言请宾至位就席者,亦是以宾与主人为礼,'礼不参',故不请也。"②

《燕礼》《大射仪》是诸侯礼,礼仪开始,独公升立席上,余皆以臣礼入。公尊不为献主,使宰夫为主人,宾则命大夫。设立宾、主,是行饮酒礼的需要,为能"致欢"(《礼记·燕义》)。如此,其一,公为大尊,是实质的礼仪主导者,臣莫敢伉礼。其二,所设立的宾、主还需承担起各自角色的任务,完成礼仪活动的具体推进。在此,公揖请是尊宾,不请宾升席即位则是不往参宾、主行事。

《仪礼·乡射礼》曰:"主人西南面三拜众宾,众宾皆答壹

---

① 《仪礼注疏》卷十四,第1016页。
② 《仪礼注疏》卷十六,第1030页。

拜。"

郑玄注云："献宾毕,乃与众宾拜,敬不能并。"①

主人与宾行一献之礼后,向众宾行拜。郑玄的解释是:宾为尊,众宾为从属。礼仪开始,主礼在宾,主人与宾再拜,与众宾行揖,不于期间礼众宾,敬不能并。按《乡饮酒礼》,参加活动的宾、介、众宾皆是礼所尊敬的人,但宾得再拜,介得拜,众宾揖之。且宾主一献之礼后,始向介献酒,献介毕,方献众宾。此亦是不并敬。

对此,曹元弼《礼经校释》阐释细致,如下:

盖君子之行礼也,致敬于一人,则不以他人贰之。故拜众宾必在献宾毕,遵入必在一人举觯后,所谓"持一中者,谓之忠"②也。若以拜众宾之节,杂于献宾之时,则其心先不诚,而礼皆不可行矣。敬不能并,礼之通义,《觐礼》四传摈,每一位毕,摈者以告乃更陈列而升,其次亦以敬不能并也。五等诸侯同在位,犹此宾、众宾、遵者同在位,《燕礼》《大射仪》宾、诸公、大夫、士同在位,至其行礼,则固有序也。③

他指出"敬不能并"是礼的通义。

行礼对象指向的确定,是以区别敬之所系而达到礼敬他人的目的。两方行礼,礼之所当、事之所系、敬之所在皆在此二人,如此主方礼敬客方的意愿得以实现。若反之,无论是嫌有两主人,还是

---

① 《仪礼注疏》卷十一,第994页。
② 《春秋繁露·天道无二》:"心止于一中者,谓之忠,持二忠者,谓之患。"
③ [清]曹元弼《礼经校释》卷五,清光绪十八年刻后印本,《续修四库全书》第94册,第181页。

嫌有两宾,皆是二尊同立、敬有平列,使主次不明,上下不辨。也就是说,"礼不参"作为礼仪活动中人员区分问题上的规范原则,就是在活动体系中不断地确定当礼主、客方,从而使得礼仪活动中的所敬者得到了有效的条理和平衡。如此,礼才能够辨尊卑明亲疏,而人又各得其敬,各有所尊。所以,不并敬尊者,使其有所相异,即是"礼不参"的意义和目的所在。同时,主、客行礼方面的敬不能并也是通过"礼不参"具体实现的。

四、空间向位有所依从

礼仪活动在空间中开展,这就要求礼应有所向依,即方位、朝向都要有所分辨和设定。

《仪礼·聘礼》曰:"未入竟,壹肆。为壝坛,画阶,帷其北,无宫。"

郑玄注云:"壝土,象坛也。帷其北,宜有所乡依也。"①

这是记入所聘国国境前演习礼仪的仪节。使者一行在进至所聘国国境前,谨慎起见,要演习一次聘问的礼仪。活动场所设置大略是,先委土平筑,堆起如堂高的一个小土坛,再画出台阶,用幕把堂的北边围起来,无须画出宫的围墙。

郑玄对"帷其北"之仪的解释是:在场地举行礼事活动,应该让大家有朝向方位上的依从,所以礼台的北面设置帷幕,以此来标识朝向。

场地是活动开展的空间载体,划定行事位处,人员、物品才能

---

① 《仪礼注疏》卷十九,第1048页。

相应就位,礼事活动得以有序开展。在主要行事位处设置帷幕,又是进一步明确人员需要辨识随从的朝向方位。

在活动场地中,器物的设置、人员的坐立,都有一个空间统属的问题。例如《乡饮酒礼·记》曰:"立者东面北上。若有北面者,则东上。"①在庭西面朝东站立的众宾,以北边为上位,如果庭西站不下,则在门的西边面朝北站立,以东边为上位。郑玄对此解释是:"或统于堂,或统于门。"即面朝东者取近堂为尊,故以北为上;北面者统于门,故以东方为上。《明集礼·县邑饮酒读律仪注》:"设众宾五十以下者,位于堂下,西阶之西,当序,东面,北上。若宾多,则又设位于西阶之南,北面,东上。"②这种方位的统属就是空间有所依从。简单讲,是卑统于尊的问题。一般而言,在空间上以所属尊者的位置为核心点,不出现空间上的并敬模糊,该问题需要进一步展开细致探讨。

又如器具设置。设酒之尊,《乡饮酒礼》《乡射礼》皆于房户之间,宾主共之。《燕礼》《大射仪》尊于东楹之西,向君设之,明"予君专此酒",是人君尊,故专大惠。《礼记·玉藻》曰:"唯君面尊。"尊面向君,顺君面,非宾主共之意。又《礼记·少仪》曰:"尊壶者面其鼻。"郑注云:"鼻在面中,言向人也。"据《燕礼》尊面向君面言。

《仪礼·公食大夫礼》曰:"士举鼎,去幂于外,次入。陈鼎于碑,南面,西上。右人抽扃,坐奠于鼎西,南顺,出自鼎西,左人待载。"

---

① 《仪礼注疏》卷十,第990页。
② [明]徐一夔等《明集礼》卷二十九,景印文渊阁《四库全书》第650册,第9页。

郑玄注云："入由东，出由西，明为宾也。"①

这是记食礼士抬鼎入庙的礼仪。左右各一人抬着鼎，在庙门外去掉鼎上的幂，依次进入庙中，把鼎放在碑的南边，以西边为上位。举鼎二人，在右侧者称为右人，右人把抬鼎的杠抽出，放在鼎的西边，然后各自从鼎的西边出庙。郑玄对此补充说明，右人在鼎的东边抬鼎入庙，相当于由东方入，把鼎放置好，从鼎的西边出庙，这种自东方抬入，由西方退出，显明了是为宾设鼎。

事实上，礼在空间上的尊主分明，也包括空间功能、建筑功能等。如唐李德裕奏请"皇城南六坊内不得置私庙。至朱雀门缘是南郊御路，至明德门夹街两面坊及曲江侧近，亦不得置"，时"朱雀门及至德门，凡有九坊。其长兴坊是皇城南第三坊，便有朝官私庙，实则逼近宫阙"，李德裕等认为据《礼记》云"君子将营宫室，宗庙为先，厩库为次，居室为后"，又韦彤《五经精义》"古制庙，必中门之外。吉凶大事皆告而后行。所以亲而尊之，不自专也"，故当对此有所规整②。

人们在创建建筑时，需要考虑空间建筑的主要功能。所赋予的精神当有所尊主，不当使其在规格形制上妨碍其核心礼义。

尚书仆射沈约议："《正会仪注》，御出，乘舆至太极殿前，纳舄升阶。寻路寝之设，本是人君居处，不容自敬宫室。按汉氏，则乘小车升殿。请自今元正及大公事，御宜乘小舆至太极

---

① 《仪礼注疏》卷二十五，第1080页。
② 《请禁皇城南六坊内朱雀门至明德门夹街两面坊及曲江侧近不得置私庙奏》，[宋]王钦若等编纂，周勋初等校订《册府元龟》卷五百九十二，第7册，南京：凤凰出版社，2006年，第6788页。

阶,仍乘板舆升殿。"制可。①

臣子敬天子宫室,是卑下敬尊上。而宫室对于皇帝本人,人君是敬的核心,而物统于人,宫室带有的神圣敬意依附于人君。故两敬不并,皇帝之尊不从宫室之敬,是尊主分明。

在这一节里主要围绕所尊敬者、主旨基调、行礼指向、空间依从四个方面探讨了礼仪活动中不并敬的问题,即礼应该尊主分明。在此试举几则违背该原则的事例,如两宾、两丧主、两神主等,以加深对该问题的理解。

《春秋左氏传·定公六年》经曰:"夏,季孙斯、仲孙何忌如晋。"传曰:"夏,季桓子如晋,献郑俘也。阳虎强使孟懿子往报夫人之币。晋人兼享之。"杜预注云:"贱鲁,故不复两设礼,明经所以不备书。"②

《春秋》经记二卿同使之文,《左传》认为鲁国此行违礼。定公六年春,鲁国替晋国讨伐郑国,侵袭匡地;夏,季桓子前往晋国献俘,报聘晋君。阳虎欲困辱三桓,向晋献媚,又强使孟懿子同行,报聘晋夫人。聘礼之中,聘君、聘夫人一体,使者执圭以致君命,执璧以致享币;其于夫人,则聘用璋,享用琮。阳虎的做法使正卿二人平敌,一事两行,若两宾然。

《春秋》聘会往往只书一使,二卿同为使者并书于经的情况还有一例。《文公十八年》"秋,公子遂、叔孙得臣如齐",《左氏》传曰:

---

① [唐]杜佑撰,王文锦等点校《通典》卷七十《礼》三十,第1932页。
② 《春秋左传正义》卷五十五,第2140页。

"秋,襄仲、庄叔如齐。惠公立故,且拜葬也。"注云:"襄仲贺惠公立,庄叔谢齐来会葬。"① 二者性质有异。此是两件事,二卿同受命,各有所主,非相为介,故可并书。

所以,定公六年这次出使,鲁国在聘问礼中设了两主宾,必然出现事理逻辑的混乱,而晋人贱鲁,不为之两设礼。

《礼记》载"两神主""两丧主"的"礼变之始"。《礼记·曾子问》:

> 曾子问曰:"丧有二孤,庙有二主,礼与?"孔子曰:"天无二日,土无二王。尝、禘、郊、社,尊无二上,未知其为礼也。昔者齐桓公亟举兵,作伪主以行。及反,藏诸祖庙。庙有二主,自桓公始也。"
>
> 郑玄注云:"伪犹假也。举兵以迁庙主行,无则主命。为假主,非也。"②

庙有二主自齐桓公始。天子诸侯出军,载迁庙之主。《曾子问》:"天子巡守,以迁庙主行,载于齐车,言必有尊也。""'古者师行无迁主,则何主?'孔子曰:'主命。'"③《周礼》所云"若大师",小宗伯"奉主车"。

《祭法》郑玄注云:"天子迁庙之主,以昭穆合藏于二祧之中。诸侯无祧,藏于祖考之庙中。"④祖其有功,宗其有德,其庙不毁,显考以下,其庙毁。若无迁庙主,则"主命",即载告于祖祢之庙的币

---

① 《春秋左传正义》卷二十,第1861页。
② 《礼记正义》卷十八,第1392—1393页。
③ 《礼记正义》卷十八,第1393页。
④ 《礼记正义》卷四十六,第1589页。

帛皮圭，以象受命。齐桓公造假主出行，归来后把假主放入庙中，如此庙中就有两个神主。

《公羊传·文公二年》曰："主者曷用？虞主用桑，练主用栗。用栗者，藏主也。"何休注云："用桑者，取其名，与其粗觕，所以副孝子之心。"期年练祭，"埋虞主于两阶之间，易用栗也。夏后氏以松，殷人以柏，周人以栗。松犹容也，想见其容貌而事之，主人正之意也。柏犹迫也，亲而不远，主地正之意也。栗犹战栗，谨敬貌，主天正之意也。《礼·士虞记》曰：'桑主不文，吉主皆刻而谥之，盖为禘祫时别昭穆也。'虞主三代同者，用意尚粗觕，未暇别也。"①按《公羊传》，神主有虞主、练主之分，练主是藏主，藏于庙室中堂所常奉事。而虞主则需要埋于两阶之间。这也是不同时二主的表现。

丧有两位丧主，自季康子开始。《礼记·曾子问》曰：

> 丧之二孤，则昔者卫灵公适鲁，遭季桓子之丧，卫君请吊。哀公辞不得命。公为主，客入吊。康子立于门右，北面。公揖让，升自东阶，西乡。客升自西阶吊，公拜兴哭，康子拜稽颡于位。有司弗辩也。今之二孤，自季康子之过也。

> 郑玄注云："若康子者，君吊其臣之礼也。邻国之君吊，君为之主，主人拜稽颡，非也，当哭踊而已。"②

按《丧大记》，大夫既殡，若君往吊，则君即位于阼，主人于门右，北面哭拜稽颡。由此可知，哭踊拜稽颡是丧主正礼。卫灵公吊

---

① 《春秋公羊传注疏》卷十三，第2266页。
② 《礼记正义》卷十八，第1393页。

季桓子,是邻国之君吊臣。礼宜宾、主相敌,卫灵公吊,鲁哀公应为之主,哀公为丧主而拜宾是正礼。然而季康子亦在其位拜稽颡,使如同君吊臣,而自为丧主。如此,则有两主人,且三方同时行礼。

所以,丧不得有两位丧主,庙不可有两位神主。尝、禘虽合祭诸父祖,但以太祖为主;郊祭兼及上天诸神,以上帝为主;社祭兼及四方之神,而以后土为主。郑玄注云:"尊喻卑也。神虽多,犹一一祭之。"①《仪礼·既夕礼》曰:"尸在室,有君命,众主人不出。"郑玄注云:"不二主。"②尸在室中,如果有君所命使者前来吊唁,或向死者赠衣,众主人不出室迎接。如果众主人也出室,就有二主的嫌疑。

"丧之二孤"体现于《丧大记》卫灵公、季康子这里,并不难以把握。但尊主分明的礼义内含在实践中却需要具体分析。比如,在父有废疾,孙为祖后的情况下,就会出现承重义理的辨析。《仪礼·丧服》为祖后,郑玄以父祖废疾,"今君受国于曾祖"。疏载:赵商问:"己为诸侯,父有废疾,不任国政,不任丧事,而为其祖服,制度之宜,年月之断云何?"答云:"父卒为祖后者三年斩,何疑?"赵商又问:"父卒为祖后者三年,已闻命矣。所问者,父在为祖如何?欲言三年,则父在,欲言期,复无主,斩杖之宜,主丧之制,未知所定。"答曰:"天子诸侯之丧,皆斩衰,无期。"③《通典》"孙为庶祖持重议"王敞之议,"祖先亡父后卒而祖母亡服议"吴商之议皆涉此。后宋孝宗崩,宋光宗不能执三年之丧,宋宁宗承重,监察御史胡纮上言"若曰嫡孙承重,则太上圣躬亦已康复,于宫中自行

---

① 《礼记正义》卷十八,第1392页。
② 《仪礼注疏》卷四十,第1158页。
③ 《仪礼注疏》卷三十一,第1109页。

二十七月之重服,而陛下又行之,是丧有二孤也"①。朱熹等未能折,至读《丧服小记》,谓"向使无郑康成,则此事终未有断决。不可直谓古经定制,一字不可增损也"②。至清全祖望驳郑江云:"盖以父不能执三年之丧,而子代之,是正为子者不丧七鬯之义也。使以死其父为嫌,则反绝其祖矣。夫绝其祖,则真死其父矣。况是说亦非郑《志》创言之也。《中庸》'期之丧,达乎大夫',则天子、诸侯绝期矣。彼天子、诸侯明明有父在,而传统者则父在而服斩可知也。"③

历史上由于设置两都或迁都,带来过太庙是否两设的议礼问题。争议在既定事实基础上,涉及包括实际操作中的耗费,以及具体规格等焦点。除政治因素外,礼制内部的逻辑也非常重要。而于礼自身体系来看,历次争议实即围绕尊主分明和祭祀繁数问题展开,其中尊主分明是关键。

如唐武则天、中宗朝在东都洛阳营造宗庙,经安史之乱散亡,唐德宗建中年间,公卿奏请修建东都太庙,"当时之议,大旨有三:其一曰,必存其庙,备立其主,时飨之日,以他官摄行。二曰,建庙立主,存而不祭,皇舆时巡,则就飨焉。三曰,存其庙,瘗其主"。此后唐武宗会昌年间又起东都是否需修崇之议④。

又如后唐同光二年,太常礼院针对迁都洛阳后原魏州宗庙问

---

① 《宋史》卷一百二十二《志》第七十五《礼》二十五,第2862页。
② [宋]朱熹《晦庵先生朱文公文集》卷十四,朱杰人等主编《朱子全书》,第687页。
③ [清]全祖望《与郑筼谷宫赞论嗣君承重服制帖》,《鲒埼亭集外编》卷四十一,朱铸禹汇校集注《全祖望集汇校集注》,上海:上海古籍出版社,2000年,第1594—1595页。
④ 《旧唐书》卷二十六《志》第六《礼仪六》,第985页。

题,奏:"国家兴建之初,已于北都置庙,今克复天下,迁都洛阳,却复本朝宗庙。按礼无二庙之文,其北都宗庙请废。"乃下尚书省集议。礼部尚书王正言等奏议曰:"伏以都邑之制,宗庙为先。今卜洛居尊,开基御宇,事当师古,神必依人。北都先置宗庙,不宜并设。况每年朝享,礼有常规,时日既同,神何所据。窃闻近例,亦有从权。如神主已修,迎之藏于夹室;若庙宇已崇,虚之以为恒制。若齐桓公之庙二主,礼无明文,古者师行,亦无迁于庙主。昔天后之崇巩、洛,礼谓非宜;汉皇之恋丰、滕,事无所法。况本朝故事,礼院具明,洛邑旧都,嵩丘正位,岂宜远宫阙之居,建祖宗之庙。事非可久,理在从长。其北都宗庙,请准太常礼院申奏停废。"[1]

第二节　意旨归属确定

礼的意旨归属确定,就是当一个礼事行为明确下来,这个陈述句中的主语和宾语即成礼仪主旨所指的对象,是礼仪权限的拥有者、行动意图的归属者,其他人都不可挈取。人是礼仪构成中具有能动性的核心要素,所有参与人员从根本上可以被分成主、客两方。主、客方的确立是礼仪活动开展的基本前提,而二者间的互动推进着礼事行为的展开和完成。这就要求礼的主、客方具有明确性,其他任何不当礼者都不能越过角色定位而挈取主、客方的礼仪旨归。

就某一主题活动整体来看,活动发起者为主方,接受者为客

---

[1] 《旧五代史》卷一百四十二《志》四《礼志上》,第1893—1894页。

方。就具体仪节发生场地讲,在自己场地者为主方,前来者为客方。二者有重合,也有交替变化,根据活动性质内容不同,依据原则和阐述视角的选择各有侧重。此外,当礼主、客方,是指该行礼二人虽不是整场活动的主方和客方,但在当下这个仪节中,是仪节归旨的所有者。

在《仪礼》中,主方指主人及其党,主人之党视情况有宗亲子弟、臣属僚友的区别;与之相对,以正宾为主敬的来宾皆是客方,包括次宾、众宾、弟子等宾党,以及前来助礼的"遵者"。"遵者"出现于《乡饮酒礼》《乡射礼》篇中,爵位高于宾、主,是宾党之外的贵宾,只是不当正礼。此外还有两个特殊情况,一是反映君臣礼的《燕礼》《大射仪》,一是既有尸又有宾的祭礼。《燕礼》《大射仪》国君为尊,没有伉礼者,为了饮酒礼仪的需求,专门设置宾、主,宾、主都由大夫充任。《特牲馈食礼》《有司彻》分别是士、大夫的祭礼,祭祀中设有代表死者受享的尸,又设有助主人献尸的宾。但以上两个特殊情况并不影响主、客方的划定。从根本上讲,《燕礼》《大射仪》主人的问题属主方层面问题,即国君是真正主人,包括宾、主在内的群臣是客方;尸属于客方内部问题,尸是主受敬者,如正宾,宾是主人的臣属,地位卑,清黄以周认为这里的宾如介礼[①]。而从某种意义上,主人、宾甚至可看成以主人为首的主方。

根据对礼事人员角色的分析,可得礼事活动中存在四组基本关系,即:(1)宾、主之间的关系。(2)宾、主之党与宾、主的关系。(3)活动中宾、主以外的特别尊贵者与宾、主关系。(4)不在主题活动中的其他不相关者的问题。由此在"不自领归旨"问题上须要规

---

① [清]黄以周撰,王文锦点校《礼书通故》卷二十三,第3册,第1030页。

范的层面有：

（一）主、客方间，宾不取主人之义，客方不取非针对自己的礼仪之旨。（二）主人之党不领主人之义，次宾等不取正宾之义。（三）宾、主之外的特别尊贵者不取宾、主之义。（四）不在主题活动中的其他不相关者不自领当礼之旨。

郑玄就这四组关系中不当礼者不认领礼仪旨归的问题进行了全面的揭示和阐发，以下将其分为非正主不取主人之义、非当礼不取客方之义、遵者不取宾主之义三个层面进行论述。

一、非正主不取主人之义

正主，是指活动的主人。主人之义，就是属于主人的礼仪归旨。非正主，包括主人从属、摄主，以及活动中的正宾、某仪节的接受方，前者属于主方内部问题，后者属于主、客方的层面。所以在主人之义的确定上，存在主人之党不领主人之义，以及客方不取主人之义两个方面的问题。

（一）主人之党不领主人之义

该问题分为使者、摄主两种情况，使者包括主人差遣的使者，以及活动中各司其职的属吏。摄主是指代理主人，二者差别在于，后者比前者角色地位更高一些，故予以区分。共同之处是他们在行使各自职事时皆须辟主人之礼，不领取正主之义。

1. 使者不当主人之礼

（1）奉使不答拜

在仪礼活动中，使者不承受对方所执的宾、主相拜正礼。

《仪礼·士昏礼》曰："主人如宾服，迎于门外，再拜，宾不答拜。揖入。"

郑玄注云:"不答拜者,奉使不敢当其盛礼。"①

男家使者前来行纳采礼。女家主人穿着玄端服出大门外迎接,行再拜礼,宾不回礼。按照郑玄的意思,宾在这里仅是使者,代表男家前来行事,所以不敢当盛礼。反之,则有自居的嫌疑。非正主而承当盛礼,模糊了真正的执礼主、客对象,而且也是一种缺少谦敬的表现。

凌廷堪《礼经释例》云:"凡为人使者不答拜。"②《仪礼》十七篇中,担任使者不答拜的情况还见于多个篇目。

《仪礼·聘礼》曰:"宾礼辞,迎于舍门之外,再拜。劳者不答拜。"郑玄注云:"凡为人使,不当其礼。"

《仪礼·公食大夫礼》曰:"公食大夫之礼。使大夫戒,各以其爵。上介出请,入告。三辞。宾出,拜辱。大夫不答拜,将命。"郑玄注云:"不答拜,为人使也。"

《仪礼·觐礼》曰:"至于郊,王使人皮弁用璧劳。侯氏亦皮弁迎于帷门之外,再拜。使者不答拜,遂执玉,三揖。"郑玄注云:"不答拜者,为人使不当其礼也。"

郑玄提出的奉使不敢当礼,其有两个意涵:一方面使者并非事情真正的主礼方,这也是一种主、客自分明的表示,另一方面也是不当礼者不应自领归旨的表现。

---

① 《仪礼注疏》卷四,第961页。
② [清]凌廷堪著,彭林校点《礼经释例》,第26—27页。

(2)臣属辟正主

《仪礼·聘礼》曰:"若君不见,使大夫受。自下听命,自西阶升受,负右房而立。宾降亦降。不礼。"

郑玄注云:"辟正主也。"①

如果主国君因故不能亲自见宾,则使上卿代受聘享之礼。卿在堂下听取宾的致辞,由西阶升堂受圭,再退到右房前背朝右房而立。当宾下堂时,卿也跟随而降。不向宾行醴礼。

郑玄对"不礼"之仪的解释是:君与使者行礼,聘享及私觌讫,主君醴宾。今卿代君行事,非正主,不行主人之义,以辟国君。

《仪礼·乡射礼》曰:"获者负侯,北面拜受爵,司马西面拜送爵。"

郑玄注云:"负侯,负侯中也。拜送爵不同面者,辟正主也。"②

《仪礼·大射仪》曰:"司马正洗散,遂实爵,献服不。服不侯西北三步,北面拜受爵。司马正西面拜送爵,反位。"③

这是记射礼第二番射,向获者献酒的礼仪。乡射礼中,司马向获者献酒,获者背朝侯而立,面朝北行拜受礼,司马面朝西行拜送礼。在大射中,司马正向大侯获者服不氏献酒,面向相同。

郑玄对司马、司马正"西面拜送"之仪的解释是:主人向宾、众

---

① 《仪礼注疏》卷二十四,第1074页。
② 《仪礼注疏》卷十二,第1003页。
③ 《仪礼注疏》卷十八,第1040页。

宾献酒皆与受献者同面，司马、司马正从属主人之下，向受献者献酒时，改变朝向，以此辟正主之礼。此外《乡射礼》《大射仪》司射向释获者献酒，亦与受献者不同面，两篇经文皆曰"释获者荐右东面拜受爵，司射北面拜送爵"，是释获者在脯醢右边面朝东行拜受礼，司射面朝北行拜送礼。

2. 摄主不当正礼

（1）代理主人辟正主之礼

宰夫是《燕礼》《大射仪》的主人，由国君任命，因宰夫并非真正的主人，故不当正主之仪。这在他所处位置、所用器具、所执礼仪上都有体现。

主人向宾、工献酒时所用酒具皆不同于正主献酒所用。

《仪礼·燕礼》曰："主人北面盥，坐取觚洗。宾少进，辞洗。主人坐奠觚于篚，兴，对。宾反位。"

郑玄注云："献不以爵，辟正主也。"①

《仪礼·大射仪》曰："主人洗，升实爵，献工。工不兴，左瑟。"

郑玄注云："洗爵献工，辟正主也。"②

宾回敬主人，主人不尝酒，不感谢宾客不嫌弃酒恶。

《仪礼·燕礼》曰："主人坐祭，不啐酒，不拜酒，不告旨。遂卒爵，兴，坐奠爵，拜，执爵兴。宾答拜。主人不崇酒，以虚

---

① 《仪礼注疏》卷十四，第1016页。
② 《仪礼注疏》卷十七，第1033页。

爵降奠于篚。"

郑玄注云:"辟正主也。"

郑玄注云:"崇,充也。不以酒恶谢宾,甘美君物也。"①

《仪礼·大射仪》曰:"主人坐祭,不啐酒,不拜酒。遂卒爵,兴,坐奠爵,拜,执爵兴。宾答拜。主人不崇酒,以虚爵降,奠于篚。"

郑玄注云:"辟正主也。"

郑玄注云:"不崇酒,辟正主也。崇,充也,谓谢酒恶相充实。"②

君席在阼阶上,主人是臣,堂上没有他的位置,所以主人在洗的北边站立,以及受献。这都是主人不取正主之义的表现。若反之,则有踊跃自领归旨的嫌疑。

《仪礼·大射仪》曰:"主人降洗,洗南,西北面。"
郑玄注云:"不于洗北,辟正主。"③

《仪礼·大射仪》曰:"胥荐主人于洗北,西面。脯醢,无脊。"
郑玄注云:"不荐于上,辟正主。"④

《仪礼·燕礼》曰:"主人坐祭,遂饮,宾辞。"
郑玄注云:"辞者,辞其代君为酒,不立饮也。此降于正主

---

① 《仪礼注疏》卷十四,第1017页。
② 《仪礼注疏》卷十七,第1032页。
③ 《仪礼注疏》卷十六,第1030页。
④ 《仪礼注疏》卷十七,第1033页。

酬也。"①

主人向宾敬酒，宾回敬主人；主人向君献酒，此时君站着饮干觚中的酒，这是因为国君尊贵，异于宾坐着饮完。主人与君行完献酢礼，再向宾进献酬酒。主人是代君行酒，君尊而立饮，主人则亦当站立卒爵，现在主人仍依正礼饮酒，不取正主之义，故宾辞主人坐饮。

（2）丧礼摄主辟正主

礼，吉凶不相干。对于丧礼摄主的问题，单列如下。

> 《礼记·曾子问》曰："若宗子有罪，居于他国，庶子为大夫，其祭也，祝曰：'孝子某，使介子某执其常事。'摄主不厌祭，不旅，不假，不绥祭，不配。"

> 郑玄注云："皆辟正主。厌，厌饫神也。厌有阴有阳，迎尸之前，祝酌奠，奠之且飨，是阴厌也。尸谡之后，彻荐俎敦，设于西北隅，是阳厌也。此'不厌'者，不阳厌也。'不旅'，不旅酬也。'假'读为嘏。'不嘏'，不嘏主人也。'不绥祭'，谓今主人也。'绥'，《周礼》作'堕'。'不配'者，祝辞不言'以某妃配某氏'。"②

统率祭祀是宗子的权力。大宗、小宗的宗子是大小宗的主祭者。宗子是士，庶子是大夫时，《曾子问》曰："以上牲祭于宗子之家。"郑玄注云："贵禄重宗也。"如果宗子因有罪而居住在别国，由身为大夫的庶子主持祭祀，祝的致辞是："孝子某（宗子）使介子某（庶子）主持祭祀常礼。"庶子作为摄主，不举行厌祭，不行旅酬礼；

---

① 《仪礼注疏》卷十四，第1017页。
② 《礼记正义》卷十九，第1398—1399页。

尸不向主人致祝福辞,不举行绥祭,不用祖父与祖父妻配享。郑玄对此解释,这些礼仪都是正主祭祀之礼,庶子作为摄主,代宗子行事,故不领正主之义。

(二)客方不取主方之义

1. 正宾不取主人之义

(1) 不变更事项的归属权

本宜前往的宾在使馆接受主方致礼,则不傧前来致送者。

《仪礼·聘礼》曰:"公于宾,壹食,再飨。……若不亲食,使大夫各以其爵,朝服致之以侑币,如致飨,无傧。致飧以酬币,亦如之。"

郑玄注云:"无傧,以己本宜往。"①

使者前来行聘,公将为其举行两次飨礼、一次食礼,以及不定数的燕礼。如果公身体不适,或有其他原因不能亲自举行,也不取消,而是派遣与使者爵位相同的大夫着朝服,执币前往致辞,如同致送饔饩。使者不向前来致送侑币的卿行傧礼。公若不亲自举行飧礼,则命卿执酬币前往致辞,礼仪同这一样。

郑玄对"无傧"之仪的解释是:一般而言,主方遣摈者前去客方处执礼,客方在摈者行礼完毕后行傧礼,即酬劳答谢摈者。公有故不亲自举行食礼、飧礼,派人前来致送侑币和酬币,使者不行傧礼,这是因为该活动本由主国君在庙中亲自举行,派摈者去宾馆招使者前来参加,是在主方处所行事的礼仪,现因变化,才改成去宾馆致送,所以使者不依对方前来的情况,以馆舍主人身份酬谢摈者。

---

① 《仪礼注疏》卷二十二,第1064—1065页。

《仪礼·公食大夫礼》曰："若不亲食,使大夫各以其爵、朝服以侑币致之。……宾朝服以受,如受饔礼。无傧。"

郑玄注云："以己本宜往。"①

《公食大夫礼》就是记诸侯以食礼款待小聘使者的礼仪。若公因疾病等缘故不能亲自为使者举行食礼,则派与使者同等爵位的大夫前往致辞。行礼完备,使者不傧大夫。郑玄对此的解释与上面相同,也是"以己本宜往"。

主国致送飧、饔饩给宾,都是主国派人前往宾馆馈赠,当宾接受完礼物,即酬劳前来致送的使者。但飧礼、食礼本应在主国庙中举行,临时因君不能主持,故改为致送礼物前往宾馆,这时馈送侑币、酬币的性质不随之改变,仍属合该前去就君执礼,现今易为致送,所以宾当依礼本身归属行事,不把本来主国主场的事宜做自己主场情况处理。

(2) 不自设主人

宾预先演练礼仪,不设立主人。

《仪礼·聘礼》曰："未入竟,壹肄。为壝坛,画阶,帷其北,无宫。朝服,无主,无执也。"

郑玄注云："不立主人,主人尊也。"②

这是入所聘国国境前演习礼仪的仪节。使者一行在进入主国国境前,要先进行一场聘问礼仪演练,演习时宾穿着朝服,不设主人,也不执聘礼所将要用的玉。

---

① 《仪礼注疏》卷二十六,第1085—1086页。
② 《仪礼注疏》卷十九,第1048页。

郑玄对"无主"之仪的解释是：主人至为尊贵，不应拟立主国君，故演习时仅有宾按相应仪节行事，空缺主人。

2. 代行盛礼不取简质

主人自酢不取自饮之义。宾、主之间献酢，会在酌酒前再次盥手，因为酌前有"拜洗爵"环节，酌酒者回拜时，手接触到地面，沾染灰尘。不酌前盥手，分为两类情况：（1）向别人献酒，对方不拜洗。没有拜洗环节，是因为"礼有杀"，一是仪节因人员尊贵程度，及程式推进，本身不断由盛而杀。二是尊卑不敌，与至尊为礼时，尊者不向卑者拜洗。这些情况都会造成拜洗环节的简省。（2）自斟自饮。自己斟酒，酌前也无盥手必要。

然而《乡饮酒礼》介酢主人、《乡射礼》大夫酢主人，属于"礼有杀"的情况，主人不拜洗，大夫、介授空爵给主人，主人自斟自饮，但主人却盥手。

> 《仪礼·乡饮酒礼》曰："介降洗，主人复阼阶，降辞如初。卒洗，主人盥。介揖让升，授主人爵于两楹之间。介西阶上立。主人实爵，酢于西阶上。"
> 郑玄注云："盥者，当为介酌。"①

主人献介，介回敬主人，介下堂为主人洗爵，主人跟从而降，介盥手洗爵完毕，主人盥手。介是次宾，位卑于宾，行礼仪节多简省，在与主人的献酢礼中不亲自为主人酌酒，升堂后仅授空爵给主人，主人自酢。郑玄对"主人盥"之仪的解释是：主人自斟自饮也要盥手是因为这里相当于代介而酌，代介斟酒而洁手，是对介礼的不轻

---

① 《仪礼注疏》卷九，第984页。

慢,故也是对贤者的尊重之意。

《仪礼·乡射礼》曰:"大夫降洗。主人复阼阶,降辞如初。卒洗,主人盥。揖让升。大夫授主人爵于两楹间,复位。主人实爵,以酢于西阶上。"

郑玄注云:"'盥'者,虽将酌自饮,尊大夫,不敢亵。"①

若有观礼的乡大夫前来,主人向大夫献酒,大夫酢主人。虽然大夫尊贵,但在此屈于宾礼,与主人的行礼较宾皆简省。大夫在此如同《乡饮酒礼》的介并不亲自酌酒,仅为主人下堂洗爵,而后主人自酢。大夫为主人降堂洗爵时,主人跟从下堂,这里大夫辞降、主人辞洗如献酢常礼,大夫洗爵完毕,主人盥手。郑玄对"主人盥"之仪的解释是:大夫升堂后授空爵给主人,主人自己斟满酒,虽然主人自酌自饮,但也把手洗干净,这是尊敬大夫,与其为礼不敢轻慢的意思。

综合来看,这一含义是:大夫位尊,介是贤者,主人受其爵自酢,是代尊者行事,不应取主方自饮之义,而随即轻便从事。也就是说主人导演自酢,执行者虽是主人自己,但代表的却是大夫、介,主人在代大夫、介为自己酌酒时盥手,以表示大夫礼、介礼的洁净,是与大夫为礼不敢亵尊者,与介为礼敬贤者。

这一经义,恰有可以与之相对比的反例,可以很好地说明礼仪文质之间的取舍。

《仪礼·有司彻》曰:"乃升长宾。主人酌,酢于长宾,西阶上北面,宾在左。"

---

① 《仪礼注疏》卷十一,第995页。

郑玄注云："主人酌自酢,序宾意,宾卑不敢酢。"①

大夫举行少牢馈食礼后,用宾礼款待尸。长宾是大夫属吏,主人向长宾献酒,长宾卑不敢回敬,大夫酌酒自酢,以顺宾希望回敬的心意。在此主人自酢于长宾的礼仪非常简省,包括主人酌前不盥手。这就体现出主人与位卑者执礼自酢时各项事宜皆杀,如此也可反衬出主人代尊者酌酒自酢时的敬慎之情。

总体而言,向别人献酒时,若酌前手触地因嫌坋污,再次盥手表示的是双手洁净,以示尊敬对方。代别人回敬自己,纵使此间没有触地,在接过空爵前也提前盥手,表示的是不简省他人的仪节,这并不意味着自我讲究,反而是对他人的尊敬。抽绎这种精神,代对方做他应与自己所行礼仪时,增隆或不简省对方的礼仪,即是尊敬对方的表现。因为增隆或不简省的仪节被视为对方范畴内的事宜,尊敬对方事物即尊重对方。而这一切都是不领旨归、不自当礼的表现。

二、非当礼不取客方之义

该问题包括宾客内部和其他活动人员两种情况,前者是指礼仪不为自己而设置时,宾客不取当礼客方之义;后者是指不相关者不取客宾之义。

(一)客方不领不为己之义

1. 主宾不谦让推辞并非针对自己的礼敬

当主宾并不是当前语境下的宾语时,该宾语就可以看成正当礼的客方(此宾语可能指人,也可能是礼仪真正的意图),这时即使

---

① 《仪礼注疏》卷五十,第1214页。

主宾也不取当位的宾语,也就是非当礼的客方不取客方之义。

(1)公事邀请不固辞

主宾虽是正宾,但若主方礼仪活动的名目并非专为自己而设,这时主宾即使是主要受敬者,也不当自领归旨而过谦。

《仪礼·乡射礼》曰:"主人戒宾。宾出迎,再拜。主人答再拜,乃请。"

郑玄注云:"不言拜辱,此为习民以礼乐,不主为宾己也。"①

这是记乡射主人戒宾的礼仪。主人前往宾家告知,请宾届时来参加。宾出门相迎,行再拜礼,主人回礼,向宾发出邀请。

郑玄指出宾不拜谢主人屈驾而来,是因为乡射是会民习礼乐,不主要为礼敬自己,故不必拜主人辱临。与之相对的是《乡饮酒礼》,曰:"主人戒宾,宾拜辱。"郑玄注云:"拜辱,出拜其自屈辱至己门也。"乡饮酒礼主人前来告宾时,宾行拜礼感谢主人屈尊辱临,这是因为乡饮是为礼宾尚贤,宾是活动真正的礼敬对象,所以宾出门拜谢主人屈驾光临。不仅戒宾,在速宾环节,即活动当日前去招请宾时,乡射宾不拜谢主人辱临,乡饮宾则拜辱,道理是相同的。

对于郑玄该条礼义,曹元弼做过申述,其云:"彼为宾己,礼主于一人,其义隆,故重之而曰'拜辱'。此习民以礼乐礼,不主于一人,其义杀,故但言迎送而已。礼有事同而义异者,此类是也。"②

简言之,礼仪活动不主为礼宾,主人前去相告、相招时,宾不表示感谢主人辱临。因为拜谢辱临是对别人为自己事情而来特意做

---

① 《仪礼注疏》卷十一,第993页。
② [清]曹元弼《礼经校释》卷五,清光绪十八年刻后印本,《续修四库全书》第94册,第178页。

出的一种回礼,既然对方所来不主为自己,客方没有自领礼仪归旨的道理。

《仪礼·乡射礼》曰:"司射适堂西,袒、决、遂,取弓于阶西,兼挟乘矢,升自西阶。阶上北面告于宾,曰:'弓矢既具,有司请射。'宾对曰:'某不能,为二三子许诺。'"

郑玄注云:"言某不能,谦也。二三子,谓众宾已下。"

贾公彦疏云:"'二三子,谓众宾以下'者,谓除三耦之外,通射者而言,故云'谓众宾以下'也。若然,《投壶》礼宾固辞乃许者,彼因燕而为之再辞乃许。此为众习礼,不专为己,故一辞即许。大射不请者,彼为择士而射,故不须云许,直告射节而已。此为众庶习礼,故云'为二三子许诺',亦一辞而许也。"①

这是记司射向宾请求开始射箭比赛的礼仪。司射向宾报告:"弓矢都已准备齐全,有司向您请求开始射箭。"宾回答:"某不善射,代二三子同意开始射箭。"郑玄指出"二三子"是指众宾已下,即堂上三宾长及堂下众宾等。贾公彦根据《投壶》宾再辞然后应允,指出《乡射礼》宾仅略表推辞即许诺,这是因为《乡射礼》是习民以礼乐,活动不专为宾而设,宾不宜把礼仪归旨认领到自己身上,所以一辞而许;《投壶》是宾、主燕饮时进行的活动,所以宾可固辞乃许。

(2)主宾不推辞针对主人的礼仪

《仪礼·乡饮酒礼》曰:"主人坐取觯于篚,降洗。宾降,

---

① 《仪礼注疏》卷十一,第996—997页。

主人辞降。宾不辞洗,立当西序,东面。"

郑玄注云:"不辞洗者,以其将自饮。"①

《仪礼·乡射礼》曰:"主人坐取觯,洗,宾不辞洗。"

郑玄注云:"不辞洗。以其将自饮。"②

这是乡饮、乡射主人洗爵向宾献酬酒的礼仪。主人在洗北,面朝南洗觯,宾仅面朝东站在辞洗降位上(主人之西南方),但不往就主人推辞洗觯。郑玄对宾"不辞洗"之仪的解释是:主人酬宾,先是自饮一杯,然后再向宾献酒。主人自饮的这杯酒,虽属主人向宾献酬的仪节,但是主人自己饮用;用具以洁为敬,主人为宾洗,宾可以辞洗,表达不必如此费心的意思,主人为自己洗时,宾就没有推辞的道理了。故宾在此不向主人辞洗。

2. 次宾等不取正宾之义

关于该礼仪规范,在《礼记》中有相关事例的记载。

《礼记·曲礼》曰:"御同于长者,虽贰不辞。"

郑玄注云:"谓侍食于长者,馔具与之同也。贰谓重殽膳也。辞之,为长者嫌。"③

陪侍长者吃饭,与长者同馔时,即使主人进上了重样的双份菜肴和牲肉,也不推辞。"重殽膳"是盛馔,宜推辞不敢当,但这里双份食物是主人敬长者的,作为陪侍者虽与长者同馔具,而礼不在己,所以陪侍者没有推辞的道理。若陪侍者推辞盛馔,是自己代替

---

① 《仪礼注疏》卷九,第984页。
② 《仪礼注疏》卷十一,第994页。
③ 《礼记正义》卷二,第1243页。

长者主张,有自命为尊者的嫌疑。

  《礼记·曲礼》曰:"偶坐不辞。"
  郑玄注云:"盛馔不为己。"①

  同样,如果陪同他人为客,主人进双份食物时,自己也不便推辞。即郑玄所言,盛馔不为自己而设,作为陪客也没有推辞主客不当享用的盛馔的道理。
  事实上,不仅是陪侍尊者、长者,凡不专为礼敬自己的礼仪,自己都没有辞谢的道理。
  3. 代人受敬不取当礼客方之义
  古礼祭祀设有代逝者受享的尸,一般由逝者的孙列充任,尸在庙中有父道,享受祭主的礼敬,但即使尸尊贵,也不尝献给逝者神明的大羹。

  《仪礼·特牲馈食礼》曰:"祝命尔敦。佐食尔黍稷于席上,设大羹湆于醢北。"
  郑玄注云:"'大羹湆',煮肉汁也。不和,贵其质,设之所以敬尸也。不祭,不啐大羹,不为神,非盛者也。《士虞礼》曰:'大羹湆自门入。'"②

  这是记迎尸正祭、尸九饭的礼仪。祝命把敦向尸跟前移近些,佐食把盛黍稷的敦移到席上,进上大羹湆,设立在蜗醢的北面。大羹是不和五味的肉汁,以简质为贵,《礼记注》云:"不调以盐菜。"

---

① 《礼记正义》卷二,第1243页。
② 《仪礼注疏》卷四十五,第1184页。

郑玄指出，尸并不祭、尝大羹。因为尸虽代死者受享，但终不为神，自己不当盛礼，故纵使设羹敬尸，尸不祭不尝。

（二）无关者不领客方之义

礼事活动无关者，不主动强行参与，领取礼仪归旨，使对方务必礼敬自己。该点很好地体现在《聘礼》篇，不在使者将拜访行列的主国大夫，不跟着前去客馆探问。

>《仪礼·聘礼》曰："币之所及，皆劳，不释服。"
>
>郑玄注云："所不及者，下大夫未尝使者也。不劳者，以先是宾请有事于己同类，既闻彼为礼所及，则己往有嫌也。所以知及不及者，宾请有事，固曰某子某子。"①

这是记主国卿大夫慰劳使者的仪节。使者向主国君行聘享大礼完备，在退出时请求拜访主国卿大夫，主国君稍加推辞后同意。卿大夫凡知道自己将要被拜访的，都先前往使者馆舍慰劳，连朝服也来不及脱下。

郑玄对此的解释是：因使者问卿大夫，都要执束锦致命，所以称"币之所及"。使者前来，主国卿都要拜访，大夫之中有曾出使本国的，也要前去拜访，以示不忘旧，经曰"下大夫尝使至者，币及之"。如此未曾出使其国的下大夫不在使者走访范围内。这些不被单独访问的下大夫不跟随卿大夫前去馆舍探问。因为前去慰劳的同僚都是受使者礼敬的情况，自己不被访问而前去，则有斥人前来慰问自己的嫌疑，故不去馆舍一起探问。

约言之，自己不是当礼者，不在远方客人的主要礼敬人员名单

---

① 《仪礼注疏》卷二十四，第1074页。

中,不跟随当礼者前去馆舍提前探问,不给对方造成必来礼敬自己的麻烦。

三、遵者不取宾主之义

根据郑玄《仪礼注》《礼记注》的记录,"遵",《仪礼》今文作"僎",或作"全",古文皆作"遵"。《礼记》则从"僎",他本有作"骏""驯"者。

从《礼记·乡饮酒义》经文来看,僎与介相对,辅助主人。但从其位在堂上,则其身份不是一般的主人之党,或执事者。从《仪礼》经文来看,遵者出现了明显的身份特征,如大夫、宾,这些显示出遵者地位身份的高贵。

《仪礼·乡饮酒礼》曰:"宾降席,北面。主人降席,阼阶上北面。介降席,西阶上北面。遵者降席,席东、南面。"郑玄注云"遵者,谓此乡之人仕至大夫者也,今来助主人乐宾,主人所荣而遵法者也,因以为名。"①

《仪礼·乡饮酒礼》曰:"宾若有遵者。"郑玄注云:"遵者,诸公大夫也。谓之宾者,同从外来耳。大国有孤,四命谓之公。"②

《仪礼·乡射礼》曰:"大夫若有遵者,则入门左。"郑玄注云:"谓此乡之人为大夫者也。谓之遵者,方以礼乐化民,欲其遵法之也。"③

《礼记·乡饮酒义》曰:"宾主,象天地也。介僎,象阴阳

---

① 《仪礼注疏》卷十,第989页。
② 《仪礼注疏》卷十,第989页。
③ 《仪礼注疏》卷十一,第995页。

也。天地严凝之气,始于西南而盛于西北,此天地之尊严气也,此天地之义气也。天地温厚之气,始于东北而盛于东南,此天地之盛德气也,此天地之仁气也。主人者尊宾,故坐宾于西北,而坐介于西南以辅宾。宾者,接人以义者也,故坐于西北。主人者,接人以德厚者也,故坐于东南。而坐僎于东北,以辅主人也。"郑玄注云:"以僎辅主人,以其仕在官也。"①

《礼记·乡饮酒义》曰:"乡饮酒之义,立宾以象天,立主以象地,设介僎以象日月。"②

《周礼·党正》:"饮酒于序以正齿位:壹命齿于乡里,再命齿于父族,三命而不齿。"郑玄注云:"不齿者,席于尊东,所谓遵。"③

《尔雅·释诂》:"遵,自也,循也。"《说文》:"遵,循也。"胡承珙认为"遵"是正字,僎为通假字。

《乡饮酒礼》的主人是诸侯之乡大夫,爵位为下大夫,宾是处士贤者,目的在于兴贤。《乡射礼》州长会民习礼乐,主人是上士,宾、众宾为州中处士贤者。在两个活动中,该诸侯国的孤、大夫可能前来助礼、观礼,他们的爵位是卿大夫。遵者到来后,行止皆不取宾、主正礼之义,不把礼的归旨吸引到自己身上。郑玄对此进行了解释,主要围绕三点:第一遵者进入活动场所的上限。第二遵者堂下降立之位。第三,遵者礼毕退去时的次序。

遵者助主人乐宾,进入庠、序的时机是有规范的,上限在于"一

---

① 《礼记正义》卷六十一,第1683页。
② 《礼记正义》卷六十一,第1684页。
③ 《周礼注疏》卷十二,第718页。

人举觯"之后,时间下限的礼义则是另外一个问题。

《仪礼·乡饮酒礼》曰:"宾若有遵者,诸公、大夫,则既一人举觯,乃入。"

郑玄注云:"不干主人正礼也。"①

这是记诸公、大夫前来观礼的礼节。若有诸公、大夫前来助主人乐宾,则应该在"一人举觯"为旅酬后再进入。

郑玄对此的解释是:在此之前,有主人献宾、介及众宾之事,这是乡饮的正礼。如期间诸公、大夫来,他们尊于正宾、正主,宾、主必然先礼待尊者。为避免干扰宾、主正礼,自领礼仪主旨,故诸公、大夫在"一人举觯"后进入。

在《乡射礼》篇,经文记述了诸公、大夫在"一人举觯"后进入的完整仪节,按其内容次序分为三层呈现:

大夫若有遵者,则入门左。主人降,宾及众宾皆降,复初位。

主人揖让,以大夫升,拜至,大夫答拜。主人以爵降,大夫降。主人辞降。大夫辞洗,如宾礼。席于尊东。升,不拜洗。主人实爵,席前献于大夫。大夫西阶上拜,进受爵,反位。主人大夫之右拜送。大夫辞加席,主人对,不去加席。乃荐脯醢。大夫升席。设折俎。祭如宾礼,不啐肺,不啐酒,不告旨,西阶上卒爵,拜。主人答拜。

大夫降洗。主人复阼阶,降辞如初。卒洗,主人盥。揖让升。大夫授主人爵于两楹间,复位。主人实爵,以酢于西阶上。坐奠爵,拜,大夫答拜。坐祭,卒爵,拜,大夫答拜。主人

---

① 《仪礼注疏》卷十,第989页。

坐奠爵于西楹南,再拜崇酒,大夫答拜。主人复阼阶,揖降。①

大夫、诸公至,主人、宾及众宾皆降,主人与大夫揖让升堂,拜至后,开始主人向大夫献酒。大夫酢主人,行礼完毕后下堂。如果卿大夫在宾、主行正礼时入,插入这一套礼仪,则遵者领取了礼仪归旨,而不是助主人乐宾。

遵者堂下站立时,排在正宾之后,不夹杂在宾、主之间,也是不自领礼仪归旨。

《仪礼·乡射礼》曰:"大夫降,立于宾南。"
郑玄注云:"虽尊,不夺人之正礼。"②

这是记主人献大夫完毕,宾、主升席继续为礼。大夫为尊,堂上席位在尊东,是特尊之。今降立堂下,站在宾南。堂下面朝西的站位,统于堂,以北边为上位,是大夫居次位,让宾、主相对行礼。若其降立宾北,则妨宾、主揖让的正礼,如是宾、主会因大夫在此而有所示意。所以,大夫虽尊,也不夺取宾、主之义。

《仪礼·乡射礼》曰:"大夫后出。"
郑玄注云:"下乡人,不干其宾、主之礼。"③

礼仪结束时,主人先送宾,宾及众宾先出,宾、主执礼。大夫在宾等退去后再退去,主人送宾完毕再送大夫。从始至终,遵者都没有自领归旨,不取宾、主正礼之义。

---

① 《仪礼注疏》卷十一,第995页。
② 《仪礼注疏》卷十一,第995页。
③ 《仪礼注疏》卷十三,第1011页。

《明集礼》对于该仪节记述详细，它遵循《仪礼》原则，《县邑饮酒》设僎，及宾、主等人身份交代如下：

> 每冬季行事，县令为主，以乡之老人，年六十以上有德行者一人为宾，其次一人为介，又其次为三宾，又其次为众宾。乡人尝为大夫士而致仕者，或寄居之士大夫年德可尊礼者一人为僎。

僎进入活动场所的时间上限就是主人献众宾完毕之后。

升位

> 赞礼唱，众宾皆升位。主乃自席末先升席，宾、介以下皆自席末升席，堂下者皆就位，引僚佐升自东庑就席，堂上者坐，堂下者立。

> 僎入无僎，则去此条。升位后，僎始入者。《仪礼注》云："不干主宾正礼也。"
> 赞礼唱，僎入，赞引导僎出次。僎朝服，致仕者服深衣，亦从便。入门左，主降自阼阶，迎于门内。宾、介降自西阶下，三宾不降。主与僎揖让升，主升阼阶，僎升西阶，当楣北面立。宾、介皆升立西阶，东面，北上。赞礼唱，主献僎，赞引进曰："请酌酒。"导主降洗爵，诣尊所酌酒，如宾仪。至僎席前，东北面献僎，赞引导僎自西阶上，趋就席末东，西南面受爵。主揖送爵，僎报揖，卒爵以爵授主，主以授执事者，下奠于篚。主及宾升，各升席。①

综上所述，所谓意旨归属确定就是当礼主、客方的礼仪归属权确定。我们把主、客方执礼描述成甲、乙执礼，这包括：如果甲与乙

---

① ［明］徐一夔等《明集礼》卷二十九，景印文渊阁《四库全书》第650册，第11—12页。

执礼,甲以外其他人不可取代属于甲的意旨归属,如果出现代替甲行礼的情况,则是形式上的替代,礼仪意旨,仍属于甲。对于不取当礼客方之义,若活动不独针对正宾乙,那么作为正宾的乙亦不领取真正客方的意旨。如果乙实为代人受敬,则乙本人亦不取该当礼客方之义。乙的从属人员,以及其他无关人员不取乙的礼仪归旨。此外比甲、乙身份地位高的尊者前来助礼,亦不取甲、乙之义。

尊主分明确立礼的体系,同时也起到了稳固防范的作用。虽然礼防范义在制度层面备受重视,如《礼记·坊记》曰:"夫礼者,所以章疑别微,以为民坊者也。故贵贱有等,衣服有别,朝廷有位,则民有所让。"①贾谊《新书》云:"人之情不异,面目、状貌同类,贵贱之别非天根著于形容也。"②但防范民众的失道并不是其主要且唯一目的。

在礼的系统体系里,明辨而符合事理逻辑是关键。辨别区分,决嫌明疑,体现在人事、行为、主旨、空间等各个维度,讲求各部分尽可能有序和谐推进,对人的感性认知与理性思考进行规整调节,求得事情发展更为合理融洽。而且这种尊主的辨析,在很多时候并不影响结果走向,但这并不影响对于尊主分明原则本身的思考。

例如,孝养时若涉尊尊问题,不仅涉及公私、忠孝、恩义,古人还考虑到以外加之爵谥尊亲时,反而是鄙薄先人出身,有损对先人的尊重。《礼记·曲礼》曰:"已孤暴贵,不为父作谥。"郑玄注云:"子事父,无贵贱。"③《礼记·丧服小记》:"父为士,子为天子

---

① 《礼记正义》卷五十一,第1619页。
② [汉]贾谊撰,方向东集解《贾谊〈新书〉集解·等齐》,第69页。
③ 《礼记正义》卷四,第1257页。

诸侯,则祭以天子诸侯,其尸服以士服。"郑玄注云:"祭以天子诸侯,养以子道也。尸服士服,父本无爵,子不敢以己爵加之,嫌于卑之。"①孝亲在天性仁本,不关涉贵贱。是孝之朴素伦理与爵位权势间的尊主问题。这里牵扯到子女显贵,出于孝心,扬名先人,故而有追谥。但同时也隐含着彰显出先人身份低贱的已有事实,这又是一种对孝本身的削弱。

《礼记·祭义》:"壹命齿于乡里,再命齿于族,三命不齿。族有七十者弗敢先。"郑玄注云:"此谓乡射饮酒时也。齿者,谓以年次立若坐也。三命,列国之卿也,不复齿,席之于宾东。"孔颖达疏云:"身有再命之官,其命既高,乡人疏者,虽复年高,不与之齿。但族亲之内,计长幼为班序。身在三命官,其命转尊,不复齿于亲族,谓特坐宾东。"②

《礼记·文王世子》:"庶子之正于公族者,……其朝于公,内朝则东面北上,臣有贵者以齿。其在外朝,则以官,司士为之。……庶子治之,虽有三命,不逾父兄。"郑玄注云:"治之,治公族之礼也,唯于内朝则然。"孔颖达疏云:"治此公族朝于内朝之时也。既不计官之大小,故虽有三命之贵,而列位不得逾越在无爵父兄之上也。"③《史记·武安侯列传》载田蚡召客聚饮,安排其兄盖侯王信坐北朝南,自坐尊位,坐西向东,"以为汉相尊,不可以兄故私桡"④,在诸兄弟之上。

---

① 《礼记正义》卷三十二,第1496页。
② 《礼记正义》卷四十八,第1600页。
③ 《礼记正义》卷二十,第1407—1408页。
④ 《史记》卷一百七《魏其武安侯列传》,第3440页。

实际上从该问题的历史实践来看，尊主分明，不是严格意义上的泾渭分明，不是非此即彼不可调和。而是一种尊尚明确而有主次轻重缓急的问题。

第二章 动态平衡

动态平衡，是指礼的整体存在状态，其中动态是持久宏观的，礼仪行为活动要追求礼仪主旨的达成，就要有促进礼生成开展的动力产生。平衡是动态中的平衡，是礼仪推演递进过程中仪节要达到的情势和谐状态，维护着动态有序稳定地前行。

礼是一个动态平衡，而非凝固的状态。动态是首要的，其次这个动态是平衡的。抽象而言，礼的过程就是主、客两个系统的融合。当礼仪开始，为礼主、客两方开始交接，随着礼仪的开展，适应性、协同性、肯定性在逐渐增强，不确定性、混沌性逐渐递减，以最终达到一个新的平衡有序状态。在此期间，既有情理和谐的最佳平衡态，也伴随着平衡被打破的倾向。这就要求礼要随实际情况不断调整，以保持组织的有序稳定性发展。

第一节 动力注入

情理注入是保持礼有序和谐动态的条件。这个撬动动态的力可以是一个动作、一种行为，或一个思想认识。本节探讨动态注入的主要表现形式和手段有：（一）以相变为敬。（二）礼重更端。

(三)殷勤厚意。

一、以相变为敬

主旨情感的塑造与加深是礼在思想上要达成的目的,这个目的依靠程式、仪节来实现,也就是说,情感渲染在仪节程式的腾挪辗转中完成,这意味着仪节并非是平淡无奇的模块拼凑和叙述,而要求它们对情势起着促进加深作用。我们可以把这股推力称为礼仪中的动力注入。简言之,礼的进程需要有推动其发展的力量。对该问题的认识,可以借助礼仪的"尚变"来理解。

"礼以相变为敬",在郑玄《仪礼注》《礼记注》中是一个高频率概念,用来解释礼仪的相异与不相因袭,综合来看,礼仪"相变"的情况分为两大类:一类是为了区分尊卑展示出的各方面差异,这属于礼的区别高低贵贱问题;一类是变化的这个动作是为给礼仪注入一种动力,促成礼的动态生成,这种动态中蕴含着"敬"。变化带来敬意的原因一直尚缺探讨。

其道理是:相变促成动态,改变旧有平衡。礼不仅是一种制约平衡,更要是一种动态,正因为产生动态,才带来礼的展现,才有敬意表达和生成的可能性。孤立系统是稳定的,两个孤立不相涉系统只有相互交接,互相作用,才产生了礼仪的维护,两个子系统的融合过程就是动态造就。所以,对于礼的生成来说,首先要有一个撬动的力,一个主动积极的力,力的注入就是"变"。一个礼仪行为和活动的开始,一定是动态的开始,这种状态性的变化,就是礼,就是敬意的开始,故礼是以相变为敬。

（一）垂缫屈缫之变

《仪礼·聘礼》曰："贾人西面坐启椟，取圭，垂缫，不起而授宰。宰执圭，屈缫，自公左授使者。使者受圭，同面，垂缫以受命。"

郑玄注云："屈缫者，敛之。礼以相变为敬也。"①

这是记使者出发前在君朝受辞命和圭璋的礼仪。贾人打开圭椟，把圭取出来，使圭上挂着的缫坠丝带垂着，不起身，把圭授给辅助国君行事的宰。宰执圭，把圭末端的丝带屈握在手中，由公的左侧面朝北授给使者。使者与宰并立，在宰的左侧，面朝北接过圭，垂下丝坠听取国君辞命。

郑玄对宰"屈缫"之仪的解释是：宰接过贾人授给的圭，把原本垂着的丝带屈握在手中，这种由"垂"变"屈"的过程，显示出敬意。礼以变化为敬意。

就屈缫这个细小的仪节来说，假设贾人垂缫授给宰，宰接过来仍旧垂缫授出，这是一种完全意义上的如样传递，可以视为局部状态情理的不增不减。但宰在传递中却增加了一个屈缫的动作，这样由平稳的因袭成为动态的增加，而这个增加就是敬意产生和表现的方式。从宰执事者角度，它提高了宰在活动中的参与度，增加了情感确认，那么宰在该节点上应有的位置得以实现，此相当于人员设置与职能履行间的高度契合。对于使者来说，屈缫是宰做出的回应，是一种对使者的尊重，更是对授受国之主器的敬畏。简言之，垂缫变屈缫真正的原因在于增加的这个动作，实质上是一种主

---

① 《仪礼注疏》卷十九，第1047页。

动的情感注入,这就创造了仪礼进程的推动力量。

曹元弼《礼经校释》对该问题有过阐述,他探讨为何有垂缫、屈缫的变化,再者总结礼例,提出"凡非正礼者以相变为敬,示事也;正礼以不变为敬,明德也"的观点,其云:

> 贾人取圭垂缫授宰,圭与缫并呈见之,明典守不失也。宰屈缫授使者,重以主器授人,且明事不在己,而即以变于贾人之仪。使者垂缫受命,遂授上介,以圭与缫并呈于君前,明责在己,且明上介有与己相代之礼,而即以变于宰之仪。上介屈缫出,授贾人礼毕,当审慎以授典守者,而即以变于使者之仪,故曰"礼以相变为敬"也。
>
> 聘时贾人取圭,垂缫授上介,犹初取圭垂缫之意,凡取圭出,皆垂缫,授圭、使藏皆屈缫,礼宜然也。上介屈缫授宾,以宾执圭屈缫,故屈以授之,始正执圭之礼,不取相变,缫以藉玉。《觐礼》曰:"奠圭于缫上。"则聘享时,圭璋璧琮皆有缫可知,经云"宾袭执圭",《记》云"凡执玉,无藉者袭",则聘执圭屈缫可知,经特著上介不袭屈缫之文,明当盛礼,屈缫当袭,故下云宾袭执圭,蒙屈缫之文,以后宾授公,公授宰皆屈缫不变,正礼异于前也。反命时,使者执圭垂缫,并呈圭与缫,明不辱命也。上介执璋屈缫,立于其左,事未至,且明功在使者,而即以变于使者执圭之仪,使者受上介璋,亦垂缫,义与执圭同,而即以变于上介执璋之仪。
>
> 君子观其所以变而知其义,观其所变而知其文变者,以义成其文也,异其人、异其事即异其礼,变乎其所不得不变,无所苟也。凡非正礼者以相变为敬,示事也;正礼以不变为敬,明

德也。①

曹元弼认为贾人垂繅授宰,"圭与繅并呈见,明典守不失";宰屈繅授使者,"重以主器授人,且明事不在己,而即以变于贾人之仪",曹氏指出的宰屈繅授使者的两个情理,是因"变"生"敬"中敬的内容表现。但这却不是最根本的原因,真正的原因在于增加的动作,是一个撬动的力,产生富有情理的动态。

(二)变动位处

示意宜违位。

> 《礼记·曲礼》曰:"揖人必违其位。"
> 郑玄注云:"礼以变为敬。"②

向人行揖礼时当离开己位,稍稍变动位处,这个变化就是敬的体现。不仅向人行揖礼,《仪礼》饮酒礼"辞洗"仪节时皆需"违位",即推辞对方为自己洗爵,宜有所前行,不应原地不动。《聘礼》展币视圭仪节,贾人持圭而立,向宾告"在",上介核查时稍进,而后返回原位。这些位处的变动,都是执行者通过仪节增加敬意。

既献易位。

> 《仪礼·燕礼》曰:"主人洗,升,献士于西阶上。士长升,拜受觯,主人拜送觯。士坐祭,立饮,不拜既爵。其他不拜,坐祭,立饮。……辩献士。士既献者立于东方,西面,北上。乃荐士。"

---

① [清]曹元弼《礼经校释》卷九,清光绪十八年刻后印本,《续修四库全书》第94册,第268—269页。
② 《礼记正义》卷三,第1249页。

郑玄注云："每已献而即位于东方，盖尊之，毕献，荐于其位。"①

《仪礼·大射仪》曰："主人洗、酌，献士于西阶上。士长升，拜受觯，主人拜送。士坐祭，立饮，不拜既爵。其他不拜，坐祭，立饮。……辩献士。士既献者立于东方，西面，北上。乃荐士。"

郑玄注云："士既献易位者，以卿大夫在堂，臣位尊东也。"②

这是记主人献士时的礼仪。燕礼、大射进入彻俎燕欢的阶段，主人开始在西阶上向士献酒，士长先升，其他的士依次遍得献。已受献酒的士降堂后，前往庭的东边，面朝西站立，以北边为上位，于此得荐。

郑玄对"士既献者立于东方"之仪的解释是：士的位置是堂下庭西，面朝东，以北边为上位；诸公卿堂下位置是庭东，面朝西，以北边为上位；大夫是庭东，北面，以东边为上位。燕礼献卿大夫时，卿大夫皆升堂就席，大射射毕，卿大夫也再次升堂就席。所以此时庭东之位处空出。士得献酒，为表示对他们的尊敬，故改易在尊贵的位处上受荐。这里得礼即变动位置，就是用变化促成敬的生成。

这种用位置改变来带动敬意的仪节，还体现在对物品位置的迁移上。《礼经释例》云："凡公亲设之馔，必坐迁之。"③

---

① 《仪礼注疏》卷十五，第1022页。
② 《仪礼注疏》卷十八，第1042—1043页。
③ [清]凌廷堪著，彭林校点《礼经释例》，第104页。

《仪礼·公食大夫礼》曰:"宰夫自东房授醢酱,公设之。宾辞,北面坐迁而东迁所。"

郑玄注云:"东迁所,奠之东侧,其故处。"①

公为宾举行食礼,并亲自为之设酱,公把酱放置在宾席之前;宾先对国君亲自设馔表示推辞不敢当,然后在席的南边,面朝北坐下,把酱稍微向东移到该放的位置上。宾稍移公设之酱、大羹涪、饭粱等正馔、加馔,也是一种物品位置的改变。敖继公认为"迁之者,示其不敢当公亲设之意,且以为礼也"②,"不敢当"并不是重点,关键在于"以为礼",也就是敬由此生,只不过对位置迁移如何就"以为礼",敖氏没有说清楚。与前面道理相同,增加移动这个仪节,就是礼仪情感态度的注入,也就是礼仪动力的注入,蕴含的是对公亲设的谨敬恭敬。

(三)袭裼不相因

《礼记·表记》曰:"子曰:'裼袭之不相因也,欲民之毋相渎也。'"

郑玄注云:"'不相因'者,以其或以裼为敬,或以袭为敬,礼盛者,以袭为敬,执玉龟之属也。礼不盛者,以裼为敬,受享是也。"③

古人礼服在裘、葛之上要加一件文饰漂亮的罩衣,称为裼。裼

---

① 《仪礼注疏》卷二十五,第1081页。
② [元]敖继公《仪礼集说》,《儒藏》精华编第45册,北京:北京大学出版社,2012年,第399页。
③ 《礼记正义》卷五十四,第1638页。

衣之外有正服,如朝服等,称为袭。服饰搭配要与礼仪主旨相配。如非盛礼,以文饰为美,所以解开正服前襟,露出里面的裼衣,此即裼。如当盛礼,则尚质,以充美为敬,就要掩好正服,这就是袭。

  《仪礼·聘礼》曰:"公侧袭,受玉于中堂与东楹之间。摈者退,负东塾而立。宾降,介逆出。宾出。公侧授宰玉。裼,降立。"
  郑玄注云:"裼者,免上衣,见裼衣。凡当盛礼者,以充美为敬。非盛礼者,以见美为敬。礼尚相变也。"①

公独自掩好正服接受宾所授的圭。宾出庙,公独自把圭授给宰,然后袒露裼衣下堂到中庭站立。郑玄解释,聘事受圭为盛礼,以充美为敬,所以掩服;接下是享礼,与聘仪相比非盛礼,以见美为敬,故而袒开正服,露出裼衣。

这种裼、袭的前后不相承,就是一种动态变化,这种变化是情理的注入,进而产生敬意。

礼服修饰的变化,还可以通过一个特殊的相似性仪节来加深理解。根据经传的记载,古婚礼,妇在途中锦衣上加外衣,《仪礼·士昏礼》女子出嫁临行时,傅姆给妇加上一件禅衣,经曰"景",郑玄注云:"景之制盖如明衣,加之以为行道御尘,令衣鲜明也。"这就是《诗经·硕人》《丰》里说的"褧衣"②,这里的加衣,一是

---

① 《仪礼注疏》卷二十,第1054页。
② 按:《诗经》出嫁女子途中"衣锦褧衣",褧,《说文》云"絅,枲属",马瑞辰《毛诗传笺通释》指出絅为正字,褧为假借,絅或作颎,褧又通絅。《释文》云"褧,本又作颎",而《仪礼·士昏礼》女从者"被颎黼",郑玄注云"颎,禅也",《尚书大传》引《诗》作"蘱",《玉藻》《中庸》云"絅"。《中庸》:"《诗》曰'衣锦尚絅',恶其文之著也。故君子之道,闇然而日章;小人之道,的然而日亡。"

可遮挡尘土,再者"为其文之大著"。从文饰的显露与否与衣服贴身的层次来看,该处与"袭"的意味相似。由此可以洞见,衣服修饰的展示隐含着场所与亲疏等因素。从这个角度,对于妇人出嫁在途与夫家行礼,她的衣饰变化里有场所的变化;对于授玉仪节,无场所切换,这时候衣服修饰改动带来的情感变化效应则更为凸显。

二、礼重更端

"更端",也即"别事",一事已毕,又行另一事。凡行事过程中兼有多事,新起之端,礼仪给予重视,称为"礼重更端"。郑玄注《仲尼燕居》曰:"凡与尊者言,更端则起。"《礼记·曲礼》曰:"侍坐于君子,君子问更端,则起而对。"郑玄注云:"离席对,敬异事也,君子必令复坐。"重视更端也是礼仪讲求动力注入的表现,促进礼仪过程中敬的产生,也就相当于促进事情的发展。

在《仪礼》中,宾客前来,一事行完,则出门,主人摈者出门请事,再回禀还有他事,而后重新进入,开始新的事情。

> 《仪礼·士昏礼》曰:"宾降,出,主人降。授老雁。摈者出请。宾执雁,请问名,主人许。"[1]

男方使者行纳采礼,降阶出门,女家摈者出来询问使者还有何事,使者回答还要问女方名字,摈者再进门向女家主人禀告。

> 《仪礼·聘礼》曰:"宾出。公侧授宰玉。裼,降立。摈者出请。宾裼,奉束帛加璧享。摈者入告,出许。"[2]

---

[1]《仪礼注疏》卷四,第962页。
[2]《仪礼注疏》卷二十、卷二十一,第1054—1056页。

使者执圭升堂行聘事完毕,降阶走出庙门;主国摈者出来问使者还有何事,宾请求行享礼,摈者再进去向国君报告。其他行事更端处亦同,不赘述。

《仪礼·燕礼》国君尊贵不为献主,主人由宰夫充任,宾由国君从大夫中指定,当某大夫被任命为宾时,需要再次出门,重新以宾礼进入。

这些仪节相通的地方,就是礼仪程式中连接环节如何设置的问题,主体精神应是收整基础上的新发展。也就是说,两个接连着的主题之间,插入带有重新开始意味的仪节,是一种谦敬精神的主动增加,对礼仪精神的整饬起着积极作用。

《尚书·大诰》开篇为"王若曰",以下段首数言"王曰",孔颖达指出这是"其自殷勤,多止而更端"①,也就是说从经文文法来说,"王若曰"以及复言的"王曰"能够起到庄敬整肃的语意,放置在经学范畴中,这同时是蕴含礼学精神的经义。

三、殷勤厚意

礼仪中特别加入仪节、礼物也是情理注入的方式。如酬币、侑币、加馔、加爵的运用。

1.酬币与侑币

酬币,主人向宾献酬劝酒时致送的礼品。侑币,主人以食礼款待宾时致送的礼品。

>《仪礼·士冠礼》曰:"主人酬宾,束帛俪皮。"
>郑玄注云:"饮宾客而从之以财货曰酬,所以申畅厚意也。"

---

① 《尚书正义》卷十三,第198页。

贾公彦疏云："主人酬宾,当奠酬之节,行之以财货也。此礼宾与飨礼同,但为飨礼有酬币则多。故《聘礼》云若不亲飨,'致飨以酬币',注云:'礼币束帛乘马,亦不是过也。'又案《大戴礼》云礼币采饰而四马,是大夫礼多,与士异也。案《礼器》云'琥璜爵',郑云:'天子酬诸侯,诸侯相酬以此玉将币也。'则又异于大夫也。下凡酬币之法,尊卑献数多少不同,及其酬币,唯于奠酬之节一行而已。"①

宾为主人子弟加冠完毕,主人为答谢宾,请行醴礼,即以一献之礼招待宾。主人向宾献酬酒时,奉上束帛和俪皮,馈赠给宾。郑玄解释这是以此来表达自己的深厚情意。

《仪礼·公食大夫礼》曰:"公受宰夫束帛以侑,西乡立。"
郑玄注云:"束帛,十端帛也。侑犹劝也。主国君以为食宾,殷勤之意未至,复发币以劝之,欲用深安宾也。"②

公为小聘使者举行食礼,使者食三饭正馔后,礼仪初成,殷勤厚意尚未充分表达,此时公馈赠宾币帛,劝宾继续用食,以此加深宾的安适自处。

馈赠酬币、侑币的仪节都发生在礼仪初成的行进阶段,这时开展带有劝慰与加强意味的仪节,都是一种敬意的注入,对礼仪推进起到促进作用。

2. 加馔

加馔是正馔之外又设之食。根据《公食大夫礼》记载,正馔为:

---

① 《仪礼注疏》卷二,第953页。
② 《仪礼注疏》卷二十五,第1082页。

六豆、七俎、六簋、四铏。加馔为稻粱与庶羞。

《仪礼·公食大夫礼》曰："宰夫授公饭粱,公设之于湆西。宾北面辞,坐迁之。"

郑玄注云："既告具矣,而又设此,殷勤之加也。"①

正馔设置完毕,赞者向公报告正馔所需食物已经准备妥当。宾用正馔行祭,此后又为其设加馔,宾又用加馔行祭。宾食用这些菜肴先正馔,后加馔。郑玄指出,前面正馔汇报时告备,就意味着比较意义上的完毕,但此后又再次进上食物,这个加馔就是情意的进一步加深。

3. 加爵

超出规格范围内的献酒称为加爵。《仪礼·特牲馈食礼》是士的祭礼,献爵规格与大夫相同,共三献。主人献尸为一献,主妇为亚献,宾为三献,尸得三献即为礼成。三献之外,还有长兄弟、众宾长向尸进酒,经皆曰"加爵",注云:"多之为加。"《有司彻》是大夫祭礼,三献之外,仅有众宾长向尸进酒,经曰"献",注云:"不使兄弟,不称加爵,大夫尊也。"②这里实则也是加爵,因尊大夫,故仍用"献"字。加爵,在于"序殷勤"之义。

据《春秋左氏传》记载,昭公元年,"后子享晋侯,归取酬币,终事八反",秦后子款待晋平公,期间续送酬酒币八次。杜预注云："极奢富以成礼,欲尽敬于所赴。"③此是饮酒酬币助欢。庄公十八

---

① 《仪礼注疏》卷二十五,第1082页。
② 《仪礼注疏》卷五十,第1215页。
③ 《春秋左传正义》卷四十一,第2022页。

年,"虢公、晋侯朝王,王飨醴,命之宥"①;僖公二十五年,"晋侯朝王,王飨醴,命之宥"②;僖公二十八年,"己酉,王享醴,命晋侯宥"③,宥,助也(《尔雅·释诂》),郑玄《周礼注》云"劝也",此亦是礼仪活动中设币物以厚意助欢敬的意思。宣公十四年,"朝而献功,而有加货"④,襄公三十一年,"晋侯见郑伯,有加礼",杜注云:"礼加敬。"⑤昭公六年,"季孙宿如晋,晋侯享之,有加笾",杜注云:"笾豆之数,多于常礼。"⑥

　　质言之,礼事活动中的更端环节,设置带有重新开始意味的仪节,对整个活动流程起着促进作用,为礼仪深入开展和主体环节的铺展提供动力支持。而在比较意义层面已完成的敬意之上,加行的礼仪,主要起到深一步推动的作用。这是一种动力的注入和追加的形式。

　　通过以上的探讨,我们主要认识了礼的动力注入问题,即礼仪的程式仪节自有分工,它们在仪节的腾挪开展中起到促进情感加深和确认的作用,最终达到主旨精神的完成和升华。这种促进就是事物发展变化中的动力,换言之,礼通过设置仪节来实现这种动力的注入。同时这也表明仪节的设置蕴含着礼义精神,义的存在使得仪节本身并非机械连环运动,而具有自身的价值,仪节的完成,就是义的践行实现过程。

---

① 《春秋左传正义》卷九,第1772页。
② 《春秋左传正义》卷十六,第1820页。
③ 《春秋左传正义》卷十六,第1825页。
④ 《春秋左传正义》卷二十四,第1886页。
⑤ 《春秋左传正义》卷四十,第2015页。
⑥ 《春秋左传正义》卷四十三,第2044页。

从礼仪活动进程的整体内容来看，程式仪节包括正礼和非正礼两大类型。正礼，就是仪节进程的主体脉络与主旨内容组成。与此相对，非正礼就是框架仪节中的次要组成部分，大约可以分为：连接环节，如更端请事之类；附加环节，如正馈后殷勤厚意之类；辅助仪节，如"礼以相变为敬"之类。

正礼与非正礼对礼仪活动推动的方式并不一样。正礼，通过当礼主客方的不断变换完成情理注入。礼的动态过程是一个不断确定当礼主、客方的过程，也就是仪节旨归（当下礼仪归属权）的不断改变。如果把礼的整个程式看成是一个运动的力，它不仅在速度上循序渐进，而且也在不断变换运动方向。这也是为何有"当礼"的概念。主人举行一场活动，绝对不是从头到尾的主人和主宾表演，他们虽是礼所尊尚的对象，但程式上一定是不断改变主、客方。正因为这样，礼才有不断牵引向前的动力，使礼仪能够按部就班地往前推动。

礼仪整个流程的推进就是礼仪指向不断变化的过程，当礼主、客方的不断变化既实现了辨尊卑明亲疏，又实现了周备无遗。而且转移方向间还有一个暗线，就是这种转移是回环往复形式的。这里面就不仅有执礼方向的铺展转移，而且都紧紧扣着一个"报"字，《礼记·乐记》曰"礼也者，报也"，《表记》曰"报者，天下之利也"。往来施报作用于仪节上更精准的概念就是"相偶"，这个概念郑玄在《仪礼注》明确提出，且强调为"相人偶"，它是礼的基本属性，也是礼设定与开展所遵循的基本原则，主要阐释的是礼仪行为活动中的协同共存性。总之，正礼就是在"相偶"的要点下转移矛盾方向以达成礼的动力注入。

非正礼，是通过丰富仪节来完成敬意增加的。例如"礼以相变为敬"，主人、宾行礼过程中，不因袭原有的状态，合理增加仪节动作是一种"相人偶"的表现,这个动作重在携同。执事者与当礼者行礼,通过动作行为的增加,提高执事者的参与度,烘托共同的气氛,执事者变化的动作行为不仅是对当礼者的尊敬,也是自我感情的确认,这种共鸣性必将带来礼仪主旨精神的建立。

又如"殷勤厚意",通过随带与追加的形式充分尽意表达情感,侑币、酬币丰富了劝酒、劝食的仪节,使表达不再单一;加馔、加爵在礼仪的"小成"之后又推展为"大成",使仪节铺展得次第渐进,同时在正礼之后也能继续注入动力,最终达到礼仪的完备。

《礼记·檀弓》记载孔子到卫国遇旧馆人之丧:

> 孔子之卫,遇旧馆人之丧,入而哭之哀。出,使子贡说骖而赙之。子贡曰:"于门人之丧,未有所说骖,说骖于旧馆,无乃已重乎?"夫子曰:"予乡者入而哭之,遇于一哀而出涕。予恶夫涕之无从也。小子行之!"[1]

孔子哭吊时十分哀痛,出门之后要把拉车的骖马赠送丧家,子贡感觉礼过于重了,孔子曰:"予乡者入而哭之,遇于一哀而出涕。予恶夫涕之无从也。"郑玄注云:"旧馆人恩虽轻,我入哭,见主人为我尽一哀,是以厚恩待我,我为出涕。恩重,宜有施惠。"旧馆人虽然恩轻,但哭吊时主人致哀甚为专一,夫子感深恩而为之流泪。既然涕泪交下,怎么能没有施惠呢?孔颖达谓此论行礼副忠信之事,这里同时也是"殷勤厚意"的表现,通过随带馈赠的形式充分尽意,不使出涕哀伤落于空虚。可见,这个随带的仪节对于礼仪精神的达成与塑造有着多么重要的意义。

---

[1]《礼记正义》卷七,第1283页。

第二节　生成新平衡

平衡是指礼仪在开展过程中能够和谐有序进行的合理状态。礼需要程式仪节推进与适时的动力注入，以及过程中平衡的维持与促成，以此规避出现情势发展偏失，造成失礼与不敬。平衡是礼在运动过程中的另一个状态。平衡点的把握促成了礼的进展，也相应意味着运动的顺利。既然有平衡问题，就代表有需要调和的因素，这主要是主旨、节奏、程度等方面的问题，以下对四方面的典型处理原则给予阐述。

一、礼尚往来

"礼尚往来"很好地体现了动态平衡原则。礼推重"往"，只有"往"才能先构成礼的动态，有了"往"的情理注入，礼就开始进入发展阶段。当主方把礼敬的精神带到客方，那礼的这种"不平衡性"也到达峰值。所以礼还讲求"来"，就是回应，回返的过程，也是礼逐渐回复新平衡的过程，最终客方把回报的敬意带到主方，这样就达到一个新的和谐平衡。这是一个理想的模式。当然，礼尚"往"，同样需符合情理依据，而且其"往"的频率进度也要符合其他原则。

《仪礼·士相见礼》曰："主人复见之，以其挚，曰：'向者吾子辱，使某见。请还挚于将命者。'"

郑玄注云："复见之者,礼尚往来也。"①

这是记被访见的士回访的礼仪。前时被造访的主人拿着挚回访,说:"不久前承蒙您屈驾光临,使我能够见到您。现在请允许我把挚还给您的摈者。"郑玄指出,先前被访问的主人在稍后时日要回访登门的宾客,这是因为礼是崇尚互相往来的。

《礼记·曲礼》曰:"太上贵德,其次务施报。礼尚往来,往而不来,非礼也;来而不往,亦非礼也。"

郑玄注云:"太上,帝皇之世,其民施而不惟报。三王之世,礼始兴焉。"②

上古时代以德为贵,民众施与而不求回报。后世礼开始兴起施行,讲究惠施和回报。礼是提倡往来的,我前往而对方无回返,和对方前来而我不回返,都是不符合礼仪精神的。

《礼记·表记》曰:子言之:"仁者,天下之表也;义者,天下之制也;报者,天下之利也。"子曰:"以德报德,则民有所劝;以怨报怨,则民有所惩。《诗》曰:'无言不雠,无德不报。'《大甲》曰:'民非后,无能胥以宁。后非民,无以辟四方。'子曰:'以德报怨,则宽身之仁也;以怨报德,则刑戮之民也。'"

郑玄注云:"报,谓礼也。礼尚往来。雠,犹答也。"③

仁,是仁恩。义,是合理。报,是礼。仁恩是行礼之盛极,故

---

① 《仪礼注疏》卷七,第976页。
② 《礼记正义》卷一,第1231页。
③ 《礼记正义》卷五十四,第1639页。

而是天下行为的仪表；合理使万物各得其宜，故而是天下事物的裁断；礼生成天下的利益。礼尚往来，相反报施得其物，故而生成天下的利益。

用恩惠来报答恩惠，人们就会努力做好事。用愁怨报愁怨，人们就会戒惧。《诗经·抑》"无言不雠，无德不报"，没有语言不反应，没有恩德不回报。《大甲》"民非后，无能胥以宁。后非民，无以辟四方"，民若无君，不能相匡正以自安居。君若无民，无以君领四方。故上下各以其事相报。如果用德报怨，并非礼的正途，仅是宽爱己身之民，欲苟息祸患；以直报怨，是得当的。而以怨报德，是凶恶之人，合以刑戮。

《礼记·曲礼》曰："凡非吊丧，非见国君，无不答拜者。"

郑玄注云："礼尚往来。丧，宾不答拜，不自宾客也。国君见士，不答其拜，士贱。"①

这是记两种不答拜的情境。凡不是吊丧，不是士见国君，受拜礼没有不答拜的。郑玄指出，礼推崇往来相报，无故没有不相答的。吊丧不回拜，是己前来之意在于助主人执丧事，非行宾、主之礼，所以主人虽行拜礼，己不回礼。士见己君行拜，国君不答拜，因为士卑贱。他国之士则拜。礼无不答的特殊情况之一就是尊、卑不敌礼时，至尊可不回礼卑者。若尊者与卑者执礼，卑者辟之亦是。《礼记·玉藻》："士于大夫，不敢拜迎，而拜送。士于尊者先拜，进面，答之拜则走。"②绝大多数情况，还是礼尚往来。

---

① 《礼记正义》卷四，第1259页。
② 《礼记正义》卷三十，第1482页。

《礼记·乐记》曰:"乐也者,施也。礼也者,报也。乐,乐其所自生,而礼,反其所自始。乐章德,礼报情,反始也。"

郑玄注云:"言乐出而不反,而礼有往来也。"①

这是述礼乐之别。奏乐之时,众庶在场皆能欣赏,并无反报之意,仅是恩施,所以乐是施与。礼提倡往来,受人礼敬,必当相酬答,故礼是回报。"乐其所自生",乐是自我的感悦,是对自我存在、功业、情感、认识的肯定,是对自我生命体验的共情。也就是说,作乐颂赞的是当事者本身,是对自我的一种肯定。如武王是由武功而成王业,武王之民欢乐武王之武德,即以武为乐名。在这里,音乐的内容和作用是人们自己欢乐自己的事业和存在。而礼,是一种追溯始祖和原本的行为,如周以后稷为始祖,则追祭后稷,回报王业之由,是礼有反报。乐表彰盛德,施恩不务在报;礼是回返初始。

对于上下相报之义,《礼记·燕义》就《仪礼》所记《燕礼》一篇进行了阐述。《燕义》曰:

> 君举旅于宾,及君所赐爵,皆降,再拜稽首,升成拜,明臣礼也。君答拜之,礼无不答,明君上之礼也。臣下竭力尽能以立功于国,君必报之以爵禄,故臣下皆务竭力尽能以立功,是以国安而君宁。礼无不答,言上之不虚取于下也。上必明正道以道民,民道之而有功,然后取其什一,故上用足而下不匮也。是以上下和亲而不相怨也。和宁,礼之用也。此君臣上下之大义也。故曰:"燕礼者,所以明君臣之义也。"

郑玄注云:"言圣人制礼,因事以托政。臣再拜稽首,是其

---

① 《礼记正义》卷三十八,第1537页。

竭力也。君答拜之,是其报以禄惠也。"①

孔颖达疏云:"此一经明《燕礼》臣尽礼于下、君答之于上、上下交欢而不相怨,明君臣之义也。"《燕礼》君赐爵,臣再拜稽首,君答拜,这是成君臣之礼,臣竭力尽能立功于国,君报之以爵禄。为上之道"不虚取于下",上必报之。上下相报,故在上明正教,以教道于民,民亦依君训道有功报上。由君臣相报,至君民上下相报,是上下和平亲睦,而不相怨恨。和宁就是礼的实施作用所在。

二、不自尊别

不自尊别,源自郑注"嫌自尊别",意思是尊者在某些礼仪活动过程中不自我尊显,不把自己与众人区别开来。这是礼仪平衡过程中,主旨处理的一个典型法则,即活动主旨与人员尊卑间的平衡问题。

"尊主分明"是礼的基本性质和原则,指礼仪所推崇尊重的对象明晰确定而没有嫌疑。尊者在礼仪中受到更大的礼敬,但某些情况下尊者却不宜区别于人。这种情况下,一旦凸显尊者的尊别,就破坏了这些礼仪的一些主旨诉求,由此"尊卑分明"和"不自尊别"这两者似乎呈现出一种相悖。为了切合礼仪主旨或特定情境的需要,使礼仪有序稳定地开展,会要求尊者不尊显自己,以此达到该种状态下的一种平衡。这是原则之间的平衡,即人员身份地位"尊卑分明"与礼仪主旨"尊主分明"出现冲突时,用尊者"不自尊别"来达到礼的平衡。

礼仪主旨的"尊主分明"与礼仪人员的"尊卑分明"其归属可能

---

① 《礼记正义》卷六十二,第1690页。

是重叠的，也可能不重叠。假设一个活动主旨在于尊君，君本是至尊，那么这两者所指都汇到国君。若一个活动的主旨在于兴贤，礼仪参与人员中除去贤者，还有政治上的尊者，那么主旨服务对象与活动中人员身份的高低未出现重叠。具体包括：（一）前来助主人乐宾的尊者分组参加活动时，不在自我群体内匹配搭档。（二）饮酒活动进入到燕欢阶段，堂上尊者将向堂下献酬酒者，亲自为卑者斟酒，不使执觯者酌。（三）饮酒礼主人与次宾升堂执礼时，已经得献酒的正宾下堂就位，不在堂上站立。（四）卑者一起面见尊者时，不于同伦中自我区别。（五）君臣尽志于射，若不胜，不以己尊枉正罚。

（一）遵者助礼不自别异

乡射礼中前来观礼的遵者，参与活动，都不自尊别，而是积极与众宾配合，仪制上也主动同宾齐平。

1.活动分组时不自相聚合

大夫参与射箭，与士相配耦。

> 《仪礼·乡射礼》曰："司射倚扑于阶西，升，请射于宾，如初。宾许诺。宾、主人、大夫若皆与射，则遂告于宾，适阼阶上告于主人，主人与宾为耦。遂告于大夫，大夫虽众，皆与士为耦。以耦告于大夫，曰：'某御于子。'"
>
> 郑玄注云："大夫皆与士为耦，谦也。来观礼，同爵自相与耦，则嫌自尊别也。士谓众宾之在下者，及群士来观礼者也。"①

---

① 《仪礼注疏》卷十二，第1001页。

这是记乡射第二番射司射比众耦。从第二番射开始，宾、主人、大夫等都将参与射箭，司射升堂向宾请射箭，即先匹配他们的射耦。宾与主人组成射耦，在场的大夫与士组成射耦，即使人多，可自相为耦。

郑玄对大夫与士为耦之仪的解释是：士指同宾一起来的堂下众宾①，以及前来观礼的群士等。大夫前来观礼，如果自相组成射耦，则有自重自尊、殊别他人的嫌疑，所以大夫执谦与士相比，如此也体现出助主人行礼的意思。

乡射礼中州长会民习礼乐，主人是上士，宾、众宾为州中处士贤者，若大夫前来观礼，宾用公士，大夫的爵位尊贵，明显超出其他人员。大夫自相为礼，无法很好体现乡射精神。大射仪为君礼，辨尊卑，与乡射礼会民习礼乐性质不同，所以大射仪中大夫自相为耦。

抽绎这种精神就是，当尊者前来助礼，或活动本不为尊者而设，行事时尊者不宜自相聚合，而当与卑者配合，否则易有疏离别人的嫌疑，易喧宾夺主，与活动整个主旨精神不符。

2. 推辞逾贤者的待遇

大夫辞重席，不以己尊加贤者。

《仪礼·乡射礼》曰："主人实爵，席前献于大夫。大夫西阶上拜，进，受爵，反位。主人大夫之右拜送。大夫辞加席，主人对，不去加席。"

郑玄注云："辞之者，谦不以己尊加贤者也。不去者，大夫再重席，正也。宾一席重。"②

---

① 按：敖继公以众宾指堂上三宾长，非是。
②《仪礼注疏》卷十一，第995页。

前来观礼的大夫入序升堂后,主人向大夫献酒,有司在尊的东边为大夫设席,大夫受爵升席前,辞去坐席上面的一层加席,主人对此回应,不为大夫彻去加席。郑玄对大夫"辞加席"之仪的解释是:按仪制,大夫再重席为正,故有司设两层席,然而宾席是一层,大夫由此自谦,不欲使自己的尊贵超过贤者,所以辞去加席,以示对宾的敬意。

《记》曰:"若大夫与,则公士为宾。"宾在这里是贤者,身份是在官的士,大夫来助主人乐宾,纵使爵位尊贵也不流露出理所当然的情态,而是考虑到在场的宾,通过辞去优越于对方的标准,以示对贤者的礼敬,对会民习礼乐活动的敬重。尽管这种请求并不会真正被实行(若诸公在时,大夫会把加席卷起来放在席的北端,但主人不会使人把它彻去)。

概括而言,这反映出非正当礼的尊者,前去助主人为礼时,通过示意辞谢高于在座贤者的待遇来表示自己的谦敬之情。

(二)亲敬卑下不自别异

明辨尊卑无疑是礼事活动的基本特征。例如《礼记·射义》曰:"故燕礼者,所以明君臣之义也。乡饮酒之礼者,所以明长幼之序也。"《礼记·乡饮酒义》曰:"主人亲速宾及介,而众宾自从之。至于门外,主人拜宾及介,而众宾自入,贵贱之义别矣。三揖至于阶,三让以宾升,拜至,献酬辞让之节繁。及介,省矣;至于众宾,升受、坐祭、立饮,不酢而降,隆杀之义别矣。"

然而《乡射礼》无算爵旅酬阶段,以及《乡饮酒礼》主人献介仪节中分别出现了尊者为亲下敬宾,不以己尊殊别对方的情境。

1.众欢之时不孤人

旅酬阶段,堂上酬堂下时,不再使执觯者酌酒。

《仪礼·乡射礼》曰:"无算爵。使二人举觯。宾与大夫不兴,取奠觯饮,卒觯,不拜。执觯者受觯,遂实之。宾觯以之主人。大夫之觯,长受,而错,皆不拜,辩,卒受者兴,以旅在下者于西阶上。"

郑玄注云:"不使执觯者酌,以其将旅酬,不以己尊孤人也。执觯者酌,在上辩,降复位。"①

这是记乡射礼无算爵阶段堂上堂下行旅酬的仪节。司正命前时向宾、大夫进献酬酒的二人升堂,负责执觯酌酒②。宾、大夫举起前时放在脯醢右边的觯饮干,二人受觯斟满,宾之酒觯授给主人;大夫酒觯授给三宾长中的长者。主人饮毕,次宾受,宾长饮毕,次大夫受,宾与大夫相错而酬。直到堂上之人全部受酬。最后接受酬酒的两个人起身,站立在西阶上开始向堂下众宾和主人的属吏献酬酒。

郑玄首先解释了堂下也是依次交错相酬,堂上众宾中的最后受酬者饮毕,自行酌酒,然后授给主人赞者中的最长者;大夫中的最后受酬者饮干,自行斟满后授给堂下众宾年纪最长的人。如果最后受酬者都是众宾,则先酬主人之赞者,若皆大夫,则先酬宾党。

其次郑玄指出无论以上哪种情况,堂上的最后受酬者开始酬堂下之人时,不再使执觯者酌酒,而是自行斟满,执觯者在堂上相

---

① 《仪礼注疏》卷十三,第1008页。
② 按:"使二人举觯",郑玄注云:"使之升,立于西阶上。宾与大夫将旅,当执觯也。"是司正命二人升堂,立于西阶上,负责宾、大夫饮后的执觯酌酒事务。宾、大夫拿起先前放置在脯醢右边的觯,饮毕授给二人,二人斟满再授给受酬者,如此直至堂上行酬酒完毕。所以这里"使二人举觯"是指将行之事,并非如无算爵发端时洗觯献酒。

酬完毕后,即下堂复位。之所以如此的情理依据在于:乡射至此开始行旅酬环节,即以次序递相劝酒,《乡饮酒礼》注云:"凡旅酬者,少长以齿,终于沃盥者,皆弟长而无遗矣。"是由上逮下遍得惠。宾、大夫之间交错行酬,执觯者受觯酌酒,是敬尊者之义;当堂上行酬完毕,将及堂下众宾、主人之赞者时,最后受酬的宾、大夫若仍使执觯者酌酒,以此来与堂下受酬者为礼,在尊上恩惠及于下人时,如此行事有自我尊显的嫌疑,这与行旅酬的精神不符,故最后受酬的宾、大夫亲自酌酒授给堂下接受酬酒的人,不因自己位尊而轻贱他人。而且执觯者本是主人之吏,亦在受酬的主人之属行列,接下来也按其长幼依次受酬,所以在这种情形下,堂上宾、大夫相酬完毕不应再使执觯者斟酒。

《乡饮酒礼》仅记有"无算爵"三字作为标目,对该环节的具体礼仪没有记载,可以《乡射礼》无算爵旅酬之法补充。《乡饮酒礼》立司正后,宾举觯酬主人,这是初起旅酬,此时仅遍及堂下宾党,主人之赞者不参与,《乡饮酒礼·记》标明等到无算爵阶段行旅酬时,宾、主人之党皆得相酬,其行酒之仪也应是堂上酬堂下者时不再使执觯者酌。道理则相同。从无算爵旅酬整体看,从堂上最后饮觯者酬堂下者开始,都是受酬者饮干自行斟酒,而后授给下一位受酬者。这里面蕴含的礼义精神即郑注所云。

2. 降尊就卑

主人献介,礼下就卑。

《仪礼·乡饮酒礼》曰:"主人实爵介之席前,西南面献介。介西阶上北面拜,主人少退。介进,北面受爵,复位。主人介右北面拜送爵,介少退。"

郑玄注云："主人拜于介右，降尊以就卑也。"①

这是记乡饮主人献介的礼仪。主人与宾行一献礼完毕，开始向介献酒，介席设在西阶上，朝向东；主人在介席前，面朝西南献介，介在西阶上面朝北行拜受礼，主人稍退以示避让；介进至席前受爵，然后又回到西阶上。主人来到介的右边，面朝北行拜送礼。

根据郑玄的解释：主人前往介的右边行拜送礼，是降尊往就卑。一般而言，主人献宾客酒，除升席行礼外，宾主要围绕西阶开展礼仪，而主人则以阼阶为自己位处。如主人献宾时，宾受爵返回西阶，主人则回到阼阶上行拜送礼。相比献宾，献介时主人在进西阶行拜送礼，介拜既爵，主人也在西阶上回礼。这些都并非是宾、主正礼的仪节。而是体现了"降尊以就卑"的礼义精神。

《乡饮酒礼》主人离开阼阶前往西阶"将尊以就卑"不仅体现在上文的主人献介环节，介回敬主人，以及主人献众宾亦是。

《仪礼·乡饮酒礼》曰："介西阶上立。主人实爵，酢于西阶上，介右坐奠爵，遂拜，执爵兴。介答拜。主人坐祭，遂饮，卒爵，兴，坐奠爵，遂拜，执爵兴。介答拜。主人坐奠爵于西楹南，介右再拜崇酒。介答拜。"②

《仪礼·乡饮酒礼》曰："主人揖升，坐取爵于西楹下，降洗，升实爵，于西阶上献众宾。众宾之长升拜受者三人。主人拜送。"

郑玄注云："于众宾右。"③

---

① 《仪礼注疏》卷九，第984页。
② 《仪礼注疏》卷九，第984页。
③ 《仪礼注疏》卷九，第984页。

其次,《乡射礼》中主人献大夫,大夫回敬主人,以及主人献众宾,主人皆"将尊以就卑",离开阼阶前往西阶行礼。主人与大夫献酢礼如下。

《仪礼·乡射礼》曰:"主人实爵,席前献于大夫。大夫西阶上拜,进受爵,反位。主人大夫之右拜送。"①

《仪礼·乡射礼》曰:"大夫授主人爵于两楹间,复位。主人实爵,以酢于西阶上。坐奠爵,拜,大夫答拜。坐祭,卒爵,拜,大夫答拜。主人坐奠爵于西楹南,再拜崇酒,大夫答拜。主人复阼阶,揖降。"②

乡射礼主于射事,不设介,仅宾与众宾,若有遵者前来观礼,则待以介礼。大夫席位在堂上尊的东边,与宾夹尊,主人斟酒进至大夫席前献,大夫西阶上行拜受礼,至席前受爵,然后返回西阶上,主人则前往西阶,在大夫右侧行拜送礼。大夫饮主人献酒后回敬主人,如《乡饮酒礼》介酢主人,实也是主人自酢,主人拜受礼、拜既爵、拜崇酒皆在西阶上。主人献众宾长之仪如下。

《仪礼·乡射礼》曰:"主人揖升,坐取爵于序端,降洗,升,实爵,西阶上献众宾。众宾之长升,拜受者三人。主人拜送。"
郑玄注云:"送拜爵于众宾右。"③

同于《乡饮酒礼》主人献众宾,众宾长三人先依次升堂拜受酒,郑玄指出主人在众宾右侧行拜送礼。

---

① 《仪礼注疏》卷十一,第995页。
② 《仪礼注疏》卷十一,第995页。
③ 《仪礼注疏》卷十一,第995页。

综上，主人献宾后，与次宾、众宾行饮酒礼，皆往就西阶上，郑玄指出这是"降尊以就卑"之义，理解该礼义关键在于"就"字，"就"即俯就的意思，降格相就，有主动亲近的意味，所以这里的屈尊下从，是为了表示对次宾、众宾的一种礼敬。这里面的情理是：主人与宾是行敌礼，正因为互相可伉礼，所以各自依从本来的仪节即是礼的体现和敬的蕴藉。对于前来的次宾、众宾，他们地位低于宾，礼仪简省，在这样的前提下，活动又有尊宾的意味在里面，所以，主人往就他们的位处，更突出的是一种礼敬。也就是说，次宾、众宾终究不可能如正宾之仪，不若尊者俯就，这样不仅符合殊别宾党的礼仪需要，又显出主人的亲敬而不疏离。质言之，这是简省中蕴藉着的一种礼敬。

但并非所有宾、主西阶上行礼，都是降尊就卑之义，如《燕礼》《大射仪》主人与宾献酢皆西阶，是因为公在阼阶，宾、主皆是臣下。而《聘礼》还玉，使者与大夫在西阶也是因为皆臣，不在阼阶。所以凌廷堪《礼经释例》"凡宾、主礼，胜者专阶，不胜者不专阶"①这条礼例从行礼同异来看没有问题，但不专阶各自的原因却不相同。若《乡饮酒礼》《乡射礼》，主人往就西阶称"不胜者不专阶"似乎欠妥，次宾、众宾虽确不是礼盛者，但主人往就，更是突出一种尊敬。而不是次宾、众宾礼杀，不够专阶，主人才前往，这就成为一种降杀。相较，以下两例则是不专阶的降杀。

《仪礼·特牲馈食礼》曰："主人降阼阶，西面拜宾如初，洗。宾辞洗。卒洗，揖让升，酌，西阶上献宾。宾北面拜受爵。主人在右，答拜。"

---

① ［清］凌廷堪著，彭林校点《礼经释例》，第48—49页。

郑玄注云:"就宾拜者,此礼不主于尊也。宾卑则不专阶,主人在右,统于其位。"

　　贾公彦疏云:"云'就宾拜者,此礼不主于尊也'者,案《乡饮酒》《乡射》宾、主献酢,各于其阶,至酬乃同阶。此因祭如初,宾非为尊之,所尊者,谓尸也。又宾是士家有司,卑,不得专阶,故就之使不得专阶也,对《乡饮酒》《乡射》得专阶也。"①

这是主人向宾献酒的仪节,主人前往西阶上献宾,站在宾的右边。《特牲馈食礼》主人是士,宾是主人属吏有司,庙中尊者是尸,有父道。宾辅助主人侍奉尸,礼仪规格与介礼相似。

　　《仪礼·有司彻》曰:"主人酌,献侑。侑西楹西,北面拜受爵。主人在其右,北面答拜。"

　　郑玄注云:"不洗者,俱献,闲无事也。主人就右者,贱不专阶。"②

这是主人向侑献酒的礼仪,主人前往西楹柱的西边,站在侑的右侧献酒。主人向尸献酒时,尸在西楹西,主人在东楹柱东边,这是因为侑地位卑下,不独占西阶位处。

(三)宾谦不独居堂上

宾是活动中的正当礼者,得盛礼,然而在"谦敬"主旨下,宾也不自尊别。这种情况一般出现在宾之外还有地位更尊贵者,或宾与众宾各有修业德行时。

---

① 《仪礼注疏》卷四十五,第1186页。
② 《仪礼注疏》卷四十九,第1209页。

《仪礼·乡饮酒礼》曰:"主人揖,降。宾降,立于阶西,当序,东面。"

郑玄注云:"主人将与介为礼,宾谦,不敢居堂上。"①

这是记乡饮酒礼主人将献介时的礼仪。主人向宾进献酬酒,宾奠觯不饮,至此宾、主一献之礼完备;主人向宾行揖礼,示意自己将先下堂,而后降堂,宾则也跟随主人下堂,在西阶西当西序处面朝东站立。

郑玄对"宾降"之仪的解释是:主人与宾礼成后,接下来要揖请庭中的介升堂行礼,宾虽地位高于介,但也执谦降立,不高居堂上,以示谦敬之情。相同的道理,主人献介完备以后,将与众宾行礼,此时介也降堂,站立在宾的南边。

《仪礼·乡射礼》曰:"主人揖降。宾降,东面立于西阶西,当西序。"

郑玄注云:"主人将与众宾为礼,宾谦,不敢独居堂。"②

这是记乡射礼主人将献众宾时的礼仪。乡射礼无介,献宾以后即献众宾。如上述乡饮主人献宾程式一致,宾奠酬酒不举,主人向宾行揖礼,而后下堂。宾跟从降下,在西阶西当西序处面朝东站立。主人将与众宾升堂为礼,宾已受献暂无事,而堂上为尊,是宾谦敬不独自高居堂上,故降堂以待献众宾完备。

《仪礼·燕礼》曰:"宾降,立于西阶西。射人升宾,宾升,

---

① 《仪礼注疏》卷九,第984页。
② 《仪礼注疏》卷十一,第994页。

立于序内,东面。"

郑玄注云:"既受献矣,不敢安盛。"①

《仪礼·大射仪》曰:"宾降,立于西阶西,东面。摈者以命升宾。宾升,立于西序,东面。"

郑玄注云:"既受献矣,不敢安盛。"②

这是记燕礼、大射仪主人将献公时的礼仪。燕礼、大射君为至尊,宾、主由国君任命大夫担任。宾受主人献酒后回敬主人,主人饮毕拿着觯下堂,宾也随着下堂,站在西阶西边。

郑玄对"宾降"之仪的解释是:堂上是礼盛之处,宾已受献得敬,接下来主人将向君献酒,宾不敢自安盛礼,故降堂。这里与上文乡饮、乡射宾降堂之义实质相同,都是鉴于下面主人还要礼敬他人,自己不敢傲兀地高居堂上。只不过燕礼、大射的宾更尊贵,且公礼敬宾,所以宾降只是一个示意,并不真居堂下,公会命人请宾升堂,宾升堂后面朝东站立在序内。

概括而言,宾得献礼后,鉴于主人将接续与同侪或尊者升堂执礼,故不独自安享盛礼继续留在堂上,而是下堂就位,以示自谦不敢倨傲。抽绎这种精神就是,主人将与其他重要宾客行礼时,宾不独自居处在礼盛显眼正当礼的位置上。《开元礼》《明集礼》该仪节设定依旧沿袭这种精神。

(四)卑者面尊不于同伦中自区别

卑者一起面见尊者时,即使里面略有身份高下,也不宜于同伦

---

① 《仪礼注疏》卷十四,第1017页。
② 《仪礼注疏》卷十七,第1032页。

之中自我尊别,这种不自我尊异是谦敛的体现。若实有需要,尊者自会主动给予区分。

> 《仪礼·聘礼》曰:"摈者出请事。上介特面,币如觌。介奉币。皮,二人赞。"

> 郑玄注云:"'特面'者,异于主君,士介不从而入也。君尊,众介始觌不自别也。上宾则众介皆从之。"①

这是记上介私面所聘国之卿的礼仪。介等随使者前来慰问邻国卿,使者先持聘君之币问卿,而后行私面礼,使者行事完毕,上介单独以私礼请求面见,币和私觌国君一致。

郑玄对上介"特面"之仪的解释是:这里上介请求单独见卿,士介不随上介入,与众介私觌主国君时不同。私觌主国君,是上介、士介一起执礼物请求面见。原因在于国君至为尊贵,众介仅是使者的辅助者,地位卑下,不应再自我尊别,让尊者礼遇自己,宜一起拜见国君致意。故众介一起请求,后主国君为了表示对上介的尊敬,还是对此表示推辞,上介接受命令,再次单独进入。

对众介私觌主国君,仪节见下。

> 摈者出请。上介奉束锦,士介四人皆奉玉锦束,请觌。摈者入告,出许。上介奉币、俪皮,二人赞。皆入门右,东上,奠币,皆再拜稽首。摈者辞,介逆出。……上介奉币,皮先,入门左,奠皮。公再拜。介出。……摈者又纳士介。士介入门右,奠币,再拜稽首。摈者辞,介逆出。②

---

① 《仪礼注疏》卷二十二,第1064页。
② 《仪礼注疏》卷二十一,第1058—1059页。

使者私觌国君后,上介、士介各执礼物一起请见,公同意,上介等依臣礼从门的右侧进入行礼,摈者领君命对以臣礼来见推辞,介等退出。随后上介先以客礼单独入见,士介等一起仍用臣礼见。

抽绎而言,为礼双方尊卑差异较大时,卑者一方内部虽然也可能有尊卑差异,但不宜自我区别,而当一起行事。

(五)尊者不以己尊枉正罚

《乡射礼》《大射仪》第二番射,根据数算结果,行罚爵,饮不胜者。这里面有很多仪节。(一)胜者袒、决、遂,执张有弦的弓;不胜者皆袭,脱去决、遂,两手横握着释弦之弓的弓弣。意胜者"能用",不胜者"不能用"。(二)饮酒时,胜者先升,不胜者升堂后进至丰前,左手执弓,右手执觯,退后站立饮干,再把觯放置在丰下边的地上。下堂时不胜者先降。以上是三耦和众耦的礼仪。

射礼中的尊者则不同,他们若是不胜者,重耻尊者,故会省去一些仪节,但即使如此,在饮罚酒环节也不能规避罚爵。

《仪礼·乡射礼》曰:"宾、主人、大夫不胜,则不执弓。执爵者取觯,降洗,升实之,以授于席前。受觯,以适西阶上,北面立饮。卒觯,授执爵者,反就席。大夫饮,则耦不升。"

郑玄注云:"受罚爵者,不宜自尊别。"[1]

《仪礼·大射仪》曰:"若宾、诸公、卿、大夫不胜,则不降,不执弓,耦不升,仆人师洗,升实觯以授。宾、诸公、卿、大夫受觯于席,以降,适西阶上,北面立饮,卒觯,授执爵者,反就席。"

---

[1]《仪礼注疏》卷十二,第1003页。

郑玄注云："虽尊亦西阶上立饮，不可以己尊枉正罚也。"①

宾、主人、大夫，或诸公卿大夫，不胜：其士耦不升，不执弓，诸公卿自相为耦亦不降席，盥洗酌酒由执爵者代劳，席前或席上受酒，不亲自在丰上取，且饮毕后授觯给执爵者，亦不亲自放归。

但是，尊者亦西阶上立饮。丰设在堂上西楹柱的西边，当西阶，三耦及众耦胜者升堂即西阶上稍东的位置，不胜者在其西，此相饮之位。

枉，曲。正，是。郑玄解释是：作为受罚爵者，不可因己身份尊贵，就区别于人，曲罚爵本有的样子。故尊者亦前往西阶站立饮酒。

这种精神在公为不胜者时也有一定体现。《大射仪》公为至尊，若公为不胜者，侍射的宾不敢依照罚爵之饮礼，而依从致爵之礼，此乃尊君之义。但这里仍异于《燕礼》致爵常礼，而实际是"夹爵"。所谓"夹爵"，即宾先酌自饮，再酌酒致君，公饮后，宾复酌自饮一杯。见下。

若饮公，则侍射者降，洗角觯，升酌散，降拜。公降一等，小臣正辞，宾升，再拜稽首，公答再拜。宾坐祭，卒爵，再拜稽首。公答再拜。宾降，洗象觯，升酌膳以致，下拜，小臣正辞，升，再拜稽首。公答再拜。公卒觯，宾进受觯，降洗散觯，升实散，下拜，小臣正辞，升，再拜稽首。公答再拜。宾坐，不祭，卒觯，降奠于篚，阶西东面立。摈者以命升宾，宾升就席。②

---

① 《仪礼注疏》卷十八，第1040页。
② 《仪礼注疏》卷十八，第1040页。

之所以行夹爵之礼,如郑注所云"亦所以耻公也"。由此可见,虽然国君饮罚酒不依从罚爵之礼,但依然以夹爵的形式行罚爵之义。

三、承宠尚急

承宠尚急,是礼仪进程中节奏处理的一个法则。"渐进"是礼仪开展的基础,讲求循序渐进,不疾来疾往。《礼记·儒行》曰:"儒有衣冠中,动作慎。其大让如慢,小让如伪;大则如威,小则如愧。其难进而易退也。粥粥若无能也。其容貌有如此者。"郑玄注云:"'如慢''如伪',言之不愊怛也。"但在一定情况下,具有"成礼""相敬"标志意义的仪节须及时做出。这并不是尚促速。一般有以下几种情况:(一)特殊的情谊。(二)特殊的尊宠。(三)殷勤盛意。也就是说,对方表达的情感是加强的,是较为直接有效的情感交流,带有即时表达充沛感情的需要。如此,执礼双方间就出现了不平衡性,正是因为不平衡,所以要出现快速承接义含的仪节。抽象来说,这个急速的行为就是平衡的一种调节。反过来,如果依然徐徐以为礼,辞貌宽缓,会显示出倨傲,是一种失礼。那这种失礼的行为背后就是因为在出现不平衡状态后,接受者没有通过情貌动作回馈以达到新的平衡点。

(一)聘问之礼

远道而来的宾和东道主是礼仪的正宾、正主,宾在拜见尊者后,还将访问主国其他人员,这些人员对于宾的情谊应有承应之义。因为宾专诚拜访是一种特别的情意和敬重,其情理是热情用心,接受者面对这样的执礼改变"渐进"这种相对绵长舒缓的态势,用急速来与施授方达成新平衡性。

1. 先成敬再行觌

《仪礼·聘礼》曰:"宾奉束锦以请觌。摈者入告,出辞。请礼宾,宾礼辞,听命。摈者入告。"

郑玄注云:"客有大礼,未有以待之。"①

聘礼的仪节,使者向主国君和夫人行聘享大礼,再请行"觌礼",即公事完毕,向主国君私表欢敬之心。主国鉴于受大礼而尚未款待宾客,故推辞使者请求,先行醴宾之礼。按照郑玄的解释,使者远道而来,行聘享大礼,应先有礼敬之礼,接收使者私敬为缓。

2. 自公退速即劳宾

《仪礼·聘礼》曰:"币之所及,皆劳,不释服。"

郑玄注云:"以与宾接于君所,宾又请有事于己,不可以不速也。"②

这是记主国卿大夫慰劳使者的仪节。使者与主国君行聘享礼之后,在退出时请求拜访主国卿大夫,主国君稍加推辞后同意。卿大夫知道自己将要被使者慰问的,都要先前往使者馆舍慰劳,连朝服也来不及脱下。

郑玄对此的解释是:卿大夫既然已经随国君参与了行聘大典,已经与使者有了交接,使者又提出了将要礼敬自己,自己不应拖延,当迅速地与相应人员一同前往慰劳。

---

① 《仪礼注疏》卷二十一,第1057页。
② 《仪礼注疏》卷二十四,第1074页。

3. 急见公所已接之宾

《仪礼·聘礼》曰:"宾朝服问卿。卿受于祖庙。下大夫摈。"郑玄注云:"无士摈者,既接于君所,急见之。"①

这是记使者携带聘君之币问主国卿的礼仪。使者向主国君行聘享礼结束后,提出慰问卿的请求,使者前来拜访时,卿在祖庙接待使者,使下大夫做摈者。

主国君与使者行聘时,设有上摈、承摈、士摈,用以传命。这是行事渐进,不敢简略唐突,以示对来聘者的尊敬。这里卿仅设一位摈者,而没有士摈,郑玄的解释是:此前卿已随从君在庙参加了聘享大礼,隆盛的交接之义已备,使者现今到来,应行事简易,快速接见。

(二)献酬之礼

1. 继尊者受敬示谦宜急

主人献君后酬宾,宾在主人开始酌酒时即行拜礼。

《仪礼·燕礼》曰:"主人酌膳,宾西阶上拜。"郑玄注云:"拜者,拜其酌己。"②

《乡饮酒》《乡射礼》主人酬宾的礼仪,主人给宾斟满酒,走到宾的席前面朝北站立时,宾在西阶上才开始行拜受礼;《燕礼》宾在主人为其斟酒时,则即先行拜礼,这是因为主人此时行酒,有代君劝饮之义,宾作为臣下急承君意,以示惶恐君恩隆盛,不敢自我安

---

① 《仪礼注疏》卷二十二,第1063页。
② 《仪礼注疏》卷十四,第1017页。

暇,如此是尊君自卑之义。《大射仪》此处仪节与《燕礼》同,郑玄未有注,不赘述。

抽绎而言,面对尊者的恩惠、礼遇、指令等,卑者应疾速承应,不当迟缓亵慢;与尊者为礼,不敢安闲。《礼记·曲礼》曰:"父召无诺,先生召无诺,唯而起。""诺"和"唯"皆应答之辞,称"唯"比"诺"更为恭敬,"诺"似宽缓骄慢,而"唯"则急切迅速,此是说对于父亲和老师的召唤,要答应即起身行动。这实质上也就是《燕礼》此条要表达的意思。

2. 拜崇酒尚疾

拜崇酒,是指主人拜谢宾客不嫌酒恶以充实口腹。主人向正宾、次宾献酒,受献者满饮,而后回敬主人;主人在饮酢酒后,"拜崇酒"。郑玄解释:崇,充也。主人这是在宾回敬的环节,向对方表达酒恶不成敬意,感谢对方以薄酒自相充盈。

> 《仪礼·有司彻》曰:"主人坐取爵以兴,次宾羞燔,主人受,如尸礼。主人降筵自北方,北面于阼阶上,坐卒爵,执爵以兴,坐奠爵,拜,执爵以兴。尸西楹西答拜。主人坐奠爵于东序南。侑升。尸、侑皆北面于西楹西。主人北面于东楹东,再拜崇酒。尸、侑皆答再拜。主人及尸、侑皆升就筵。"
>
> 郑玄注云:"不降奠爵于篚,急崇酒。"①

《有司彻》是大夫祭后傧尸,尸如正宾。这是记主人受尸酢酒拜崇酒时的礼仪。主人向尸献酒,接着向侑献酒,中间无其他酢酬仪节;尸在侑受酒后,回敬主人,主人饮干,把爵放在东序南端。

---

① 《仪礼注疏》卷四十九,第1209—1210页。

郑玄对"坐奠爵于东序南"的解释是：主人受尸酢酒之后，下个环节将是主妇向尸献酒，主人既然无事，而不直接下堂奠爵，是因为主人着急向尸、侑拜谢他们不嫌弃酒恶。

此时已经降阶的侑见主人不返回原位，知道将行礼，便再次升堂。侑与尸皆在西楹柱的西边面朝北站立。主人在东楹柱的东边，面朝北行再拜礼，以拜谢尸、侑以所献之薄酒来充盈口腹。

实际上，主人拜崇酒都是在饮酢酒之后，这牵扯到礼仪的两个基础原则，即前文所言"意旨确定"与这里的"盛情勿缓"。"意旨确定"，当一个礼事行为明确下来，这个仪节的当礼主、客方及礼仪行为的走向随即确定，其他任何人不可妨碍该程序仪节的礼仪归旨要求。如"主人献宾"，非主人不能抢夺主人之义，非宾也不能自领正宾之义；从主人开始洗爵献酒，叙述以主人为领起，宾不抢夺行文；从宾受酒开始，叙述以宾为领起，主人不抢夺行文；整体上，献酒一节，主人为领起，宾得献酒为重。"宾酢主人"，宾为领起，主人成宾礼为重。

"盛情勿缓"，当仪节酝酿的情势中出现盛礼或盛情的时候，在往来的节奏上就要有紧凑急速之意，并以此达到新的平衡。主人献宾环节，宾得献酒，先尝一尝，行拜礼告酒美，这是宾对主人献酒盛情的紧凑回应，故《礼记·乡饮酒义》曰"啐酒，成礼也"；而后宾前往西阶饮干，主人回礼答拜，整个仪节重在宾饮一事，即突出宾得主人献酒这一盛礼。主人不会在献酒环节，插入侧重自我表达的"拜崇酒"，要先请宾行完宾的仪节。宾回敬主人环节，主人得酢酒，先饮干，成宾之礼，而后对以恶酒充实宾腹示意。对于宾来说，啐酒告主人酒美为急；对于主人来说，成宾之心意之后，对宾告旨尽爵拜谢为急，故"拜崇酒"在宾酢主人时。

"急崇酒"之所以出注在《有司彻》,是因为《乡饮酒礼》主人受宾酢后,还要酬宾;主人受介酢后,还要献众宾,都将继续用此爵行事,不能把爵放置在堂下篚中,所以不需要突出不奠爵于篚而急崇酒之义,只要交代接下来还要做什么事情即可。相比而言,《有司彻》主人既饮无事,先崇酒后奠爵于篚,便要说明崇酒宜速不当缓慢。

3. 敬贤先辞洗

《仪礼·乡饮酒礼》曰:"主人对,宾坐取爵,适洗南,北面。主人阼阶东,南面辞洗。宾坐奠爵于篚,兴对。主人复阼阶东,西面。宾东北面盥,坐取爵,卒洗,揖让如初,升。"

贾公彦疏云:"此宾坐取爵,适洗南盥,坐取爵,卒洗,以此言之,则宾未盥,主人辞洗。案《乡射礼》盥讫将洗,主人乃辞洗,先后不同者,彼与乡人习礼轻,故盥讫乃辞洗,此乡人将宾举之,故未盥先辞洗,重之故也。若然,《乡射礼》内兼有乡大夫,即尊与州长同于盥后辞洗者,以其盥后辞洗是礼之常故也。"①

《仪礼·乡射礼》曰:"宾西阶前东面坐奠爵,兴,辞降。主人对。宾坐取爵,适洗,北面坐奠爵于篚下,兴,盥洗。主人阼阶之东,南面辞洗。宾坐奠爵于篚,兴对。主人反位。"②

宾酢主人,为主人洗爵,主人辞洗,《乡饮酒礼》主人在宾未盥洗前,即辞洗,而《乡射礼》则是宾盥洗后方辞洗。贾公彦疏认为这

---

① 《仪礼注疏》卷九,第983页。
② 《仪礼注疏》卷十一,第994页。

是由于前者是举贤,后者礼轻,故而主人辞洗急缓程度不同。

(三)侍奉尊者之礼

尊卑执礼,卑者不伉礼,或从属于尊者,这是一种态势。当尊者礼敬卑者时,相当于打破了正常态势的平衡性,卑者此时不敢怠慢,急速承应,把这个新动态拉到一个新平衡中,使尊者携就卑者达到和谐。反之,易有宽慢不敬的嫌疑,失礼便是礼的动态平衡被打破,不能有序和谐进行。

1.不俟尊者成礼

《仪礼·公食大夫礼》曰:"公壹拜,宾降也,公再拜。"

郑玄注云:"宾不敢俟成拜。"①

这是记主国君为小聘大夫举行食礼的仪节。宾用正馔三饭以后,公用侑币劝食,授束帛行拜送礼,刚拜了一拜,宾就赶忙下堂,这时公又拜了一拜。郑玄对公始一拜,"宾降"之仪的解释是:虽然公以客礼招待宾,但宾卑为臣,不敢等候尊者成礼,礼敬自己,故不待公拜送礼完毕,就先承顺而下阶,以示不敢当。

2.趋君命尚疾

《仪礼·燕礼》曰:"凡公所辞,皆栗阶。凡栗阶,不过二等。"

郑玄注云:"栗,蹙也,谓越等急趋君命也。其始升,犹聚足连步。越二等,左右足各一发而升堂。"②

此《燕礼·记》发凡起例。凡国君推辞臣堂下之拜,臣皆闻命

---

① 《仪礼注疏》卷二十五,第1082页。
② 《仪礼注疏》卷十五,第1025页。

栗阶而升。其法，始升，一足先至，另一足相随而并，此后是左右脚一足一级而升，但不能一步跨越两级台阶。平常之法，前足升阶，后足随上而并，每阶两足相随不相过，谓"连步"。比之"连步"，"栗阶"威仪简略，有尚疾之义，故郑玄注云"急趋君命"。栗阶虽蹙，但仍不失谨敬。

  《仪礼·聘礼》曰："公用束帛。建柶，北面奠于荐东。摈者进，相币。宾降，辞币。公降一等辞，栗阶升，听命。"
  郑玄注云："栗阶，趋君命尚疾，不连步。"①

这是记主国君醴宾的礼仪。公醴宾时用束帛致币，宾下堂表示不敢当，公下阶一级，辞降，宾迅速升堂，以示听命。

  《仪礼·公食大夫礼》曰："公当楣北乡，至再拜，宾降也，公再拜。宾西阶东、北面答拜。摈者辞，拜也。公降一等，辞曰：'寡君从子，虽将拜，兴也。'宾栗阶升，不拜。命之，成拜，阶上北面再拜稽首。"
  郑玄注云："栗，蹙栗也。不拾级连步，趋主国君之命。"②

这是记主国君为小聘使者举行食礼的礼仪。公与宾入庙升堂，公在阼阶上当屋楣的地方面朝北行拜至礼，感谢宾的到来。宾降阶下堂，公行再拜礼。宾在堂下西阶的东边回礼答拜。公下阶一级表示推辞，宾栗阶升。疾速听从主国君之命，亦不失谨敬。

---

① 《仪礼注疏》卷二十一，第1057页。
② 《仪礼注疏》卷二十五，第1080页。

3. 急谢见问之恩

《礼记·曲礼》曰:"君劳之,则拜。问其行,拜而后对。"

郑玄注云:"问行,谓道中无恙及所经过。"

孔颖达疏云:"'问其行,拜而后对'者,君若问其行道中无恙及游涉所至,则又拜,拜竟而起对也。先拜后答,急谢见问之恩也。"①

使者归国,国君若慰劳出使劳苦,使者拜谢国君。若国君又问起出使过程中的劳苦细节,这是国君的关怀,所以使者先行拜礼,表达感戴之情,拜后再回答。这里谢恩为急。

4. 侍奉尊者不安闲

《仪礼·士相见礼》曰:"若不言,立则视足,坐则视膝。"

郑玄注云:"不言则伺其行起而已。"②

臣子侍从君父,君父暂无言语时,此时若他站立,臣子则视尊者之足,若坐着,则视尊者之膝。这是等候尊者随时有行动起立,以便能够及时顾应。

《特牲馈食礼·记》曰:"设洗,南北以堂深,东西当东荣。水在洗东。篚在洗西,南顺,实二爵、二觚、四觯、一角、一散。"

郑玄注云:"二觚,长兄弟酬,众宾长为加爵,二人班同,宜接并也。"③

---

① 《礼记正义》卷四,第1259页。
② 《仪礼注疏》卷七,第977页。
③ 《仪礼注疏》卷四十六,第1191—1192页。

这是记《特牲馈食礼》器具陈设之法。篚中放二爵、二觚、四觯、一角、一散。郑玄对设"二觚"的解释是：长兄弟向尸献加爵，众宾长向尸献加爵皆用觚，这二人班同，事宜相接而有并行之时，故应设二觚。

这里提及的仪节对应经文是：

> 长兄弟洗觚为加爵，如初仪，不及佐食。洗致如初，无从。众宾长为加爵，如初，爵止。

> 郑玄注云："大夫士三献而礼成，多之为加也。不及佐食，无从，杀也。致，致于主人、主妇。"

> 贾公彦疏云："云'如初仪'者，如宾长三献之仪。但宾长献十一爵，此兄弟之长，加献则降，唯有六爵。以其阙主人、主妇致爵，并酢四爵，及献佐食五。唯有六在者：洗觚为加献，一也；尸酢长兄弟，二也；献祝，三也；致爵于主人，四也；致爵于主妇，五也；受主人酢，六也。"①

对于长兄弟和众宾长相接之事，曹元弼已经解说清楚，其云：

> 长兄弟更爵酢于主人时，其献尸之爵已奠于篚，众宾长即洗之为加爵，事相接，故当有二觚，必相接者尊尸，执事不敢自优暇也。②

以上即是承宠尚急的内容。它揭示了礼仪活动中回应尚疾这类情况多出现在对方给予殊加礼敬的情境。殊加礼敬，实质就是

---

① 《仪礼注疏》卷四十五，第1187页。
② [清]曹元弼《礼经校释》卷二十，清光绪十八年刻后印本，《续修四库全书》第94册，第512页。

一种动力注入后的新状态,这种状态具有不平衡性,所以疾速回应就是重新生成平衡态的一个手段。

四、正礼严明

正礼严明,是礼仪中程度处理的一个典型法则。正礼,就是端正、规正。在礼仪发展进程中,当可能出现混乱、无序状态的情境时,就要严肃、明确地端正礼仪,这个规正礼仪的行为就是维持礼仪平衡和谐的一个手段。

在礼仪开展中,仪节的设置既要保障情感随着礼的程式脉络而加深,又要符合法度不逾矩。对可能出现的混乱无序情境,都要预先防范,积极调整,这个规正礼仪的行为就是维持礼仪平衡和谐的一个手段。

《仪礼·公食大夫礼》曰:"宾北面自间坐,左拥簠粱,右执湆以降。公辞。宾西面坐奠于阶西,东面对,西面坐取之,栗阶升,北面反奠于其所,降,辞公。"

郑玄注云:"奠而后对,成其意也。"[①]

这是记宾食正馔三饭的礼仪。宾用加馔行礼完毕,不敢在堂上尊处食用,面朝北由正馔和加馔之间坐下,左手抱起公亲设的盛着粱饭的簠,右手端起大羹湆,而后下堂。公对此表示推辞。宾在西阶西边面朝西坐下,把手中的东西放在地上,起身面朝东回礼。然后再拿取,迅速登阶升堂,把它们放回原处,接着下堂推辞公亲临己食。

郑玄对宾"奠于阶西,东面对"之仪的解释是:宾先把粱饭和大

[①]《仪礼注疏》卷二十五,第1082页。

羹湆在阶下放置好,再与公答礼,是完成自己欲堂下饮食之意。换言之,对于公的推辞,宾还是要先完成该仪节,成卑者不敢当之义,然后再迅速听命。

《公食大夫礼》还记载了主国大夫为使者举行食礼的礼仪。在大夫相食时,宾不敢在尊处食用,故"宾执粱与湆之西序端。主人辞,宾反之",当宾拿着粱饭和湆前往西序南头时,主人推辞,宾于是返回原来位处。在这里,宾并没有真正把饮食放置地上,而是得主人推辞即返回。由公食、大夫食,使者应对之不同,可知,与尊者行礼,虽然尊者推辞卑者的谦敬,但卑者也完成该完成的仪节,完备该完成的义理,而后再听从尊者的命令。

《仪礼·燕礼》曰:"公有命彻幂,则卿大夫皆降,西阶下,北面,东上,再拜稽首。公命小臣辞。公答再拜,大夫皆辟。遂升,反坐。"

郑玄注云:"小臣辞,不升成拜,明虽醉,正臣礼也。不言宾,宾弥臣也。君答拜于上,示不虚受也。"[1]

《仪礼·大射仪》曰:"公有命彻幂,则宾及诸公卿大夫皆降,西阶下北面,东上,再拜稽首。公命小臣正辞,公答拜。大夫皆辟。升,反位。"

郑玄注云:"升不成拜,于将醉正臣礼。"[2]

这是记燕礼、大射诸臣"无算爵"环节的礼仪。活动进入行酒作乐不计次数的末尾阶段,公意殷勤,命彻去膳尊上的幂,以示大

---

[1]《仪礼注疏》卷十五,第1023页。
[2]《仪礼注疏》卷十八,第1043页。

家同饮必尽。宾和诸公卿大夫都下堂,在西阶下,以东为上位,面朝北依次往西排列站立,行再拜稽首礼。公命小臣(大射为小臣正)对此推辞,诸臣行礼后,公回礼答拜。大夫等避让不敢当。接着诸臣再次升堂返回各自席上坐下。

郑玄对此指出,在活动中,一般而言,臣子在堂下行再拜稽首礼,公使小臣推辞,若臣子已经行礼完毕,升堂后也应复行再拜稽首礼,以示自己在堂下还没有成礼,使君命不落空,礼成于尊者一方。在无算爵环节,诸臣得小臣推辞,堂下行礼完毕升堂后却没有如常例再次行礼。这是因为臣子之礼以下拜为正,该阶段是礼仪末尾,燕欢无计次数,此时臣子不升堂再拜,通过堂下成礼来昭示不因酒醉而乱君臣之伦,所以是在将醉时以规正臣下之礼。

将要醉时,就可能会出现无序混淆的状态,所以正臣礼就是手段,就是维持动态中的平衡,用正臣礼来维持平衡。

礼的动态平衡问题一直以来缺乏细致深入的探讨。礼仪行为和活动的动态性虽易于理解,但讲求情理的注入,促成礼仪推进开展则往往被忽视。而对于礼学中"以相变为敬"这个概念的分析尚不够充分。"礼以相变为敬"虽可借用为一类行为规范背后的理论依据,但仍旧是现象总结,不足够揭示问题本质。在动态注入一节,探讨重更端、殷勤厚意等概念,这些概念本身也是一些礼仪规范准则,在这之外,又如"摄盛""贵新""远辟""辄变"等也是动态注入的手段,只是在此未展开。在平衡态的维持上同样也存在上面提到的问题,这些维持平衡的方式自身也是礼仪规范的准则,但他们最终的目的和作用是平衡的维持。对于礼的动态平衡研究尚需继续系统和深化。

下编　礼的核心原则

　　本编探讨礼的核心原则，包括八个概念，与基本原则相比，它们统摄的范围要小，层级要低。依次涉及礼的协同共存、行动要旨、程式过程、形式标榜、意愿选择、伦类匹配、频次节律、劳逸侧重八个方面。

　　礼在区分的前提下，讲求人与人的相互保存有爱，这既是对具体行为的规范，同时更是对人的社会属性的把握，所以"相人偶为敬"在基本原则统摄下具有首要的位置。但礼不脱离有所尊尚的根本，实践性仍是其根本着力点，所以礼着重于区分判断事理的轻重缓急并有所树立，放置于社会生产生活实践，就是"贵重勤劳"，也即对贡献的标榜与维护，《周颂·载芟》所谓"有飶其香，邦家之光"，在礼有所作为的这个过程中，就存在一系列的程式如何开展、形式展现程度乃至如何表达、如何更好地使自己的意志意图适应实际，以及人员身份的匹配、行为活动的频次节律、人员权责分配等问题。

　　这些原则阐释了礼仪仪节背后的情理依据，是礼仪规范的基本理论，构建起礼的组织生成和运作所遵循的基础理论框架。

第三章　相人偶为敬

礼存在并体现于主客方的携同共存中。主、客方行礼的动作情貌应该是一种引导中的携同共进。这就要求执礼两方，或第三方在行事时能够兼顾这种共存性，礼仪不是孤立孤单的，它讲求互动、协同。郑玄对此总结为"礼以相人偶为敬"。

"相人偶"作为一个礼的基本原则，它的含义以往比较笼统，《古代汉语大词典》对"相人偶"的解释是"相互敬问致意"①，这个意见比较具有代表性，但对于郑玄创造的这个概念而言，则并不十分准确。

在《仪礼注》中，"相人偶"是郑玄针对主、客间揖让之礼这种情景出注的。一共有四处，有"相人偶""人之"两种表述。

《仪礼·聘礼》曰："公揖入，每门、每曲揖。"

郑玄注云："每门辄揖者，以相人偶为敬也。凡君与宾入门，宾必后君，介及摈者随之，并而雁行。既入，则或左或右，

---

① 徐复等编《古代汉语大词典》，上海：上海辞书出版社，2000年，第1559页。惠栋《九经古义·礼记下》："盖宾主揖让，互相亲偶，亲亲之意，亦如之也。"（阮元编《皇清经解》第4册，济南：齐鲁书社影印清道光学海堂原刻本，2016年，第979页）清臧琳《经义杂记·人偶》："盖尊异亲爱之意。"（阮元编《皇清经解》第3册，第151页）

相去如初。"

贾公彦疏云:"云'以相人偶'者,以人意相存偶也。"①

《仪礼·公食大夫礼》曰:"及庙门,公揖入。宾入,三揖。"
郑玄注云:"每曲揖,及当碑揖,相人偶。"②

《仪礼·燕礼》曰:"公揖卿大夫,乃升就席。"
郑玄注云:"揖之,人之也。"
贾公彦疏云:"言'人之'者,公将及升堂,故以人意相存偶,是以揖之,乃升。"③

《仪礼·大射仪》曰:"揖,以耦左还,上射于左。"
郑玄注云:"'以'犹'与'也。言'以'者,耦之事成于此,意相人耦也。"

贾公彦疏云:"云'言以者,耦之事成于此,意相人耦也'者,揖不须言'以',今云'以'者,必有义意,故郑云'言以者,耦之事成于此',谓成于此拾取矢,以其取矢后,一番了更无事,故云成于此,人意相存耦也。"④

《聘礼》使者来主国君之朝行聘享礼,使者进入门内,大门内等候的主国君揖请使者进入雉门,每走到一座门前,或每当要拐弯时,君与宾都要行揖礼。《公食大夫礼》与《聘礼》相同,也是阐明拐弯和

---

① 《仪礼注疏》卷二十,第1053页。
② 《仪礼注疏》卷二十五,第1080页。
③ 《仪礼注疏》卷十四,第1016页。
④ 《仪礼注疏》卷十七,第1036页。

当碑时的相揖①。在《燕礼》中,郑玄注释揖让之礼,是"人之也"。"人之"是一个概念,也是理解郑玄"相人偶"原则的关键节点。

《大射仪》这是记三耦取矢的仪节。上下射取矢完毕,走到箭架南侧,面朝北行礼,把三支箭插入腰间,一支箭挟在手里,与耦一起转身并排退下,上射走在左边。郑玄指出"以偶左还"之"以"是"与"的意思,射耦取矢至此完成,即将退下返回原来位置,所以行揖"相人偶",以对方之意相互携存。

在《礼记注》中,郑玄主要阐释"仁"之义即"相人偶",与人意相互存问就是仁的表现。

《礼记·中庸》曰:"仁者,人也,亲亲为大。义者,宜也,尊贤为大。亲亲之杀,尊贤之等,礼所生也。"

郑玄注云:"人也,读如相人偶之'人'。以人意相存问之言。"②

《礼记·表记》曰:"仁者右也,道者左也;仁者人也,道者义也。"

郑玄注云:"'右也','左也',言相须而成也,'人也',谓施以人恩也。'义也',谓断以事宜也。《春秋传》曰:'执未有言舍之者,此其言舍之何?人也。'"

孔颖达疏云:"'人也,谓施以人恩也',解经中'仁者,人也'。仁,谓施以人恩,言施人以恩,正谓意相爱偶人也。云'义也,谓断以事宜也',谓裁断其理,使合事宜,故可履蹈而

---

① 按:对宾、主揖让的仪节,《明集礼·县邑饮酒读律仪注》所记也很详细,可参。
② 《礼记正义》卷五十二,第1629页。

行,是'道者义也'。引《春秋传》者,此成十六年《公羊传》文。案彼称晋人执季孙行父,舍之于招丘。传云:'执未有言舍之者,此其言舍之何? 人也。'传称春秋诸侯执大夫,经不书'舍'。此执行父言'舍之招丘'何? 欲人爱此行父,故特言'舍之'。引之者,证人是人偶相存爱之义也。"①

仁是能够施与对方恩惠,这也就是与耦相爱。晋国人在招丘赦免了他们捉拿的季孙行父,这是仁的体现。赦免季孙行父之所以体现仁,是因为季孙行父是代替成公被捉拿,晋国对季孙行父赦免,就是施予德泽,与人意相互存问相爱,也就是仁了。

在《毛诗笺》中,郑玄用了"人偶"概念。"人偶"不同于郑笺里出现的"匹偶""相耦""揖偶""答偶""怨耦""嘉耦",以及"妃耦"。

《桧风·匪风》曰:"谁能亨鱼? 溉之釜鬵。谁将西归? 怀之好音。"

郑玄笺云:"'谁能'者,言人偶能割亨者。'谁将'者,亦言人偶能辅周道治民者也。"

孔颖达疏云:"'人偶'者,谓以人思尊偶之也。《论语》注'人偶','同位人偶'之辞;《礼》注云'人偶',相与为礼仪,皆同也。亨鱼小伎,谁或不能? 而云'谁能'者,人偶此能割亨者,尊贵之,若言人皆不能,故云'谁能'也。"②

《匪风》是诗人抒发思得贤人、辅周兴道之心情。《正义》云:"言谁能亨鱼者乎? 有能亨鱼者,我则溉涤而与之釜鬵。以兴谁能

---

① 《礼记正义》卷五十四,第1639页。
② 《毛诗正义》卷七,第383页。

西归辅周治民者乎？有能辅周治民者，我则归之以周旧政令之好音。"这即是"以人思尊偶之"。阮元《校勘记》云："'思'当作'意'。《聘礼疏》'以人意相存偶也'，'尊偶''存偶'与《中庸》正义之'相亲偶'，《表记》正义之'相爱偶'，《硕人》正义之'答偶'，皆一也。"①

以上材料，按郑玄注经次第，从《礼记》，至《仪礼》，再至《毛诗》，郑玄"相人偶"概念是明确且一以贯之的。

"相人偶"的"人"作动词，也就是《仪礼注》的"人之"，《毛诗笺》的"人偶"，即以仁爱之心待人，以敬爱之心待偶。这都是郑玄对《中庸》"仁者，人也"解释的具体再运用。"相"就是互相。

偶，同耦，《说文》："耒广五寸为伐，二伐为耦。"从耦字可见，偶，首先是两者，其次是相对，也就是对称、对等之意。所以《论语》注突出"人偶"为"同位之辞"，"证明'人偶'就是同位之人，他们在行礼的时候用同等的仪节，相互间以人意相存问或尊偶，即相互以待人之道相对待或相尊重"②。而"人"又突出与人相亲相敬的"仁"之意。

这里面存在三个问题须要注意：

（一）郑玄用"相人偶"之"人"解释《中庸》"仁者，人也"是一种思想礼义的创造。

（二）经过郑玄创造，"仁"的学说与"礼"的学说更好地交融。

（三）"相人偶"之"人"，另有经义依据，又不能全如钱大昕、王引之、阮元认为的人、偶同义③。正是因为"人"与"偶"在这里都有

---

① 《毛诗正义》卷七，第383页。
② 刘家和《先秦儒家仁礼学说新探》，《孔子研究》1990年第1期，第30页。
③ [清]钱大昕撰，杨勇军整理《十驾斋养新录》卷四，上海：上海书店出版社，2011年，第62页。

对应要突出的意含。故"相人偶"不简称为"相偶"。

"相人偶",就是与人意相互携存。从广义上说,在社会生活的方方面面,人不仅有个人意识,而要考虑到他人的存在,个人的言行都隐含预留着他人的位置,这就使我们做人做事时有仁爱之心,充满对他人的敬意。阮元《揅经室集》云:"凡仁必于身所行者验之而始见,亦必有二人而仁乃见。若一人闭户齐居,瞑目静坐,虽有德理在心,终不得指为圣门所谓之仁矣。盖士、庶人之仁,见于宗族、乡党;天子、诸侯、卿大夫之仁,见于国家、臣民。同一'相人偶'之道,是必人与人相偶而仁乃见也。"① 瞿同祖:"所谓仁,所谓恕,都是对人的,发生于交互行为中。仁字即从二人,仁即人与人相处之道。"②

从礼仪活动来讲,在主、客行礼时,主方敬宾,以宾意相存,宾根据主人之意做出反应。存偶指与对方动作相应,能根据别人的心理去做出相应的理解,乃至发出相应的动作。在有摈、介时,摈、介这个第三者面对一耦,要使行事兼顾该耦两人,使人偶之意相互能够存在。

鉴于这样的认识,该章共分为两节阐述,第一节主要侧重行礼过程中行动上的互动携同,这是一种直观上的"相人偶"体现,我们称之为"携同共存"。第二节在第一节基础上,阐述的是礼的顺达人心,也就是行礼人员在情感认知上的相互理解和成全,称之为"顺达人心"。如果说第一节反映内容更偏重行为动作,第二节则

---

① [清]阮元撰,邓经元点校《揅经室集》,北京:中华书局,1993年,第176页。
② 瞿同祖《中国法律与中国社会》,第309页。

更突出广义上的人与人相处。

第一节　携同共存

一、主、客以人意相存偶

在宾、主两人的正礼中,宾、主动作相应、行动相随,相互照顾,相互尊重。宾、主的揖让之礼上文已经叙述,在此不再重复。

(一)位置相应

就整个礼事活动来看,宾、主的空间位置具有相应性。如主人向宾献酒后,在阼阶上行拜送礼,因此,宾由筵前返回西阶站立,以就主人。

《仪礼·士昏礼》曰:"主人受醴,面枋,筵前西北面。宾拜受醴,复位。主人阼阶上拜送。"

郑玄注云:"宾复位于西阶上北面,明相尊敬。此筵不主为饮食起。"[①]

这是记婚礼主人向使者行醴礼的礼仪。大致过程是,使者行问名礼后出门,主人摈者请使者接受醴礼,布席设醴后,主人出门迎宾,宾、主进庙升堂;主人从赞者手中接过觯,使觯上枊的柄朝前,来到堂上户西宾席前面朝西北以等待授给宾,宾在西阶上行拜受礼,然后来席前受醴,接着回到原来的位置上。主人在阼阶上行

---

① 《仪礼注疏》卷四,第962页。

拜送礼。

郑玄对于宾"复位"仪节的解释是：宾席前受觯复位于西阶上，是表明对主人的尊敬，因为主人席前献觯后，回到在阼阶上行拜送礼，所以宾先返回西阶上，这是一种相互尊敬，待赞者进脯醢时，宾就席。

当设席重行礼，不专为饮食起时，仪节突出的是贵礼轻财之义。故郑玄《乡饮酒礼》注宾西阶上尽酒是"明此席非专为饮食起"。《礼记·乡饮酒义》曰："啐酒，成礼也。于席末，言是席之正，非专为饮食也，为行礼也。此所以贵礼而贱财也。卒觯，致实于西阶上，言是席之上，非专为饮食也。此先礼而后财之义也。先礼而后财，则民作敬让而不争矣。"

对于郑玄在《士昏礼》此处揭示出的宾受觯后返回西阶的礼仪，实则是《仪礼》献酒礼仪中宾、介（次宾）行礼的通例。

在非专为饮食而设的饮酒礼仪中，主人向宾献酒，宾席前受爵后，返回西阶上，主人阼阶上（《燕礼》《大射仪》则西阶）拜送，如此宾与主人相互尊敬。抽绎这种精神，即是宾与主人之间的一种相敬相亲，一种执礼行动中的相存，《开元礼》《明集礼》沿用这一仪节精神。

《仪礼·公食大夫礼》曰："公立于序内，西乡。宾立于阶西，疑立。"

郑玄注云："不立阼阶上，示亲馈。不立阶上，以主君离阼也。"①

这是食礼为宾设正馔的礼仪。公为宾设醯酱后，宾近前推辞，

---

① 《仪礼注疏》卷二十五，第1081页。

并把它移放到该放置的位置上。公面朝西在序内站立。宾在堂上西阶的西边面朝北站立。郑玄对此指出,公不在阼阶上站立,而近阼阶北边,这是因为宾的馈席在户的西边近北的地方,君在序内靠近北方,有亲自设馈监察的意思。而这时公既然不在阼阶上,所以宾也不敢在西阶上站立,故而在西阶西边站立。实质上这样公和宾也是一种"相人偶"。

(二)辞谢示情变动位处

《仪礼·乡饮酒礼》曰:"主人坐取爵,兴,适洗,南面坐,奠爵于篚下,盥洗。宾进,东北面辞洗。"

郑玄注云:"必进,东行,示情。"①

《仪礼·乡射礼》曰:"主人坐取爵,兴,适洗,南面坐奠爵于篚下,盥洗。宾进,东北面辞洗。"

郑玄注云:"必进者,方辞洗,宜违位也。"②

这是记主人为宾洗爵的仪节。主人取爵下堂,宾随之降阶,主人在阼阶下推辞宾的下堂,二人行礼完毕后,主人走到洗的北面,宾走到洗的南边,当西序的位置,面朝东站立;主人面朝南坐下,把爵放在篚下,盥手洗爵,宾向东走一段,面朝西北方向主人行礼,辞谢主人为他洗爵。

郑玄对于乡饮、乡射中宾近前就主人辞洗之仪的解释是:主人在当东荣处盥洗,宾在洗南,当西序处,宾向主人辞洗宜离开原来的位置,东行往就主人致意,表示对主人亲为自己盥洗情谊的

---

① 《仪礼注疏》卷八,第981页。
② 《仪礼注疏》卷十一,第994页。

谦敬。

同样,宾回敬主人,为其洗爵时,主人也离开自己站立的位置,进宾前,向宾辞洗。《乡饮酒礼》《乡射礼》,宾在洗的南边,面朝北为主人洗爵,主人在洗之东北面朝西而立,辞洗时主人向西走一点,面朝南辞洗。

> 《仪礼·燕礼》曰:"主人北面盥,坐取觚洗。宾少进,辞洗。主人坐奠觚于篚,兴对。宾反位。"
>
> 郑玄注云:"宾少进者,又辞,宜违其位也。"①
>
> 《仪礼·大射仪》曰:"主人北面盥,坐取觚,洗。宾少进,辞洗。主人坐奠觚于篚,兴对。宾反位。"
>
> 郑玄注云:"宾少进者,所辞异,宜违其位也。"②

抽绎而言,表示辞谢他人的服务时,宜行止有所变动,做出相就、相应和的趋向,不应在原位置不动。

(三) 行动相随

1. 主人答谢宾相随辛劳

> 《仪礼·乡饮酒礼》曰:"主人坐取爵于篚,降洗。宾降。主人坐奠爵于阶前,辞。"
>
> 郑玄注云:"重以己事烦宾也。"③
>
> 《仪礼·乡射礼》曰:"主人坐取爵于上篚,以降。宾降。

---

① 《仪礼注疏》卷十四,第1016页。
② 《仪礼注疏》卷十六,第1030页。
③ 《仪礼注疏》卷八,第981页。

主人阼阶前西面坐奠爵,兴,辞降。"

郑玄注云:"重以主人事烦宾也。"①

这是记乡饮酒主人盥洗献宾的礼仪。活动正式开始,先是宾、主一献之礼,主人将亲自盥洗向宾献酒,主人从筐中取爵,宾跟从主人降阶;主人见已事烦劳宾,故在阼阶前坐下,把爵放在地上,起身推辞宾随从自己下堂。概括而言,主方待客勤劳于事时,客方若随主人一同参与,主方辞谢客人的辛劳,以示敬重之意。

2.宾降主人不安位

《仪礼·士冠礼》曰:"宾降,主人降。宾辞,主人对。"
郑玄注云:"主人降,为宾将盥,不敢安位也。"②

《仪礼·乡饮酒礼》曰:"宾降洗,主人降。宾坐奠爵,兴辞。"
郑玄注云:"将酢主人。亦从宾也。"③

《仪礼·乡射礼》曰:"宾以虚爵降。主人降。宾西阶前东面坐奠爵,兴,辞降。主人对。"
郑玄注云:"将洗以酢主人。从宾也。"④

从饮酒礼来看,宾降堂盥洗,回敬主人,主人相随而降,这是尊敬宾的表现,也是"相人偶"的表现。《燕礼》《大射仪》此处皆同。

从整体来看,礼事行为活动中,无论是宾、主执礼,还是相涉

---

① 《仪礼注疏》卷十一,第994页。
② 《仪礼注疏》卷二,第952页。
③ 《仪礼注疏》卷九,第983页。
④ 《仪礼注疏》卷十一,第994页。

宾、主的事宜,宾、主每每相伴而随。在《乡射礼》主人献大师时,主人下堂为大师洗爵,"宾、介降,主人辞降",郑玄注云:"宾、介降,从主人也。"《乡饮酒礼》亦同,大夫不降,而宾随主人降。

(四)重请正宾

礼的设定有宾、主二方,本身就是"相人偶"的表现,所以从主人邀请宾起,就是"相人偶"环节的开始,此后宾、主执礼中的相互携同,就是整个过程。主人有重要礼事,邀请宾前来参加主持,宾的出席是助主人成礼,或倾情加盟,或鼎力相助,这些都是宾的盛情付出。宾、主共襄盛礼之间,主人的邀请是重要的一节。

主人亲自登门邀请正宾,郑重周详,是一种携同人意。如果主人不重视邀请,就不能很好地携同二者心意。邀请别人,而没有充分准备,不但是对宾的不尊重,更无法达成协同一致的目的。所以主人情谊对等地邀请宾加入,本身就是"相人偶"的最显著表现。

>《仪礼·士冠礼》曰:"乃宿宾。宾如主人服,出门左,西面再拜。主人东面答拜。乃宿宾。宾许,主人再拜,宾答拜。主人退,宾拜送。"

>郑玄注云:"'宿',进也。宿者必先戒,戒不必宿。其不宿者为众宾,或悉来或否。'乃宿宾'者,亲相见致其辞。"

>贾公彦疏云:"上据摈者传辞,宾出与主人相见。此经据主人自致辞,故再举宿宾之文也。"①

这是记冠礼前"宿宾"的仪节。此前,冠礼筮日之后,主人会去众宾家告知加冠的日期,邀请大家前来参加。等到举行冠礼前的

---

① 《仪礼注疏》卷一,第947页。

第三天（空二日），主家通过占筮从参加典礼的众宾中选择一位为子弟加冠的宾，选定后次日，主人前往宾家再次相邀，请宾届时前来，此即为"宿宾"。宾得摈者传报出门相迎，主人亲自致辞相请。

郑玄对经文再出现"乃宿宾"三字解释是：为子弟加冠的宾，是活动的正宾，众宾可来可不来，所以主人仅是在前时占得冠礼吉日时，告知日期并发出邀请，此后则不再前来相告。正宾的人选确定后，主人再次拜谒告请，须亲自面见致辞。这里突出的礼义精神是，若主方举办私人性质的隆重活动，对于正宾的邀请，主人须再次面见致意，不能像周知众宾那样仅通告日期即可。

《仪礼·特牲馈食礼》曰："宿宾。宾如主人服，出门左，西面再拜。主人东面答再拜。宗人摈曰：'某荐岁事，吾子将莅之，敢宿。'"

郑玄注云："荐，进也。莅，临也。言吾子将临之，知宾在有司中，今特肃之，尊宾耳。"①

诸侯之士祭祖祢。大夫士家祭三献，祭祀设宾，备三献之礼，宾在主人、主妇之后，向尸献酒。祭祀前三日（空二日）筮尸，次日主人前往尸处宿尸，使知祭日当来，宿尸完毕宿宾。宗人摈者致辞说："某将举行岁时之祭，吾子（宾）将莅临，谨前来再告请您。"

经文在此之前，筮日、筮尸环节皆不涉"宾"，这里宿宾，宗人摈者之辞则知宾在有司之内，筮日、筮尸皆在，即宾在主人的属吏中选任，知晓祭日当来，但今日仍然特意宿宾，再次告请宾祭日当来，是尊宾的表现。

---

① 《仪礼注疏》卷四十四，第1180页。

《少牢馈食礼》主人是大夫,有君道,宾是大夫属吏,大夫尊贵,不亲自宿宾,派遣他人告请宾。而《特牲馈食礼》主人虽知宾身为有司祭日必来,仍亲自宿宾,当面告请,这种不简省,表现了对宾的尊敬重视。

关于对邀请、请求的郑重之义,《穀梁传》中相关的论述,曰:

> 求者,请也。古之人重请。何重乎请?人之所以为人者,让也,请道去让也,则是舍其所以为人也,是以重之。夫请者,非可诒托而往也,必亲之者也,是以重之。①

古人非常重视请求这件事,因为请求使人摒弃了谦让的德行,这就放弃了人之所以成为人的准则,所以要对此事慎重。凡是属于请求的事,不可以假托于人,一定要亲自去做,如此才是对请求的敬慎。

如果把这种礼仪精神扩展开来,从邀请的一方来说,需要真诚主动前往请求,《孟子·滕文公下》曰:

> 阳货欲见孔子,而恶无礼。大夫有赐于士,不得受于其家,则往拜其门。阳货瞰孔子之亡也,而馈孔子蒸豚。孔子亦瞰其亡也而往拜之。当是时,阳货先,岂得不见?②

阳货欲见孔子,事见《论语·阳货》篇。阳货想让孔子拜访自己,便在探知孔子不在家时,馈送蒸熟的小猪给他,按礼大夫馈赠士礼物,士如果不能在家亲自接受,要前往大夫处拜谢,阳货以此

---

① 《春秋穀梁传注疏》卷十九,第2443页。
② [清]焦循撰,沈文倬点校《孟子正义》卷十三,北京:中华书局,1987年,第441—442页。

迫使孔子来见自己。孟子指出："古者不为臣不见。段干木逾垣而辟之，泄柳闭门而不纳，是皆已甚。迫，斯可以见矣。"孟子言魏文侯、鲁缪公有好善之心，段干木、泄柳拒之不见，有些过分了。求见迫切，是可以相见的。如果当时阳货先去拜访，孔子怎么会不见呢？所以，阳货以这样的方式让孔子去拜会，显然是不真诚的。

反过来，从被邀请一方来说，若主方缺乏真诚和礼貌，客方会认为这是一种失敬失礼的行为，也难以诚挚热情地应邀。《孟子·滕文公下》曰：

> 陈代曰："不见诸侯，宜若小然。今一见之，大则以王，小则以霸。且《志》曰'枉尺而直寻'，宜若可为也。"孟子曰："昔齐景公田，招虞人以旌，不至，将杀之。'志士不忘在沟壑，勇士不忘丧其元'，孔子奚取焉？取非其招不往也。如不待其招而往，何哉？且夫枉尺而直寻者，以利言也。如以利，则枉寻直尺而利，亦可为与？"①

齐景公以旌招虞人事，亦见于《左传·昭公二十年》，曰：

> 十二月，齐侯田于沛，招虞人以弓，不进。公使执之。辞曰："昔我先君之田也，旃以招大夫，弓以招士，皮冠以招虞人。臣不见皮冠，故不敢进。"乃舍之。仲尼曰："守道不如守官。"君子韪之。②

孟子的弟子陈代对于老师得不到礼请，就不去谒见诸侯的做

---

① ［清］焦循撰，沈文倬点校《孟子正义》卷十二，第409—411页。
② 《春秋左传正义》卷四十九，第2093页。

法表示困惑。孟子阐释其中道理:"请"要合义。古人非常重视礼请,对不符合礼的召唤不应承,齐景公用召唤大夫的旌去招呼管理猎场的虞人,虞人不前往,孔子是赞许的。虞人不得其招尚且不往,则君子不待其招而前去,这种汲汲相求算什么呢?也就是说若主方本没有相请,客方更无主动前往的道理。这同样说明了邀请和请求应恭敬慎重①。

二、相礼以人偶之意共存

若为两人相赞,第三方应同时兼顾二者,以二人为共存,这也是人偶共存之意的保障。质言之,与人意相存,不仅是当礼双方内部,第三方亦应如此。

(一)为射耦之事行止兼顾二人

按《乡射礼》《大射仪》记载,射事活动主要分为三番射,在每轮射箭开始前,乡射的司马、大射的司马师会命获者执旌负侯,即命唱获者拿着旌旗背对射靶而立,以此令射者见侯与旌,深有志于射中。随后三耦中的上耦即第一组的二人升堂待射,此时乡射的司马、大射的司马正升堂命获者执旌离开射侯,此称为"去侯",接下来即开始射箭。在司马、司马正为上下射命去侯时,他们堂上的行走、即位、退去的路线体现了"相人偶"之义。

射时所立之处称为"物","物"即"事"之义,意"君子所有事也",其制,以地上所画十字形为标记,纵画三尺,横画二尺,上下射各立一物,两物相距六尺,上射立右物,下射立左物。此是在州

---

① 按:不请自来,毛遂自荐,积极出仕辅助贤明,"随有求得"是另外一个问题。但《易·比》初六:"有孚比之,无咎;有孚盈否,终来有它,吉。"初六远在应外,而能亲比尊主,首先也是九五"有孚盈否",所以才能最终上下亲比。

学的序中举行,序堂后无室,物在两楹北边,上当屋栋处。若在乡学的庠中举行,物则设在两楹之间。

司马、司马正命去侯时站立在两物之间,也就是上下射之间,他们从西阶升堂后不是直接东行就位,退去时也不是直接西行降下,而是走了一个环绕上、下射的路线。

《仪礼·乡射礼》曰:"司马适堂西,不决、遂、袒,执弓。出于司射之南,升自西阶,钩楹,由上射之后,西南面立于物间。右执箫,南扬弓,命去侯。获者执旌许诺,声不绝,以至于乏,坐,东面偃旌,兴而俟。司马出于下射之南,还其后,降自西阶,反由司射之南,适堂西,释弓,袭,反位,立于司射之南。"

郑玄注云:"围下射者,明为二人命去侯。"

贾公彦疏云:"司马由上射之后立于物间,命去侯讫,物间南行,西向,适阶降,是其顺矣。今命去侯讫,乃围下射之后,绕下射之东南行,而适西阶去。若出物间西行,则似直为上射命去侯,是以并下射围绕之,明为二人命去侯也。"①

司马从西阶升堂,升堂后绕到西楹柱的北边,这就是经文所说的"钩楹",再折向东继续朝北走,郑注云:"以当由上射者之后也。"② 司马从上射的身后走到两物之间,面朝西南而立;右手握住"箫",即弓的末梢,左手握着弓弣,南面扬弓,命执旌背对射靶站立的获者"去侯",即离开射侯。获者拿着旌旗许诺,离开原地往西走,此间声音不断绝。走到设乏处,面朝东坐下,把旌旗放下,起身

---

① 《仪礼注疏》卷十二,第1000页。
② 《仪礼注疏》卷十二,第1000页。

待命。司马转身东行,从下射的南边走过,绕到下射身后,从西阶下堂。

郑玄对司马"出于下射之南"之仪的解释是:司马从下射南侧走过,绕其背后再折而向西下堂,是相当于围绕下射近似一圈。从司马的整个路线可看出,他从西楹柱北边朝北走向上射,绕上射身后走到两物之间,再由下射南侧走过,绕其身后往西走去,这样兼顾上耦两人,同时代表着司射是为上射、下射共同发出"去侯"的命令。

正如贾公彦疏所说,如果司马由两物间朝南走出,直接西行,从西阶降下,虽看似方便,却有忽视下射的嫌疑,下射得不到同等关注。司马由两物间朝南走出,转身东行,从下射南边绕到其背后,再折而往西,这样不偏不倚地圈绕了上、下射两人,为两人去侯的仪节更加完美细腻。

与《乡射礼》该处情况相同,《大射仪》司马师命获者执旌站立在射侯前,上耦二人升堂履物以等待射命,司马正走到次中,"次"即更衣处,脱下左臂的外袖,右手拇指套上决,左臂套上遂,左手拿弓,右手拇指钩住弦,走出次。司马正从西阶升堂走到下物处,郑玄注云:"适下物,由上射后东过也。"① 即司马正也是东行经上射背后走过,再向南走到两物之间,左手握弓,右手抓住末梢,向南举弓,命获者离开射侯,负侯者离开射靶前往乏处,应诺声一路不绝,声调开始高亢,至乏南边时随之低落。大侯获者服不氏把旌旗授给代自己唱获的人,其余二侯获者则如乡射唱获者仪节就位。司马正命去侯,退下时亦东行由下射南侧绕其背后,再折而向西,从

---

① 《仪礼注疏》卷十七,第1035页。

西阶下堂。司马正"出于下射之南"的礼义同于《乡射礼》,都是为了显明这是为上、下射共同去侯。经文见下。

《仪礼·大射仪》曰:"司马正适次,袒、决、遂,执弓,右挟之,出,升自西阶,适下物,立于物间,左执拊,右执箫,南扬弓,命去侯。负侯皆许诺,以宫趋,直西,及乏南,又诺以商,至乏,声止。授获者,退立于西方。获者兴,共而俟。司马正出于下射之南,还其后,降自西阶,遂适次,释弓,说决、拾,袭,反位。"①

以上是乡射、大射的第一番射,在他们各自的二、三番射中司马、司马师也要命执旌负侯,同时射前命去侯,只是经文简省掉了细致的表述,实际仪节却没有变化。司马、司马正命去侯的路线图依旧是"出于下射之南"。

综合以上情况,可以看出司马、司马正堂上命去侯所行之路线皆是西阶升堂,北行至上射之后,绕上射至两物之间,下堂时从两物之南出,东行至下射南侧,绕下射之后,再折而西行降堂。

郑玄对司马和司马正为上耦命去侯所走路线的礼义解读非常精微,当一种行事讯息针对两人发出时,讯息应能兼顾两者感受,对其中任何一方不忽视不简省,因而该行为才能显示出是同时为二人展开。否则便有孤立漠视、不尊重某一方的嫌疑。

经义的精纯切要在于能够深刻把握人的思想情性,遗憾的是,后世所谓自出新解者远没能达到郑玄的高度,却往往率意粗浅地进行了反驳。

---

① 《仪礼注疏》卷十七,第1035页。

(二)事涉宾、主汇报宜兼顾

当听取情况的两方非从属关系,且两人站位不相同,汇报者当有所兼顾。

> 《仪礼·特牲馈食礼》曰:"主人揖入,兄弟从,宾及众宾从,即位于堂下,如外位。宗人升自西阶,视壶濯及豆笾,反降,东北面告濯具。"

> 郑玄注云:"'东北面告',缘宾意欲闻也。"①

这是祭前视涤的准备阶段。主人揖请众人入庙,主人及兄弟在堂下东阶下就位,宾及众宾在西阶西边站立。宗人从西阶升堂,查看壶、敦、铏是否洗涤洁净,豆笾是否准备齐全,然后下堂,在西阶下面朝东北向主人报告。

郑玄对宗人"东北面告"之仪的解释是:宾作为被主人邀请来的助祭者,也将参与接神献尸,所以宗人禀告时不仅对着主人,也是顺应宾希望得知准备情况的心意。

> 《仪礼·聘礼》曰:"使者北面,众介立于其左,东上。卿大夫在幕东,西面北上。宰入,告具于君。君朝服出门左,南乡。史读书展币。"

> 郑玄注云:"'展',犹校录也。史幕东西面读书,贾人坐抚其币,每者曰'在'。必'西面'者,欲君与使者俱见之也。"

> 贾公彦疏云:"贾人当在幕西,东面抚之,亦欲使君与宾俱见之也。"②

---

① 《仪礼注疏》卷四十四,第1180页。
② 《仪礼注疏》卷十九,第1046页。

这是记临行前陈币交付使者的礼仪。出发的前一天黄昏，在君寝门外铺设幕布，把币按要求陈列在幕布上，使者面朝北站立在幕布的南边，众介站在他的左边。卿大夫面朝西站立在幕的东边。国君朝服到来，在幕的北边面朝南而立。史宣读礼物清单以核校。

郑玄对史"读书展币"进行补充阐释：史面朝西在幕东宣读清单，每读一件，贾人随即核校，若无误，则回答"在"。史之所以面朝西，是想要国君、使者皆能见。贾公彦疏文据此指出，贾人应在幕西，面朝东，如此也是要让国君和使者都能见到。

"礼以相向为敬"①，一般而言，行事在对方视野范围内，不背人是行礼的基本规范。聘礼中币的交付是一件很重要的事情，不能出现疏漏和差错，君、使者都非常审慎，所以这个问题就更加突出。在这种情况下，史和贾人清点核校礼物，须在君和使者视线范围内进行，这样尊者可自行监察观看，宜使尊者心安。

三、主、从以对方相存偶

从属关系在行事时也要相互兼顾对方之意，呈现出携同与呼应之意。

---

① 按："礼以相向为敬"这个礼仪规范准则本身也是"相人偶"的体现。《礼记·曲礼》："主人上于东阶，则先右足。宾上于西阶，则先左足。"郑玄注云："近于相向敬。"又《曲礼》："御国君，则进右手，后左手而俯。"孔颖达疏文云："礼以相向为敬。"即礼不背人。关于礼不背人，《仪礼》注疏皆有阐述，最明显的出现在《燕礼》《大射仪》中，因为这是君礼，威仪突出，故注疏亦随之强调。如司正还不背君，腾爵者酌酒不得背君，射者拾取矢，入次即位，皆毋周等等。此外贾公彦在《士丧礼》疏中发礼不背事之义，又在《既夕礼》疏中阐发"朝事当不背父母"之义。

主、从作为一个整体参与行事时，从属者与主引者之间携同相存。如两位大夫同司媵爵之事，君虽仅命一人来致酒，但二人一起行拜送礼。

《仪礼·燕礼》曰："小臣又请媵爵者，二大夫媵爵如初。请致者。若命长致，则媵爵者奠觯于篚，一人待于洗南。长致。致者阼阶下再拜稽首，公答再拜。洗象觯，升实之，坐奠于荐南，降，与立于洗南者二人皆再拜稽首送觯。"

郑玄注云："二人俱拜，以其共劝君。"①

《仪礼·大射仪》曰："小臣又请媵爵者，二大夫媵爵如初。请致者。若命长致，则媵爵者奠觯于篚。一人待于洗南。长致者阼阶下再拜稽首，公答拜。洗象觯，升实之，坐奠于荐南，降，与立于洗南者二人皆再拜稽首送觯。"

郑玄注云："二人皆拜如初，共劝君饮之。"②

这是主人献卿以后，公为卿举爵劝饮的礼仪。小臣向公请示由二位媵爵中的谁来致酒，公命其中的长者致酒，于是负责致酒者媵爵，另一人则待立于洗南；媵爵者洗象觯，升堂满酒，到公席前坐下，把觯放在脯醢的南边，然后降立阼阶下，与待立的另一人一起行再拜稽首礼。

郑玄对于两位媵爵者都行拜送礼的解释是，虽然公只命令具体一人来致酒，但由二大夫共同负责媵爵这件事是没有变的，既然同司其事，则不宜孤立同伴，孤立自己，而应该共同表达劝公饮酒

---

① 《仪礼注疏》卷十五，第1020页。
② 《仪礼注疏》卷十七，第1033页。

的心情,如此礼仪才会展现出和敬的气氛。

概括而言,两人或多人共同负责某事,若其中一人主行,或者众人次第行事,但协力之意当皆同。如此,既不使具体行事的人孤立,又显示出作为其同伴的诚敬心意,礼仪的整体感观也会更和美。

《仪礼·乡饮酒礼》曰:"主人揖,先入。宾厌介,入门左。介厌众宾,入,众宾皆入门左,北上。"①

宾率领介等前来参加活动,主人出门拜迎,向宾行揖礼请宾入庠,并先入门作前导。宾向介行厌礼,而后随入,介向众宾行厌礼,而后跟进。曹元弼云:"《乡饮》兴贤,贤者善于礼,《乡射》又习民以礼乐,故其仪有详于他礼者,宾厌介,介厌众宾,宾党自为礼,有相厉以礼,相引以德之意。"②宾党内部相厉相引,其实就是主、从关系中的"相人偶"之意。

对于该仪节,《明集礼·县邑饮酒读律仪注》记述比较详细,"主揖宾,宾报揖,赞引导主先入门左,西面立,宾之赞引唱,揖,宾揖介,介揖众宾,序行入门右,皆东面立,如门外之序"③,很明显也沿袭了这种与人意相存的精神。

---

① 《仪礼注疏》卷八,第981页。
② [清]曹元弼《礼经校释》卷四,清光绪十八年刻后印本,《续修四库全书》第94册,第159页。
③ [明]徐一夔等《明集礼》卷二十九,景印文渊阁《四库全书》第650册,第10页。

第二节　顺达人心

本章开篇提到,"相人偶"不仅是行礼动作上的兼顾,更包含着人与人相处的道理,是一种相互的理解,是情感和心理上的与他人相存。本节即探讨这一问题。内容主要包括:第一,宾客成全主人款待之意,顺遂主方燕欢尽兴之意。主人成全宾客对仪程进度调整的意见,顺达宾客回敬的心情,盈满回馈宾客殷勤来意。主客方换位抒发对方尊敬自己的情谊。第二,活动中尊者不独占惠馈,礼仪重视分享,使参与者普遍获得尊敬。第三,领尊者命检核物品,汇报时宜同时能使尊者眼见。

一、主客互成美意

(一)成全主人美意

1. 宾尝主人献酒告旨

《仪礼·士昏礼》曰:"宾即筵坐,左执觯,祭脯醢,以柶祭醴三,西阶上北面坐,啐醴,建柶,兴,坐奠觯,遂拜。"

郑玄注云:"'啐',尝也。尝之者,成主人意。"①

这是记婚礼醴使者,使者祭荐啐酒的礼仪。主人向宾献酒,阼阶上行拜送礼,宾西阶上稍退以示避让;赞者进上脯醢,宾就席而坐,左手执觯,右手取脯醢祭先人,又用柶舀取醴祭先人三次,回到

---
① 《仪礼注疏》卷四,第962页。

西阶上面朝北坐下,尝一尝醴,把柶插入觯中,起身,然后坐下把觯放在地上,向主人行拜谢礼。啐,就是始入口而奠,宾不卒饮,尝一尝,成全主人的心意。

啐酒告旨这一礼义,也是《仪礼》主人献宾仪节中的通义。正宾尝主人献酒后先向主人"告旨",凌廷堪《礼经释例》云:"凡献酒,礼盛者则啐酒,告旨。"① 郑玄认为该仪节蕴藉着酬答主人心意的礼义。

《仪礼·特牲馈食礼》曰:"佐食取黍稷肺祭授尸。尸祭之,祭酒,啐酒,告旨。主人拜。尸奠觯答拜,祭铏,尝之,告旨。"

郑玄注云:"'旨',美也。祭酒,谷味之芬芬者。齐敬共之,唯恐不美。告之美,达其心,明神享之。"②

郑玄在《特牲馈食礼》注中最完整地阐述了该礼义精神。《特牲馈食礼》在迎尸正祭时,尸取酒祭先人,然后尝一尝,向主人告旨。其后用铏羹祭祀先人,祭毕尝一尝,也向主人告旨。郑玄对尸"告旨"之仪的解释是:酒由谷物酿造,气味芬芳。主人庄敬以供神明,唯恐不够甘美,故尸代受祭者享用,向主人称告酒美,是畅达成全主人之心,明神已享用。虽然这是针对祭礼,但正宾受献酒,向主人告旨,其义相通,都是针对主人担忧所敬不能让宾满意,而酬答主人的行为。

《仪礼·乡饮酒礼》曰:"主人阼阶东疑立。宾坐,左执

---

① 按:黄以周《礼书通故》谓不当用"礼盛者",应是正宾。见[清]黄以周撰,王文锦点校《礼书通故》卷二十三,第3册,第1030页。
② 《仪礼注疏》卷四十五,第1184页。

爵,祭脯醢。……兴,席末坐啐酒。降席,坐奠爵,拜,告旨,执爵,兴。主人阼阶上答拜。宾西阶上北面坐,卒爵,兴,坐奠爵,遂拜,执爵,兴。主人阼阶上答拜。"

郑玄注云:"'降席',席西也。旨,美也。"①

《仪礼·乡射礼》曰:"宾坐,左执爵,右祭脯醢,……兴,席末坐啐酒。降席,坐奠爵,拜,告旨,执爵,兴,主人阼阶上答拜。宾西阶上北面坐,卒爵,兴,坐奠爵,遂拜,执爵兴。"

郑玄注云:"'降席',席西也。旨,美也。"②

这是记乡饮、乡射主人向宾献酒的礼仪。宾执爵升席,祭脯醢、祭肺、祭酒,起身在席的末端坐下,尝一尝酒,降席,向主人行拜礼,并称言主人酒之美味。然后前往西阶上饮干觯中的酒。宾先啐酒告旨,便深刻反映出成全主人之意的礼义精神。《乡射礼》情况与《乡饮酒礼》相同,主人献宾,宾尝酒告旨。

《仪礼·燕礼》曰:"宾坐,左执爵,右祭脯醢,奠爵于荐右,兴,取肺,坐绝祭,嚌之,兴,加于俎,坐挽手,执爵,遂祭酒,兴,席末坐,啐酒,降席,坐奠爵,拜,告旨,执爵兴。主人答拜。"

郑玄注云:"'降席',席西也。旨,美也。"③

《仪礼·大射仪》曰:"宾坐,左执觚,右祭脯醢,奠爵于荐右,兴取肺,坐绝祭,嚌之,兴加于俎,坐挽手,执爵,遂祭酒,

---

① 《仪礼注疏》卷八,第982页。
② 《仪礼注疏》卷十一,第994页。
③ 《仪礼注疏》卷十四,第1016页。

兴,席末坐啐酒,降席,坐奠爵,拜,告旨,执爵兴。主人答拜。"

郑玄注云:"'降席',席西也。旨,美也。"①

这是记燕礼、大射宾饮主人献酒的礼仪。宾升席祭脯醢、祭肺、祭酒,祭毕起身,席末端坐下,尝酒,下席而坐,把爵放在地上,行拜礼,并向主人告旨。随后宾回到西阶上饮干酒。《大射仪》与《燕礼》同,宾得献尝酒告旨。

《仪礼·有司彻》曰:"尸席末坐,啐酒,兴,坐奠爵,拜,告旨,执爵以兴。主人北面于东楹东答拜。"

郑玄注云:"'旨',美也。拜告酒美,答主人意。"②

《有司彻》是《少牢馈食礼》的下篇,记正祭以后侑尸之礼,即以宾客之礼款待尸。主人献尸,尸升席行祭后,尝酒告旨,以畅达主人的心意。

综上所述,主人向宾献酒,宾在行祭以后,先尝一尝,并向主人称言酒的甘美,成全主人的心意。

2.臣遍尝君惠赐的菜肴

《礼记·玉藻》曰:"命之品,尝之,然后唯所欲。"

郑玄注云:"必先遍尝之。"③

这是记君赐臣一同用餐,并以客礼相待的礼仪。吃饭时,国君命臣品尝一下菜肴,臣尝过以后,然后才顺从自己喜好享用菜肴。

---

① 《仪礼注疏》卷十六,第1030页。
② 《仪礼注疏》卷四十九,第1209页。
③ 《礼记正义》卷二十九,第1476页。

郑玄指出，臣下品尝时，必先要把所有菜肴都尝一尝。这里"遍尝"之仪，其实就反映成主人之意的礼义精神，主人希望客人吃得丰盛和美味，所以客人都尝尝是顺从了主人的心意，是对赐宴款待的尊敬。换言之，客人对主人所设菜品或所布之菜都尝一尝，是对主人殷勤之意的一种成全。

《论语·乡党》曰："君赐食，必正席先尝之。"
郑玄注云："敬君之惠。既尝，乃以班赐。"①

国君赐以熟食，孔子一定摆正坐席，先尝一尝。郑玄解释是说，尝一尝是尊敬国君的惠赐，尝过以后，进行分赏。在此"先尝"敬君恩惠，实则也是一种成君之意，故是一种礼敬。朱熹《集注》云："言先尝，则余当以颁赐矣。"②先尝并不是要突出多余的尚且要分赐，而是突出的一种对君惠赐的敬重，一种对君心意的感戴。

抽绎而言，它突出的是对主人敬意的一种回应，不辜负主人的诚挚之情。在日常中，当主人向宾客奉上饮食之物时，都会盛请宾客尝一尝，一般情况下，宾客即使因各种原因不多享用，也会礼节性地略微品尝食用，以成全主人的心情。这不代表所有情况都必须如此处理，下面章节还会谈到"礼不必"的问题，人与人相处的本意不是强迫，对于特殊情况，允许有个人处理，如孔子不尝药便是如此。

---

① 王素编《唐写本〈论语〉郑氏注及其研究》，北京：文物出版社，1996年，第121页。
② ［宋］朱熹《四书章句集注》，北京：中华书局，1983年，第121页。

3.燕欢执爵者为君再次填杯

《仪礼·大射仪》曰:"无算爵。士也,有执膳爵者,有执散爵者。执膳爵者酌以进公,公不拜,受。……执膳爵者受公爵,酌,反奠之。"

郑玄注云:"燕之欢在饮酒,成其意也。"①

这是记无算爵环节,执爵者向公进酒的礼仪。算,是数的意思。无算爵是"爵行无次数,唯意所劝,醉而止"的阶段。执爵者两人,执膳爵者酌酒向公进酬酒,执散爵的酌酒后进酬给公所指示的人。公饮毕后,执膳爵者接过空觯,斟满再次放到公席前。郑玄对再次酌酒反奠之仪的解释是:此时是安燕之欢,正在于饮酒,所以执膳爵者再次酌酒,把酒爵放回原处,拟公再饮,是成其燕欢之意。这里虽然是执觯者的行为,实质上代表着整个客方顺遂公燕饮尽欢的心意。

(二)顺达宾客心愿

1.宾请彻俎由使宾党执行

《仪礼·乡射礼》曰:"司正升自西阶,阼阶上受命于主人。适西阶上,北面请坐于宾。宾辞以俎。反命于主人,主人曰:'请彻俎。'宾许。司正降自西阶,阶前命弟子俟彻俎。"

郑玄注云:"'弟子',宾党也。俎者,主人赞者设之。今宾辞之,使其党俟彻,顺宾意也。"②

---

① 《仪礼注疏》卷十八,第1043页。
② 《仪礼注疏》卷十三,第1008页。

这是记乡射请宾燕坐的礼仪。盛礼结束后，主人请宾安坐燕欢，宾请求彻俎。俎盛骨体，是贵肴，宾希望彻俎后，脱屦升堂而坐。司正把宾的意思汇报给主人，主人即请彻去俎，宾得到司正回复后赞同。郑玄对"弟子彻俎"做补充解释：设俎是主人待宾之礼，宾既提议彻俎进入燕乐，则顺从宾意，宾党子弟执行宾、主之意，也即开启新一阶段。

《乡饮酒礼》此处与《乡射礼》相同，见下：

> 《仪礼·乡饮酒礼》曰："司正升自西阶，受命于主人。主人曰：'请坐于宾。'宾辞以俎。主人请彻俎，宾许。司正降阶前，命弟子俟彻俎。"

> 郑玄注云："西阶前也。弟子，宾之少者。俎者，主人之吏设之，使弟子俟彻者，明彻俎宾之义。"①

郑玄也是指出使宾弟子彻俎，彰显宾的意志，这是对宾意的一种尊重和礼敬。对于郑玄为何知道弟子是"宾之少者"，贾疏做补充说明，因为司正从西阶降下，阶前命之，从位置来讲，这是立在西阶面朝东的宾弟子。

事实上，郑玄对该问题的揭示非常精彩。席上的俎是盛礼的标志，所谓盛礼就是活动过程中最重要、最隆重的环节和部分，设折俎是在主人向宾献酒时，等到乡饮、乡射正礼依次进行完毕以后，宾、主众人都还尚未真正安坐饮食，到了需要休息补充精力的时候，主人先请宾安坐，宾推辞不敢以简省的燕坐亵渎盛礼时菜肴中的贵者，所以主人以彻去俎来请问宾的意见。从根本上说，彻

---

① 《仪礼注疏》卷十，第988—989页。

俎在此就成了活动节点的一种转折昭示,代表着活动整体进入末尾的燕坐阶段。宾是活动中尊贵的人,既然宾根据仪节进展提出了彻去俎的意思,以开启众人安坐燕欢的主题,那这样由宾弟子来负责,就展现了遵宾意定夺的涵义,是凸显了用饮食音乐款待宾客的燕乐礼义,换言之,这是在以招待宾的主题环节下凸显宾意的行为。

2. 顺达宾回敬心意代宾自酢

《仪礼·特牲馈食礼》曰:"宾左执爵,祭豆,奠爵,兴,取肺,坐绝祭,哜之,兴,加于俎,坐挩手,祭酒,卒爵,拜。主人答拜,受爵,酌,酢,奠爵,拜。宾答拜。"

郑玄注云:"主人酌自酢者,宾不敢敌主人,主人达其意。"①

这是记主人向宾献酒后自酢的礼仪。《特牲馈食礼》主人是士,宾是主人的有司,位低。主人、主妇、宾向尸行三献礼成,主人向宾献酒,宾饮毕,主人受空爵自行酌酒饮干。郑玄对主人酌酒自酢之仪的解释是:宾在这里是属吏,地位卑贱,不敢与主人伉礼,主人为了畅达宾欲回敬的心情,故而酌酒自酢,以成宾意。

《仪礼·有司彻》曰:"乃升长宾。主人酌,酢于长宾,西阶上北面,宾在左。"

郑玄注云:"主人酌自酢,序宾意,宾卑不敢酢。"②

《有司彻》是记《少牢馈食礼》主人傧尸的礼仪。主人是大夫,

---

① 《仪礼注疏》卷四十五,第1186页。
② 《仪礼注疏》卷五十,第1214页。

宾从主人臣属中选任,以佐助主人、主妇款待尸。主人向宾献酒后,宾卑不敢执敌礼回敬主人,故主人自酢以序宾意。

《仪礼·特牲馈食礼》曰:"乃宿尸。主人立于尸外门外,子姓兄弟立于主人之后,北面东上。尸如主人服,出门左,西面。主人辟,皆东面北上。"

郑玄注云:"顺尸。"①

主人举行祭祀前,用占筮确定尸的人选,前往招请,使尸知晓祭日当来。主人在尸的大门外面朝北站立,尸出门向左,在大门东边面朝西站立。主人等皆改为大门西面朝东而立。

郑玄对主人改易位处之仪的解释是:为尸者父象,主人有子道,不为宾客,故不就门西面朝东;卿大夫士用孙之列为尸,然士之孙卑,虽为尸,亦不敢南面当尊,仍用宾主之面位,主人见尸如此,顺从尸意,改易位处面向,以成其心。

3.特聘者重贿反币

《仪礼·聘礼》曰:"无行,则重贿反币。"

郑玄注云:"'无行',谓独来,复无所之也。必重其贿与反币者,使者归,以得礼多为荣,所以盈聘君之意也。反币,谓礼玉、束帛、乘皮,所以报聘君之享礼也。昔秦康公使西乞术聘于鲁,辞孙而说。襄仲曰:不有君子,其能国乎?厚贿之。此谓重贿反币者也。"②

---

① 《仪礼注疏》卷四十五,第1179页。
② 《仪礼注疏》卷二十四,第1075页。

如果使者此次出使仅聘一国,不再去往其他国家,主国宜对使者所赠送的聘、享之礼多加馈赠①。郑玄对此解释是:聘方以使者得主国馈赠丰厚为荣,今使者独来聘一国,所获也仅此一国,在这种情形下,主国宜满足聘方的心愿,这不但是对使者的礼敬,更是尊大聘君的表示,所以在答礼时当重加回报。

(三)互称对方心意

"求同"是沟通表达时一个重要原则,也是"相人偶"在人心理情感上的实践。情感表达的"求同"主要体现在能够抒顺对方心意。就是理解到对方言行中的"求同"之意,并充分或着重表达出来。

主、客间叙意对方于己情义的行为,实际上就是顺达对方情谊,成全对方希望诚挚殷勤之心。

《仪礼·士相见礼》曰:"士相见之礼。挚,冬用雉,夏用腒,左头奉之。曰:'某也愿见,无由达。某子以命命某见。'主人对曰:'某子命某见,吾子有辱。请吾子之就家也,某将走见。'"

郑玄注云:"有,又也。某子命某往见,今吾子又自辱来,序其意也。"②

这是记某士初次拜访另一位士,请见时的礼仪。宾来到主人大门外,主人摈者问宾所来为何事,来访的士回答:"某早就期望见到您,因无绍介而未成,现某子传达您的命令,命某前来相见。"摈者把

---

① 按:贿是指报聘之礼,反币是指报享之礼,此主国皆重加回礼,即超出聘君所赠送之财物。
② 《仪礼注疏》卷七,第975页。

宾的意思传达给主人,并转述主人的回话,主人说:"某子命我前往见您,现今您又自己屈尊而来。请您先回家,某将疾速前往相见。"

郑玄对主人"某子命某见,吾子有辱"言词的解释是:主人申述某子已从中传达,今日您还屈驾前来,是对宾所言经某子介绍终得以相见之意的协同。主人抒发出宾心中希冀能够表达出的那份诚挚的心意。

对于郑玄"序其意"的礼义精神可以概括为:人在自我情感表达时兼顾到对方感受,顺着两方心意相同之处,进行抒发表达,把对方心里最希望被理解的情谊处理好,以达成礼的和谐。

《士相见礼》"序其意"是在对方久慕来访的情形下。此外,该礼义精神还体现在《聘礼》"宾三拜乘禽于朝"仪节中。

《聘礼》来聘使者临行回国那天,在库门外朝见行三拜之礼,以感谢主国君每天供给的乘禽。乘禽是指成双群居的禽鸟,如雉雁等,其于礼以双为数。郑玄注云:"发去乃拜乘禽,明已受赐,大小无不识。"[1]郑玄对于使者临行前"拜乘禽"之仪的解释是:使者出发离去前拜谢乘禽,表明的是自己在所聘国期间接收到了主国的赗赐,无论大小都没有忘记。

使者来聘期间,主国馈送饔饩,举行飨礼、食礼等活动,给予使者诚挚和周全的招待,主国期待使者安心满意,并能向其国传递这种友善的信息。使者理解这种情感,特意在临行返回前,通过感谢接受过的最小的礼物,表达自己在主国受到了很好的照应,同时也是表明会将此次行聘友好之意带回。这两方面都是主国的期愿,是主国在做了如此多工作后渴望能够得到的一种回应。

---

[1]《仪礼注疏》卷二十三,第1067页。

简单讲,宾答谢所得细物说出了主方想表述的意义,但这种表述又只能由对方表达才合理而有意义。这同样是"序其意"礼义精神的体现。

通过《聘礼》"拜乘禽"可以看出,受到别人盛情招待,礼仪完毕后对所得贿赐的答谢,不仅表示出感谢之情,同时也是一种叙述主方心意的行为,以此表达自己知道主方的殷勤心情,即是对主方希望宾客尽兴情谊的回应。故这种"序其意"比单纯的答谢更让主方感念,换言之,对方说出主方之心意,才是主方最在乎和关注的。这种礼义精神尤其体现在主方确实希望客方能够清楚自己的诚意的情形上,客方通过阐述自己所得,叙述出主方之意,使主方知晓已明白其心意。

简言之,对方情谊表达后,顺接该思路,就对方所强调的事宜进行补充式重复,这种情形下补充的内容于对方所述起到了加强论证的作用。而且有时补充内容具有对方希望但又不好自我表达的性质。故代对方说出其渴望被认可的那份感情,这种做法就是向对方传递信任,属于一种情感确认。这代表双方的共识,相互温暖,以及一种体谅。

二、均惠不独占据

均惠,就是遍惠的意思。礼仪中的报享分配有一定原则,如敬重勤劳者,卑者因事得报,但无论尊卑差异如何,周遍是礼的一个规则。这是因为获得尊敬和回馈是人普遍的期许,礼成全参与者的这一心愿诉求,所以在有差异的原则外,遍惠而无所遗漏。这就是一种"相人偶"。主要体现在三个方面:(一)旅酬问题。(二)牲俎分配问题。(三)神惠均于室。

(一)宾请行酒于诸臣

《燕礼》《大射仪》宾得盛礼后,用公所举酬酒请行酒于群臣,不独占有君惠。实际上是在君为宾举觯时初起旅酬。

《仪礼·燕礼》曰:"宾升,再拜稽首。公答再拜。宾以旅酬于西阶上。"

郑玄注云:"于是宾请旅侍臣。'旅',序也,以次序劝卿大夫饮酒。"①

《仪礼·大射仪》曰:"宾升,再拜稽首。公答拜。宾告于摈者,请旅诸臣。摈者告于公。公许。"

郑玄注云:"'旅',序也。宾欲以次序劝诸臣酒。"②

这是宾、主一献之礼毕,公向宾进献酬酒,劝其饮酒。公先自饮,因君尊不亲酌酒授宾,宾进公前,受空觯,自行酌酒,酌毕堂下行礼,公命小臣推辞,宾升堂行再拜稽首礼,公答拜。宾用公为他所举杯的酬酒,在西阶上请行酒于群臣,以次序劝卿大夫饮酒。《燕礼·记》曰:"凡公所酬,既拜,请旅侍臣。"郑玄注云:"必请者,不专惠也。"③是不独享君惠,使君惠遍及群臣的意思。《大射仪》同,不赘述。

而且,宾劝卿饮酒时,若宾所用觯为膳觯(前面宾接过君的空觯,下堂放入膳篚,另取一觯来洗,若公有命,则不易不洗,袭用君的膳觯),自饮以后,则下堂另换一觯,经文用的是"更"字,郑玄注

---

① 《仪礼注疏》卷十四,第1018页。
② 《仪礼注疏》卷十七,第1032页。
③ 《仪礼注疏》卷十五,第1025页。

云:"言更觯,卿尊也。"① 郑玄对经文此处用字体例的解释是:凡饮酒之爵,不相袭用时,受尊者之爵及与尊者爵,用"更"字,即"更爵";与卑者之爵及受卑者之爵,用"易"字,即"易爵"。"更"和"易"义略同,但若二字对文出现,是一种辨上下别异同之意。郑玄注云:"'更'作'新'。易,有故之辞。"这是说"更"的意味是:此爵前人已用,今不再使用,更新用一爵。而"易"的意味:此爵前人曾先用,今在人之后行礼,已不再使用,易以他爵,是有故之辞②。简言之,宾虽尊,但是大夫为之,与卿为礼,卿尊贵,所以经文用文法明此尊卑。

《公羊·桓公元年》卷四:"郑伯以璧假许田。其言以璧假之何?易之也。易之则其言假之何?为恭也。曷为为恭?有天子存,则诸侯不得专地也。许田者何?鲁朝宿之邑也。诸侯时朝乎天子,天子之郊,诸侯皆有朝宿之邑焉。"这里"易"字,既有更之义,也有"有故之辞"的意思。鲁隐公在垂邑会见郑庄公,庄公用璧借鲁公的朝宿邑许田。这是交换,是交换但不用"易",这是换了一种恭逊的说法,直接用"易",会传达诸侯自专的意思。天子在,鲁国把周王赐给的朝宿邑擅自跟郑国交换,是违礼的。

综合以上的礼义,大略的意思是,在礼仪中得到尊敬的客方,在盛礼以后,不自安已得,宜有请敬他人之心,而不是独占主人的

---

① 《仪礼注疏》卷十四,第1018页。
② 按:贾公彦疏云:"云'更作新'者,欲见此爵前人已用,今不复用,更新用一爵,故云'更作新'也。云'易,有故之辞'者,言此爵我先尝用,今由前人后用,已不用,亦以为爵,故云'易有故之辞'也。"贾疏"亦以为爵",曹元弼《礼经校释》云:"殿本作'易以他爵',是也。"([清]曹元弼《礼经校释》卷七,清光绪十八年刻后印本,《续修四库全书》第94册,第221页)

恩惠。尤其是还有比自己实际地位更高，或者更贤能的人在座，则更应谦逊。我们可以把这种精神概括为"礼不专人惠"。

（二）尸奠三献之爵

因丧祭礼有一个弥吉过程，郑玄《礼记注》云："虞不致爵，小祥不旅酬，大祥无无算爵。"① 《特牲馈食礼》《有司彻》为吉礼，傧尸有旅酬仪节，尸受献不专惠，适时地使礼仪推展遍及众人。

《仪礼·特牲馈食礼》曰："宾三献如初，燔从如初，爵止。"

郑玄注云："初，亚献也。尸止爵者，三献礼成，欲神惠之均于室中，是以奠而待之。"②

《特牲馈食礼》在飨神后开始祭尸，祝迎尸入庙，主人、主妇依次向尸献酒，宾长作为第三位向尸献酒，尸受酒不饮。郑玄对"爵止"之仪的解释是：尸得主人、主妇、宾三次献酒，礼敬已成；而此时主人、主妇仅得尸的酢酒，尚未得献，尸希望神灵惠施能够均平室中之人，故而奠爵不饮，先待其他人成礼后再行酒。

《仪礼·有司彻》曰："主人受爵，酌，献二佐食，亦如傧。主妇受爵，以入于房。宾长洗爵，献于尸。尸拜受，宾户西北面答拜。爵止。"

郑玄注云："尸止爵者，以三献礼成，欲神惠之均于室中，是以奠而待之。"③

---

① 《礼记正义》卷十八，第1391页。
② 《仪礼注疏》卷四十五，第1185页。
③ 《仪礼注疏》卷五十，第1217页。

这是记诸侯之下大夫行祭,下大夫因不备礼,故祭礼没有"傧尸"环节,但其祭尸环节大略与《特牲馈食礼》相同,上宾在主人、主妇之后向尸献酒,尸受酒不饮。郑玄指出此时尸已得三献,礼成,主人、主妇尚未行致爵,故尸先奠爵等待后饮,以期神惠能均行室中。

《仪礼·有司彻》曰:"上宾洗爵以升,酌,献尸。尸拜受爵。宾西楹西北面拜送爵。尸奠爵于荐左。宾降。"

郑玄注云:"'上宾',宾长也。谓之上宾,以将献异之,或谓之长宾。'奠爵',爵止也。"①

这是记诸侯之大夫行祭,上大夫祭祀完毕有"傧尸"之礼。上宾在主人、主妇之后第三位向尸献酒,尸受爵不饮。贾公彦根据郑玄注意指出尸得三爵已礼备,欲神惠均平于庭中,故奠爵不饮。

《仪礼·特牲馈食礼》曰:"众宾长为加爵,如初,爵止。"

郑玄注云:"尸爵止者,欲神惠之均于在庭。"②

这是记众宾长向尸献加爵的礼仪。在这之前仪节的大致过程是,主人、主妇、宾长依次向尸先后献酒,主人向宾、兄弟、内兄弟献酒,长兄弟献加爵。大夫士之祭三献礼成,多献之酒称为加。长兄弟后就是众宾长向尸献加爵,尸受酒不饮,郑玄指出:此时庭宾和兄弟虽然得献酒,但还未行旅酬,自己已经得三献,是礼成而又另外受加爵,故奠爵不饮,使庭行旅酬,希望神惠均平于庭中。

---

① 《仪礼注疏》卷四十九,第1210页。
② 《仪礼注疏》卷四十五,第1187页。

(三)礼毕归俎有余惠

《仪礼·公食大夫礼》曰:"有司卷三牲之俎,归于宾馆。鱼、腊不与。"

郑玄注云:"卷犹收也。无遗之辞也。三牲之俎,正馔尤尊,尽以归宾,尊之至。归俎者实于篚,它时有所释故。以三牲之俎无所释故也。礼之有余为施惠。"①

食礼所设正馔中牛羊猪三牲之俎实,礼毕全部收起归送宾馆。鱼俎和腊俎不在馈送中。郑玄的解释是:正馔尊贵,故三牲之俎无所遗留,尽以馈赠给宾,所以敬宾,留有其余是要广为施惠,以用于赏赐分发给其他相关人员。

(四)旅酬遍惠

旅酬是燕饮活动中的一个节目,按长幼尊卑以次相酬,最终至"无算爵"时达到遍惠,使大家都能得到献酒。《礼记·乡饮酒义》曰:"宾酬主人,主人酬介,介酬众宾,少长以齿,终于沃洗者焉。知其能弟长而无遗矣。"②

《仪礼·乡饮酒礼》曰:"宾辞,坐取觯,复位。主人阼阶上拜送,宾北面坐奠觯于荐东,复位。"

郑玄注云:"酬酒不举,君子不尽人之欢,不竭人之忠,以全交也。"③

主人献宾,宾回敬主人,主人再酬宾,主人酬宾时先自饮,而后

---

① 《仪礼注疏》卷二十五,第1083页。
② 《礼记正义》卷六十一,第1684页。
③ 《仪礼注疏》卷九,第984页。

向宾献酒,宾接受酒后放置酒杯暂且不饮。酬酒奠觯不饮,这是礼的节度问题,不穷尽主人的敬意。但在饮酒礼中酬酒是将饮用的,此时宾不饮是不专惠,容主人与介等执礼。

《仪礼·乡饮酒礼》曰:"宾北面坐取俎西之觯,阼阶上北面酬主人。主人降席,立于宾东。"

郑玄注云:"初起旅酬也。凡旅酬者,少长以齿,终于沃盥者,皆弟长而无遗矣。"①

这是旅酬开始的第一节,宾酬主人,而后是主人酬介,介酬众宾,再是二人举觯无算爵开始。最终在无算爵时弟长无遗。

《仪礼·燕礼》曰:"司正命执爵者爵辩,卒受者兴,以酬士。"

郑玄注云:"欲令惠均。"②

《仪礼·大射仪》曰:"司正命执爵者爵辩,卒受者兴,以酬士。"

郑玄注云:"欲令惠均。"③

这是活动进入半场时,宾为君酌酒媵觯,君以此酒为士行旅酬,堂上相酬完毕,最后受酬者开始酬堂下的士,亦礼仪遍惠的礼义。

---

① 《仪礼注疏》卷十,第988页。
② 《仪礼注疏》卷十五,第1023页。
③ 《仪礼注疏》卷十八,第1043页。

（五）祭祀赐俎

《仪礼·特牲馈食礼》曰："众宾及众兄弟、内宾、宗妇，若有公有司、私臣，皆殽脀，肤一，离肺一。"

郑玄注云："又略。此所折骨，直破折余体可殽者升之俎，一而已。不备三者，贱。祭礼，接神者贵。凡骨有肉曰殽。《祭统》曰：'凡为俎者，以骨为主。'贵者取贵骨，贱者取贱骨。贵者不重，贱者不虚，示均也。俎者，所以明惠之必均也。善为政者如此，故曰见政事之均焉。公有司亦士之属，命于君者也。私臣，自己所辟除者。"①

这是记《特牲馈食礼》祭祀中众宾及以下所得荐俎的情况。在士的正祭中，参与的众宾、众兄弟、内宾、宗妇，公有司、私臣，这些人的荐俎皆用不成体的余骨，还有一条肉，一片离肺。

郑玄指出，众宾等人之俎比起长兄弟及宗人还要简略，所分皆是一块牲体左胖可破折而用者。众宾等人的俎三体不全备，这是因为卑贱。在祭祀中，负责接神者尊贵，所以长兄弟及宗人以上诸人之俎皆备三体，以及唷肺。以下是诸俎所用牲体情况。

尸俎：右肩、臂、臑、肫、胳，正脊二骨，横脊，长胁二骨，短胁。肤三，离肺一，刌肺三，鱼十有五，腊如牲骨。

祝俎：髀，脡脊二骨，胁二骨，肤一，离肺一。

阼俎：臂，正脊二骨，横脊，长胁二骨，短胁，肤一，离肺一。

主妇俎：觳折，其余如阼俎。

佐食俎：觳折，脊，胁，肤一，离肺一。

---

① 《仪礼注疏》卷四十六，第1193页。

宾,骼。长兄弟及宗人,折。其余如佐食俎。①

由此可见,长兄弟及宗人以上,因有接神及尸的事务所以尊贵,得荐俎也贵。未参与到其中的众宾等人,亦得神惠,取用贱骨。这是神惠均平之义。

《礼记·祭统》曰:"凡为俎者,以骨为主。骨有贵贱,殷人贵髀,周人贵肩。凡前贵于后。俎者,所以明祭之必有惠也。是故贵者取贵骨,贱者取贱骨。贵者不重,贱者不虚,示均也。惠均则政行,政行则事成,事成则功立。功之所以立者,不可不知也。俎者,所以明惠之必均也,善为政者如此,故曰见政事之均焉。"

郑玄注云:"殷人贵髀,为其厚者。周人贵肩,为其显也。凡前贵于后,谓脊、胁、臂、臑之属。"

孔颖达疏云:"'俎者,所以明祭之必有惠也'者,助祭者,故赐之俎也。'贵者不重,贱者不虚,示均也'者,言贵者不特多而重,贱者不虚而无分俎,多少随其贵贱,是示均平也。'功之所以立者,不可不知也'者,言功立由于分俎,其事既重,人君不可不知分俎之事也。'善为政者如此'者,言人君欲善为政教者,必须如此分俎均平。"②

凡俎所盛,以牲骨为主。牲骨有贵贱之分,殷人以髀骨为贵,周人以肩骨为主,凡前骨都贵于后骨。设俎,表明凡祭祀都有恩惠赐给助祭者,所以祭祀完毕尊者拿取贵骨,贱者拿取贱骨,尊贵者

———————
① 《仪礼注疏》卷四十六,第1192—1193页。
② 《礼记正义》卷四十九,第1605—1606页。

不重复拿取，低贱者也不空手而回，多少随其贵贱，以示遍惠。施惠均平，可使政令施行，政行才可成事，事成才能建立功业。功业建立的原因不可不知。设俎就是明恩惠必须均平，善于治理国政的人效法如此，故祭祀可体现政事的公平。《开元礼·序例下》云："均胙肉。"①

"'利用祭祀'，受福也。"(《困卦·九五》)《礼记·祭统》曰：

> 夫祭有馂，馂者祭之末也，不可不知也。是故古之人有言曰："善终者如始。"馂其是已。是故古之君子曰："尸亦馂鬼神之余也。"惠术也，可以观政矣。是故尸谡，君与卿四人馂。君起，大夫六人馂，臣馂君之余也。大夫起，士八人馂，贱馂贵之余也。士起，各执其具以出，陈于堂下，百官进，彻之，下馂上之余也。凡馂之道，每变以众，所以别贵贱之等，而兴施惠之象也。是故以四簋黍见其修于庙中也。庙中者，竟内之象也。祭者，泽之大者也，是故上有大泽，则惠必及下，顾上先下后耳，非上积重而下有冻馁之民也。是故上有大泽，则民夫人待于下流，知惠之必将至也，由馂见之矣。故曰："可以观政矣。"②

《正义》云："此一节明祭末馂余之礼，自求多物，恩泽广被之事。""不专惠"是一个比较重要的礼义概念。《易·说卦》曰"坤为均"，坤厚载物，万物资生，坤为地，化孕广载万物，顺达天性人心，是共存遍惠之德。礼重视分享，且须分配合理，在古人的政治管

---

① [唐]杜佑撰，王文锦等点校《通典》卷一百八《礼》六十八，第2810页。
② 《礼记正义》卷四十九，第1604页。

理理念里,这种遍惠与不专惠被融合进制度建设中。《淮南子·主术》云:"上好取而无量,下贪狼而无让,民贫苦而忿争,事力劳而无功。"《通典》对"明赏罚""赏宴不均致败""行赏安众""分赏取敌"诸问题的条陈①,也涉及遍惠、施惠公平与否的问题。

三、检核物品以见为敬

在礼事活动中,尊者吩咐从属者核检物品,负责的从属人员向尊者汇报结果时,宜以物品能让对方眼见、汇报能让对方听闻为敬,这种做法也是"相人偶"精神的实际运用,即顺达尊者欲知悉的心情,是对尊者指令的回应与互动。

《仪礼·聘礼》曰:"入竟,敛旜,乃展。布幕,宾朝服立于幕东,西面,介皆北面,东上。贾人北面,坐拭圭,遂执展之。上介北面视之,退复位。"

郑玄注云:"持之而立,告在。"②

这是记使者进入主国国境后展币清点核查的礼仪。使者进入所聘国国境后,为防币有脱漏失错的情况,首先对币进行一次稽核。由随从人员在地上铺上幕布,宾穿着朝服面朝西站在幕布的东边,众介面朝北站立在幕布南边。贾人面朝北坐在地上,先取圭擦拭,然后执圭展示。上介近前查看,视毕退回原位。

郑玄对贾人执圭展示之仪的解释是:贾人擦拭完毕,执圭起身而立,告诉使者圭在。贾人报告圭时,持圭出现在使者视线范围

---

① [唐]杜佑撰,王文锦等点校《通典》卷一百五十二《兵》五,第3884—3885页。
② 《仪礼注疏》卷十九,第1048—1049页。

内,使者自可闻见,如此宜使尊者心安而不必担忧。

圭是行聘中最为重要的礼器,核查汇报时不应仅是口头告知,而要让尊者确实看到,所以贾人持圭站立禀报,本身就蕴含着这个道理。

《仪礼·特牲馈食礼》曰:"宾出,主人出,皆复外位。宗人举兽尾,告备,举鼎幂,告絜。"①

祭祀前视牲,宗人举起兔腊尾巴向主人报告兔体完好无损。接着拿起覆盖鼎的茅草向主人报告鼎也洗涤得很干净。

以上仪节因实际情况不同,可能会发生变化,但这种视察和检核时以见物为敬的指导精神是不变的。如下。

《开元礼》皇帝冬至祀圆丘:

省牲之日

初司空将升,又谒者引太常卿,赞引引御史,入诣坛东陛,升,视涤濯,讫,引降就省牲位,南向立。廪牺令少前,曰:"请省牲。"退复位。太常卿省牲。廪牺令又前,举手曰:"腯。"还本位。诸太祝各循牲一匝,西向举手曰:"充。"俱还本位。②

《明集礼·太庙时享仪注》:

省牲

先祭一日,设省牲位于庙南门外。皇帝服皮弁服,乘舆出

---

① 《仪礼注疏》卷四十四,第1180页。
② [唐]杜佑撰,王文锦等点校《通典》卷一百九《礼》六十九,第2826—2827页。

官,导引侍从如常仪。皇帝诣大次,导驾官同太常卿导引,皇帝至省牲位,南向立。执事官、各执事,廪牺令帅其属,牵牲自东行过御前,省讫,牵牲诣神厨。①

概括而言,无论是重大礼事活动,还是日常陪侍尊长,在汇报和回禀他们所关心事务中的重要物品情况时,应该自觉地使自己和物品同时能够被尊者看到。

礼以"相人偶"为敬,或者说礼是"相人偶"的。狭义来看,就是主、客行礼,与对方之意相携共存。表现为动作行为的互动性、协同性、对等性;表现在主、从层面,就是主导方携从属跟对方行礼时,从属跟主导方有相应的协同性,不孤立主导方,使主、从意旨能够重合,并汇馈到对方那里;表现在第三方协调主、客方时,第三方能够携同二者,不忽视任何一方,兼顾他们二者的感受。

广义来讲,"相人偶"是人和人相处,能够理解体谅对方;讲求双方相互的一种协同,成全其心意,所以中国礼仪从来都不是毫不顾忌他人感情而进行的个人表演,相反在体谅基础上做到了舒展对方意志,顺遂对方心愿。

《乡饮酒礼》有"尊者可以孤无能"的注文,也是行礼的一个指导规则。射箭比赛罚不胜者饮酒,一组中某一方输了,饮酒时也是二人同时升堂;若对手是尊者,才可以让输者孤立无匹地自己站立喝酒。从平敌不孤立来看,就是"相人偶"为敬,是对输者一方的尊敬。礼的目的是为了协同把事情做好,所以礼崇尚"相人偶"之义。

---

① [明]徐一夔等《明集礼》卷五,景印文渊阁《四库全书》第649册,第158—159页。

第四章　贵重勤劳

"礼也者,义之实也""礼义以为器,故事行有考也"(《礼记·礼运》)。礼义凝聚治政之理,"行之为政,以治天下",故礼义含括着劳动实践的基本精神,"君子以劳民劝相"(井《象传》)。礼的"尊主分明"决定了身份等级不同其承担的勤劳内容也各有相异。《白虎通·爵》:"公之为言公正无私也。卿之为言章也,章善明理也。大夫之为言大扶,扶进人者也。士者,事也。任事之称也。"但体现在活动事务分配上,尊者宜安闲,卑者宜勤劳,所以礼贵勤劳在此主要针对卑者而言。

内容主要包括:(一)勤劳上事者贵。卑者参与活动的核心事宜则尊贵。(二)近事得申。尊卑共事,在接近所要勤劳的事情时,卑者地位得以申展。(三)不以无事乱有事。不负责的人不去扰乱干扰执事者,保证执事者勤劳的可能性。(四)贱者因事得献。贱者在礼仪活动中因为勤劳得到酬报,这也是礼的一个分配原则。

第一节　勤劳上事者贵

一、贡献主要力量

贡献主要力量,是指参与事件的核心环节,为活动作出重要贡献。如士冠醴宾以赞者为介。主人举行子弟加冠礼会邀请僚友一起参加,并会在众宾中占筮一位正宾为子弟加冠,同时也择取一位作为赞冠者辅助宾;如果宾和主人是上士,则赞冠者选中士,即赞冠者降一等。

《仪礼·士冠礼》曰:"赞者皆与,赞冠者为介。"

郑玄注云:"介,宾之辅,以赞为之,尊之。饮酒之礼,贤者为宾,其次为介。"①

加冠仪式完成以后,主人为感谢宾勤劳冠事特举行醴礼,前来的众宾一起参与,众宾之中,以宾的赞冠者为次宾。

郑玄对以赞冠者为介之仪的解释是:饮酒礼中,以贤者为正宾,其次为介。在冠礼主人醴酬答谢礼中,以降一等的赞冠者作为次尊,而不是众宾中与宾等级相同者,这是为了突出对赞冠者的尊敬。典礼中赞冠者作为宾的助手,具体负责加冠之事,所以在以酬谢勤劳为主题的饮酒礼中,他受到的礼敬更多。

《左传·桓公六年》中记载的一个事例能够比较好地体现这一

---

① 《仪礼注疏》卷二,第953页。

精神的重要性。

> 北戎伐齐，齐使乞师于郑。郑大子忽帅师救齐。六月，大败戎师，获其二帅大良、少良，甲首三百，以献于齐。于是诸侯之大夫戍齐，齐人馈之饩，使鲁为其班，后郑。郑忽以其有功也，怒，故有郎之师。①

桓公六年，山戎攻打齐国，齐僖公向郑国求援，郑国太子忽帅兵救齐，六月大败山戎军队。齐国为了犒劳前来帮其守边的各国大夫，请懂礼的鲁国代为安排各国的次序，结果鲁国按照周王分封的爵位等级为序，把有主要功劳的郑国排在了其他爵位较高的诸侯后面。此事因此惹怒了公子忽，并酿成了桓公十年联合齐国、卫国攻鲁的战争。

值得重视的是，《士冠礼》以赞冠为次宾的礼义，看似简单，实际上牵扯到礼制上一个很重要的问题。《士冠礼》这条礼义出现的具体条件是主人为酬谢加冠这件事而举行的宴饮活动。在具体实行中，礼仪活动的主题不同，人员次序的上下前后可能会出现调整，也就是说不同礼仪名目，所推重的并不完全一致。但乾纲典制重依伦叙。如：公元1645年，南明唐王朱聿键在郑芝龙等人的拥立下，于福州监国称帝，建立隆武政权。隆武帝进郑芝龙等为侯，以黄道周为礼部尚书兼武英殿大学士，《明史》云"道周学行高，王敬礼之特甚"。赐宴时出现了黄道周与郑芝龙的座位之争。钱澄之《所知录》、李天根《爝火录》都有记，见下。

> 唐王赐宴群臣。时召何吾驺、蒋德璟未至，黄道周为首

---

① 《春秋左传正义》卷六，第1750页。

辅;郑芝龙以侯爵朝,位道周上。道周与争,众议抑芝龙;文武由是不和。一诸生上书诋道周迁;王知出芝龙意,下督学御史挞之。

芝龙、鸿逵自恃援立功,开府福州,骄蹇无礼;坐见九卿,入不揖、出不送。及赐宴,芝龙以侯爵位宰相上。道周引礼制"武臣无班文臣右者"固争,遂首道周;芝龙怏怏不悦。又荐其门下士朱作楫吏科给事中、叶正发户部主事,帝皆不允;以是益怀怨望。①

郑芝龙以自己拥立之功、爵位高过黄道周便希望居上,而黄道周引朝班武次于文之制,坚持不让。此朝班会宴彝伦攸叙。

二、与活动主题相映照

尊乐正以宾党。乡饮设乐娱宾,乐正是乐官之长,职掌乐歌演奏及乐成告备之事。乐正并不像其他主人之党先即事,因事而得献,且在无算爵阶段才得献酒。

《仪礼·乡饮酒礼》曰:"乐正与立者,皆荐以齿。"
郑玄注云:"谓其饮之次也。尊乐正同于宾党。"②

这是记乡饮行主人献众宾时,乐正同于堂下众宾亦受献酒。乐正堂下的位置是面朝北站立在西阶的东边,乐事开始时先升堂,面朝北站立在西阶东,等演奏完毕后降堂归位。主人向宾、介献酒

---

① [清]李天根撰,仓修良、魏得良校点《爝火录》卷十二,杭州:浙江古籍出版社,1986年,第544页。
② 《仪礼注疏》卷十,第990页。

后，向众宾献酒，这时乐正将与堂下站立的众宾一起，按年龄长幼依次饮酒。

郑玄对乐正一起接受献酒之仪的解释是：乐正是主人的下属①，使乐正与立在堂下的众宾一起受献，这是对乐正的一种尊重，尊奉他同于宾党。

在《乡射礼》中乐正同样被尊同于宾党。《乡射礼》是在诸侯所辖乡的下一级组织州中举行的射礼活动。主持者是州长，地点在州学之序，目的是会聚州民习礼，以正心述志。举行射事以前，先行乡饮酒之礼，乡射虽志在射略于乐，但亦设乐。

《仪礼·乡射礼》曰："乐正与立者齿。"

郑玄注云："谓其饮之次也。尊乐正同于宾党。《乡饮酒·记》曰：'与立者皆荐以齿。'"②

---

① 在三《礼》记述系统里，掌管乐事的职官，天子有大司乐、乐师，分别为中大夫、下大夫；诸侯无大司乐，只有大乐正、小乐正，相当于天子的乐师，且大乐正当上士，小乐正当下士。关于《乡饮酒礼》的乐正，贾疏云："诸侯及大夫、士之官，当天子大司乐。"乡饮的主人是乡大夫是下大夫，如贾说则这里的乐正就是大夫管辖下的乐官。胡匡衷反对贾疏观点，他认为这里的乐正也是国君之臣，"大夫、士不得有乐正之官"（[清]胡匡衷《仪礼释官》卷一，清嘉庆二十一年研六阁刻本，《续修四库全书》第89册，第322页）。笔者认为贾疏此观点不存问题，不必破之。固然不是所有的大夫、士都可有乐正之官，但乡里的乡学中设有乐正，受乡大夫管辖，故可称大夫之官。而《乡射礼》的主人是州长，爵位属于上士级别，州中有州学，州学里有乐正，也受州长管辖，可称士之官。那《燕礼》《大射仪》中的乐正即诸侯之官。由此，则乐正是主人下属之官，应是主人之党，但在乡饮活动中却以宾党待之，所以郑玄言尊乐正。

② 《仪礼注疏》卷十三，第1010页。

乐正与堂下立着的众宾按年龄长幼排定先后次序,郑玄指出这就是说按年龄接受献酒。乐正在此被尊为宾党的道理同于乡饮。射事开始之前,乐正堂下之位同于《乡饮酒礼》在西阶东。主人向众宾献酒时,乐正也一起受献。诸侯州长是上士的爵位,故乡射乐正是士之官,正因为这是在州学里举行教民习礼的活动。

在这里乐正之所以被尊之宾党,先受献酒,一方面是因为他负责乐事演奏,这是直接为乐宾服务,也就是说乐正因乐宾之事而得申。另一方面,乐正实掌国子之教,他的角色和乡饮主旨精神相辅,尊乐正即尚贤能,尚贤能则尊乐正。这点可以通过以下文献看出。

《礼记·王制》曰:"乐正崇四术,立四教。顺先王《诗》《书》《礼》《乐》以造士。春秋教以《礼》《乐》,冬夏教以《诗》《书》。王大子、王子、群后之大子,卿大夫、元士之适子,国之俊选,皆造焉。凡入学以齿。将出学,小胥、大胥、小乐正简不帅教者,以告于大乐正,大乐正以告于王。大乐正论造士之秀者,以告于王,而升诸司马,曰进士。"①

《礼记·文王世子》曰:"小乐正学干,大胥赞之。大乐正学舞干戚,语说,命乞言,皆大乐正授数。"②

《周礼·大司乐》曰:"大司乐掌成均之法,以治建国之学政,而合国之子弟焉。凡有道者有德者,使教焉,死则以为乐祖,祭于瞽宗。以乐德教国子:中、和、祗、庸、孝、友。以乐语教国子:兴、道、讽、诵、言、语。以乐舞教国子:舞《云门》《大

---

① 《礼记正义》卷十三,第1342页。
② 《礼记正义》卷二十,第1404—1405页。

卷》《大咸》《大磬》《大夏》《大濩》《大武》。以六律、六同、五声、八音、六舞大合乐,以致鬼神示,以和邦国,以谐万民,以安宾客,以说远人,以作动物。"①

《周礼·乐师》曰:"乐师掌国学之政,以教国子小舞。"②

从以上文献可以看出,大司乐、乐师、乐正负责教授课业造就人才,而且负责检举考察优劣,而向王献贤能前在乡学庠中举行的饮酒礼,目的在于礼宾尚贤,故乐正在乡饮酒礼中不但负责乐事演奏这一具体事宜,他的职能、身份本身更是一种兴贤教能的象征和代表。在学校中给予教职者尊重,不仅极其符合尚贤献能气氛,而且更突出该主题。若对本负责掌国子之教的乐官之长待之以主人党,而近似从执劳事者的待遇,则与礼仪活动极不相符。

《乡饮酒礼》《乡射礼》乐正被尊同为宾党这一细微仪节,就是要突出乐正独特身份所蕴含着的意义,由此更加突出乡饮、乡射所反映出的尚贤兴能、以礼会民之旨③。概括而言,乐正掌国子之教,

---

① 《周礼注疏》卷二十二,第787—788页。
② 《周礼注疏》卷二十三,第793页。按:关于以上大司乐、乐师等的疏解考证材料,可参看[清]孙诒让撰,王文锦、陈玉霞点校《周礼正义》第4册,北京:中华书局,2013年,第1711—1813页。
③ 敖继公不认同《乡饮酒礼》《乡射礼》教民习礼的主旨,其云"乡饮酒者,士与其同乡之士大夫会聚于乡学而饮酒之礼也"([元]敖继公《仪礼集说》卷四,《儒藏》精华编第45册,第103页),"乡射者,士与其乡之士大夫会聚于学宫,饮酒而习射也"(《仪礼集说》卷五,第141页)。其为能弃注自逞,对"乐正与立者皆荐以齿"该句经文的注文也做了改动,删除了最为重要的"尊乐正同于宾党"七字,其余内容则保留。敖为消解郑玄"尊乐正同于宾党"说,谓:"此乐正乃公有司,非众宾也。又不立于西方,嫌其礼异也,故明之。"(《仪礼集说》卷四,第137页)

在乡学中兴贤能举行饮酒礼礼宾时,对乐正表示尊敬,使他同于宾党,得到礼敬,而不把他归列大夫之官的待遇中。同样,在州学中会民习射以正志时,也对乐正表示尊重,亦待之宾党,不使其于礼末方受献。

三、侍奉尊者得申

侍奉尊者,是指在活动中负责与尊者执礼的人,或与尊者有执礼行为的人,他们的礼仪尊贵程度因此得到伸展,这可能提高他们的受礼敬的程度,也会使一些平敌之礼的仪节发生变化。

(一)宾辞主人代君行酒行敌礼

《仪礼·燕礼》曰:"主人坐祭,遂饮,宾辞。"

郑玄注云:"辞者,辞其代君为酒,不立饮也。"①

《仪礼·大射仪》曰:"主人坐祭,遂饮。宾辞。卒爵兴,坐奠爵,拜,执爵兴。宾答拜。"

郑玄注云:"辞者,辞其代君行酒不立饮也,比于正主酬也。"②

燕礼的宾、主一献之礼,在主人敬宾,宾回敬主人后,插入了主人献公一节。公尊有别于宾,变坐饮为站立着饮干爵中的酒,主人是臣,君不亲自回敬主人,故主人自酢。此后主人即接续宾、主一献之礼中的最后一个环节,向宾进献酬酒。主人坐下,用酒祭先人,接着坐着饮酒,宾对此推辞一番。郑玄对"宾辞"之仪的解释

---

① 《仪礼注疏》卷十四,第1017页。
② 《仪礼注疏》卷十七,第1032页。

是：主人虽非正主，但毕竟有代君之义。君尊而立卒爵，主人代君而行，亦当立卒爵，是尊之优之。主人敬宾，以宾、主相敌时的坐饮之礼自处，故宾推辞主人坐饮。《大射仪》同，不赘述。

活动刚开始时，宾、主行礼，宾每先升阶，是尊宾之义；此时主人刚向君献酒完毕，明显有了代君酬宾的意味。而且一献之礼至此，专注在宾身上的敬意开始逐渐简省。所以宾不宜凭借受尊敬者的身份，心安理得地使主人行正酬的礼仪，也是不敢夺君之尊。

概括而言，若与自己执礼的人，是尊者所遣使，或能代表尊意，则其因近尊而贵重，与他相偶者当特别给予一定的尊敬。抽绎这种精神，主方与至为尊贵的人执礼，辄而又与他人行礼，则主方之尊若有所加，可简称为"礼近尊得申"。

（二）祭礼接神者贵

祝是丧祭礼中负责接神告神事务的掌事者。因此，祝的地位是尊贵的。

《仪礼·士虞礼》曰："主人即位于堂，众主人及兄弟、宾即位于西方，如反哭位。祝入门左，北面。"

郑玄注云："不与执事同位，接神尊也。"[①]

这是记主人、兄弟、宾等自门外入庙就位的礼仪。祝与兄弟、宾都是执事者，但他的位置却不一样，这是因为祝负责接神，所以入庙地位尊贵，位置自然不同。

《仪礼·士虞礼》曰："主人坐祭，卒爵，拜，尸答拜。筵祝，南面。"

[①]《仪礼注疏》卷四十二，第1168页。

郑玄注云："祝接神，尊也。"①

《仪礼·特牲馈食礼》曰："主人酳，献祝，祝拜受角。主人拜送。设菹醢、俎。"

郑玄注云："行神惠也。先献祝，以接神，尊之。菹醢皆主妇设之，佐食设俎。"②

迎尸入庙，献酒阶段，主人先向尸献酒，尸饮后，回敬主人，接着主人向祝献酒，祝在尸之后得主人献酒，是因为祝在此接神，地位尊贵。

根据《特牲馈食礼·记》可知，长兄弟和宗人所得之俎要比众宾及以下高贵。这同样是因为长兄弟参与侍奉尸，属于服务上事。

《仪礼·特牲馈食礼》曰："众宾及众兄弟、内宾、宗妇，若有公有司、私臣，皆殽脀，肤一，离肺一。"

郑玄注云："又略。此所折骨，直破折余体可殽者升之俎，一而已。不备三者，贱。祭礼，接神者贵。"③

这是记众宾及以下所得荐俎的情况。

郑玄对此指出，众宾等人的俎比起长兄弟及宗人还要简略，所分皆是一块牲体左胖可破折而用者。他们的俎三体不全备，这是因为卑贱。在祭祀中，负责接神者尊贵，所以长兄弟及宗人以上诸人之俎皆备三体，以及哜肺。以下是诸俎所用牲体情况。

---

① 《仪礼注疏》卷四十二，第1169页。
② 《仪礼注疏》卷四十五，第1185页。
③ 《仪礼注疏》卷四十六，第1193页。

尸俎：右肩、臂、臑、肫、胳，正脊二骨，横脊，长胁二骨，短胁。肤三，离肺一，刌肺三，鱼十有五，腊如牲骨。

祝俎：髀，脡脊二骨，胁二骨，肤一，离肺一。

阼俎：臂，正脊二骨，横脊，长胁二骨，短胁，肤一，离肺一。

主妇俎：觳折，其余如阼俎。

佐食俎：觳折，脊，胁，肤一，离肺一。

宾，骼。长兄弟及宗人，折。其余如佐食俎。①

由此可见，长兄弟及宗人以上，因有接神及尸的事务所以尊贵，所受荐俎也贵。未参与其中的众宾等人，虽亦得神惠，但取用贱骨。

《特牲馈食礼》接受献酒的次序：尸、祝、宾、众宾、长兄弟、众兄弟、内兄弟。根据《记》文，公有司接续在众宾之后，私臣在众兄弟之后。因为他们在祭祀中也有职事。

《仪礼·特牲馈食礼·记》曰："公有司门西，北面东上，献次众宾。私臣门东，北面西上，献次兄弟。升受，降饮。"

郑玄注云："献在后者，贱也。祭祀有上事者，贵之，亦皆与旅。"②

这是记公有司和私臣受献酒的礼仪。公有司，是主人之属，命于君者。私臣是主人所辟除者。公有司、私臣身份地位卑贱，从属他人之后得献酒，其中公有司接续在众宾之后，私臣在众兄弟之后。郑玄指出，公有司在祭祀中参与执事，负责一些事务，故而得

---

① 《仪礼注疏》卷四十六，第1192—1193页。
② 《仪礼注疏》卷四十六，第1193页。

到尊敬,所以在众宾之后得主人献酒。

第二节　近其事得申

"近其事得申"是指身份地位不高者在接近所参与的事务时,其礼得到申展,相当于礼与职责、位置相应。

(一)士耦近射堂上得申

如尊卑行礼卑者下于尊者,但当尊卑共事,共同接近职责事务时,卑者的行事规格得到申展。这里的事务不是杂役劳事,也是切合活动主旨的事务,可以称之为"上事"。

　　《仪礼·乡射礼》曰:"大夫袒、决、遂,执弓,搢三挟一个,由堂西出于司射之西,就其耦。大夫为下射。揖进,耦少退。揖如三耦。及阶,耦先升。卒射,揖如升射,耦先降。降阶,耦少退。皆释弓于堂西,袭。耦遂止于堂西,大夫升就席。"

　　郑玄注云:"耦于庭,不并行,尊大夫也。在堂如上射之仪,近其事得申。"[1]

这是记乡射第二番射大夫与其耦射箭的礼仪。乡射中大夫与堂下众宾或前来观礼的士组成射耦,大夫作下射,耦为上射。当大夫与耦将射,大夫准备就位,由堂西经过司射西边走到匹耦处,开始升堂,大夫与耦面朝东揖,然后二人东行,大夫在右,耦在左走得稍退后于大夫,行进中揖让如三耦之仪。等走到西阶下,耦先升三

---

[1]《仪礼注疏》卷十二,第1002页。

个台阶,大夫随着升一级,上射升堂后稍靠左站立,大夫也升到堂上。射箭完毕以后,如同升射就物时一样行揖礼下堂,耦先降阶,庭中行进中稍退后于大夫。

郑玄对耦与大夫堂下堂上行进之仪的解释是:射耦二人庭中本并行前进,大夫与其耦走在庭中时,耦稍微退后于大夫,不并行,这是尊崇大夫的表现。但当升堂、下堂时则依据射礼的仪制,耦先升,大夫后升,这是因为射事在堂,此将接近射事,或最接近射事范围,故耦作为上射的地位得到了伸展。

(二)事弥至位弥异

《仪礼·特牲馈食礼》曰:"宗人、祝立于宾西北,东面,南上。"

郑玄注云:"事弥至,位弥异。宗人、祝,于祭宜近庙。"①

这是记祭祀前视涤和视牲的仪节。主人及所祭者子孙兄弟站在庙门外东边,面朝西,以北边为上位;宾及众宾在庙门外西边,面朝东,以北边为上位。宗人和祝站在宾的西北边,面朝东,以南边为上位。

宗人,郑玄注云:"有司主礼者。"贾公彦疏云:"士虽无臣,亦有宗人掌礼,比于宗伯。"胡匡衷云:"宗人,私臣掌礼及宗庙。"②祝,接神之官,于士而言,也是私臣。

郑玄对宗人、祝站位的解释是:宗人和祝此时站位离开本位,接近庙门,因为他们负责侍神的上事,故要更接近庙。这就是越

---

① 《仪礼注疏》卷四十四,第1180页。
② [清]胡匡衷《仪礼释官》卷一,清嘉庆二十一年研六阁刻本,《续修四库全书》第89册,第318页。

接近其职事，其位置越不同于往常。在这里突出卑者近事礼申的精神。

《仪礼·聘礼》曰："使者北面，众介立于其左，东上。"

郑玄注云："既受行，同位也。位在幕南。"①

这是记使者出行前参加陈币交付活动的礼仪。出发前一日的黄昏，在君寝门外地上铺设幕布，把币按要求各自陈列在幕布上，校录后交付使者。使者面朝北站立在幕布的南边，众介站在他的左边，以东边为上位。

卿、大夫、士朝位不同。《聘礼》使者是卿，上介是大夫，此外还有士介，未受命出使前，朝位不同。但接受出使任命后，在受行面见国君等事宜中，他们在使者左侧按次序面朝北排列，站立在相同的朝位上。

《聘礼·记》曰："使者既受行日，朝同位。"《记》文也指明受行朝君时，使者与介等同面位，郑玄注云："谓前夕币之间。同位者，使者北面，介立于左，少退，别其处②臣③也。"④就是说，众介稍退

---

① 《仪礼注疏》卷十九，第1046页。
② 按："少退别其处"，阮校云："毛本'别'下有'于'字，徐本、《集释》、《通解》、杨氏俱无。张氏曰：'注曰"少退别其处"，按《释文》"别于"之注云"别处同"，"别处"谓此也，无"其"字，从《释文》。'○按张引注亦无'于'字，又据《释文》去'其'字，与疏合。惟前经使者北面节，疏引此注无'于'字而有'其'字。"
③ 按："处臣"，处，留也。处臣对使者一行而言，指留家的朝臣。在朝之位，卿西面，大夫常北面，今大夫与卿皆西面，就是辟使者。所以这里使者和介同北面，有别于卿大夫的面位，是"别其处臣"。
④ 《仪礼注疏》卷二十四，第1072页。

后于使者左侧,与使者皆面朝北而立,以区别与卿大夫在幕东面朝西的站位。

使者和众介临行,上朝领受国君辞命时,众介随从使者入,也站立在使者左侧,面朝北而立。

总的来说,共同受命者在面对尊者时,应以同样的面位站立,即使他们有身份地位的差异,也不再以进行方位区分,而要以整体一致状态行事。

(三)于是有事宜终之

凡近其事得申,敬重其事,则宜使之有始有终,使其完成所负责之事的最终环节,也是敬重勤劳的体现。

在《乡射礼》《大射仪》中,司射主管射事,负责向宾、公请示和报告射箭仪程的事宜,如请射、请释获、请用乐等。射事有三番,第一番射,司射向宾和公禀示"三耦卒射",即该环节结束。第二、三番起,是由负责计射中多少的释获者向宾禀告该射箭环节的完毕。

《仪礼·乡射礼》曰:"卒射,释获者遂以所执余获,升自西阶,尽阶,不升堂,告于宾曰:'左右卒射。'降,反位,坐委余获于中西,兴,共而俟。"

郑玄注云:"司射不告卒射者,释获者于是有事,宜终之也。"[1]

《仪礼·大射仪》曰:"卒射,释获者遂以所执余获适阼阶下,北面告于公,曰:'左右卒射。'反位,坐委余获于中西,兴,共而俟。"

---

[1] 《仪礼注疏》卷十二,第1002页。

郑玄注云："司射不①告者，释获者于是有事，宜终之也。"②

第二番众耦射毕，释获者拿着剩余的算从西阶升到阶上，向宾报告左右射都已射箭完毕，然后降阶返回原位坐下，把算放下，起身拱手而立，等待接下来的数获阶段。

郑玄对释获者向宾告射箭完毕之仪的解释是：第二番射开始计算成绩，若有射中，就由释获者用算计数。从三耦中的上耦射开始，到众耦最后一组完毕，释获者一直承担射中多寡的记录，当最后一耦射毕时，恰释获者计成绩结束。释获者因释获而尽其职责，其事既已贯彻整个环节，宜使其行事完整地有所终结，所以便由释获者计好最后一组成绩后，顺便升阶报告射事完毕的事宜。这不仅是行事便宜，更是尊重释获与释获者。

第三节　不以无事乱有事

在活动或事务中，若自己不承担相应职事，不应掺杂扰乱当事者，不混乱当事者的视听，不干扰对方行事，宜把自己与有事者区别开来，不自我招摇凸显。若当事者是尊者，卑无事者应在自己的位处待命；若卑者侍从尊者且无事，则应跟随尊者之后，凡事依从仪节要求安静地进行。在群体里，若当事者正在或将要工作，无事者不应参杂其间相扰。一方面是保证活动稳定有序开展，另一方

---

① 按："不"，阮校云："徐本、《通解》同，毛本'不'下有'言'字。"
② 《仪礼注疏》卷十八，第1039页。

面避免喧宾夺主,混乱消解当事者心神。这不但要求活动参与者把握好自己的角色,而且活动的主持者更应该意识到在群体中不宜让无事者的喧杂遮掩了有事者的工作。

一、空间不混杂

(一) 有事与无事位处不混淆

礼事活动,无事者不混乱有事者行列,有事者行列、向位若与无事者日常位处重合,则无事者变动位处。

> 《仪礼·聘礼》曰:"及期,夕币。……使者北面,众介立于其左,东上。卿大夫在幕东,西面北上。"
> 郑玄注云:"大夫西面,辟使者。"①

这是记大夫参加陈币交付使者的活动。出发前一日的黄昏,在君寝门外地上铺设幕布,把币按要求各自陈列在幕布上,校录后交付使者。使者面朝北站立在幕布的南边,众介站在他的左边,以东边为上位。大夫在幕的东边面朝西站立,以北边为上位。

郑玄对大夫"西面"之仪的解释是:一般而言,大夫在庭中面朝北站立,卿则站立在东方,面朝西。现在大夫跟随卿面朝西站立在幕东,是因为使者携众介面朝北而立,大夫为了避让使者,使出行者和留家者易于区分,所以变动位处,改与卿站立在一起。

这主要是说无事者的立处不宜与有事者相混淆,应改在能够明显区分的位置,这样有利于突出有事者的执礼行事。区别有事无事,是礼典位处安排的重要一节。如:

---

① 《仪礼注疏》卷十九,第1046页。

开元礼：

> 皇帝孟春吉亥享先农，遂以耕藉。前享一日，奉礼设御坐于坛东，西向；望瘗位于坛西南，北向；从官位于内壝东门之内道南，执事者居后；奉礼位于乐县东北，赞者在南。又设御耕藉位于外壝南门之外十步所，南向；从耕三公、诸王、尚书、卿位于御坐东南，重行西向，以其推数为列。其三公、诸王、尚书、卿等非耕者位于耕者之东，重行，西向北上；介公、酂公于御位西南，东向北上。尚舍设御耒席于三公之北少西，南向。奉礼又设司农卿之位于南，少退；诸执耒耜者位于公卿耕者之后、非耕者之前，西向。①

政和宴射仪：

> 皇帝御射殿，侍宴官公服、系鞋，射官窄衣，奏圣躬万福，再拜升殿。酒三行，引射官降，皆执弓矢，谢恩再拜，三公以下在右，射官在左，不射者依坐次分立。②

无论是《开元礼》中的耕者、非耕者，还是《政和五礼》中的射者、不射者，他们的位处都得到了细致区分。

> 《仪礼·公食大夫》曰："士立于门东，北面，西上。"
> 郑玄注云："统于门者，非其正位，辟宾在此。"③

这是记公为小聘使者举行食礼的礼仪。士的位置在庙门内东

---

① 《新唐书》卷十四《志》四《礼乐四》，第356页。
② 《宋史》卷一百一十四《志》六十七《礼》十七，第2719页。
③ 《仪礼注疏》卷二十五，第1080页。

侧,面朝北站立,以西边为上位。郑玄指出士此时的位处是以门为统,并非是他的正位,一般士的位置应是庭西,面朝北,以北边为上位,不以门为统。这是因为宾及随行目前在门西,所以士避宾在此。

《仪礼·士虞礼·记》曰:"佐食无事,则出户,负依南面。"

郑玄注云:"室中尊,不空立。户牖之间谓之依。"①

佐食无事的时候,出室门,在"依"面朝南而立。依,室户牖之间的地方。郑玄对佐食无事则"出户"的解释是:室中是尊处,佐食仅是执事者,无事时不在尊处站立。

不当位者立处在代表尊者空间的地方,不但是一种倨傲,更是一种无事妨碍来往的行为,或者说是碍事添堵的行为。《礼记·曲礼》曰:"为人子者,居不主奥,坐不中席,行不中道,立不中门。"②这是说人子与父同宫时,不敢当其尊处。其中"行不中道,立不中门"也体现着无事不干有事的意味,中道和中门不仅是尊处,而且是有事之处,无事占据在此有妨碍他人行事的嫌疑。

(二)展放物品不妨碍临时事宜

《仪礼·聘礼》曰:"及馆,展币于贾人之馆,如初。"

郑玄注云:"馆,舍也。远郊之内有候馆,可以小休止沐浴。展币不于宾馆者,为主国之人有劳问己者就焉,便疾也。"③

---

① 《仪礼注疏》卷四十二,第1171页。
② 《礼记正义》卷一,第1233页。
③ 《仪礼注疏》卷十九,第1049页。

这是记使者在主国远郊馆舍展币清点。使者进入主国国境内,到达国都远郊的馆舍时,要在贾人住宿的馆舍中进行入境以来的第三次礼物核校。

郑玄对"展币于贾人之馆"的解释是:不在使者的馆舍进行核校,是因为如果在使者馆舍举行,一旦有主国君遣人前来慰问,则不能快速便捷地进行接待。所以在贾人处展币,若有事需要,使者可随即在宾馆开展。

古礼中,庭堂是主要行礼场所。在宾馆的庭堂行事,若有他人来访,则不便一时开展活动,所以设置物品等事应选择次要人物的馆舍。抽绎而言,设置展示物品时,应以不妨碍随时可能会发生的其他礼仪活动为准则。

二、行事不参与

行事不参与,侧重的是在本事项无事者,不跟随有事者前往,在对方行事期间,不找事由加入。

(一)不跟随参与者行事

《仪礼·乡射礼·记》曰:"众宾不与射者不降。"

郑玄注云:"不以无事乱有事。"①

乡射第二番射宾、主人、大夫开始参与,司射升堂向宾请射,宾同意,接着经文曰"宾、主人、大夫若皆与射,则遂告于宾,适阼阶上告于主人,主人与宾为耦",这是说如果他们都参与比赛,则随即为他们匹配射耦,此后司射在西阶上面朝北请众宾准备射箭;司

---

① 《仪礼注疏》卷十三,第1011页。

射下堂,"众宾将与射者皆降",即堂上众宾参与射箭的也都跟随下堂,到堂西相应位置站立,等待司射匹配众耦。堂上三宾长,如果有不参与射箭的,在以上人员随司射下堂时,不跟着下堂。郑玄对此的解释是:无事者不应前去扰乱或干扰有事者。

《仪礼·聘礼》曰:"公皮弁,迎宾于大门内。大夫纳宾。宾入门左。公再拜。宾辟,不答拜。公揖入,每门、每曲揖。及庙门,公揖入,立于中庭。宾立接西塾。"

郑玄注云:"公迎宾于大门内,卿大夫以下入庙门即位而俟之。"

贾公彦疏云:"上初命拜迎宾于馆之时,卿大夫士固在朝矣,及宾来大门外陈介之时,主君之摈亦在大门外之位,君在大门内时,其卿大夫不以无事乱有事,当于庙中在位矣。"①

这是记行聘享大礼当日公迎宾入庙的礼仪。大致过程:行聘享之日清晨,公派遣讶前往宾馆相迎,宾穿着皮弁服来到外朝,待陈币等相关事宜准备就绪,公穿着皮弁服在大门内迎宾。上摈出请,宾入大门,公与宾相揖让着进入雉门,然后又来到庙门前,公行揖礼,先进入庙中,面朝南站立在中庭,宾在靠近西塾的地方站立。郑玄在此补充道公在大门内相迎的时候,卿大夫以下在庙门内各就各位,以等待公和宾的进入。

疏文指出公命讶去宾馆迎宾时,卿大夫以下已经在朝,当宾来到外朝大门外,将开始陈币陈介,公的摈者也在门外各自就位,公在大门内准备迎宾,卿大夫以下在该环节无事,不应干扰有事

---

① 《仪礼注疏》卷二十,第1053页。

者,故而当已早在庙中各就各位。贾疏进一步解释,之所以知道事情必然如此,是因为下面行聘享礼,经曰"公授宰玉",又曰"士受皮";公醴宾的时候,经曰"宰夫授公几",这些都显示诸官是在庙中才开始有事。在庙外时无事,经文也没有他们入庙的记述,这就显明了公没有入庙时,卿大夫以下已在庙中就位。故贾疏云"《公食大夫》以其官各具馔物,皆有事,不预入庙,故公迎宾入,后乃见卿大夫以下之位,与此异也"。

(二)卑者不惊扰尊者间执礼

贱者就事主动跟从尊者之后,不等待别人对自己的礼敬。

《仪礼·士冠礼》曰:"宾如主人服,赞者玄端从之,立于外门之外。摈者告。主人迎,出门左,西面再拜。宾答拜。主人揖赞者,与宾揖,先入。……赞者盥于洗西,升,立于房中,西面,南上。"

郑玄注云:"赞者贱,揖之而已。又与宾揖,先入道之,赞者随宾。"①

这是记冠礼主人迎宾及赞者入庙就位的礼仪。加冠当天,宾和佐助他行冠事的赞者一起来到主人家大门外,主人出门迎宾,与宾行再拜礼,与赞者行揖礼;主人揖请宾入门,自己先入为宾做前导。郑注在此补充赞者随从宾进门。郑玄的意思是:主人拜迎揖请宾入门,并先进门为宾做导引,此后二人互相揖让,直至入庙升堂;赞者卑,跟从宾入门,且进庙盥洗后,直接升堂进入东房中就位。也就是说,赞者来参加活动,跟随在宾之后进门就位即可,不

---

① 《仪礼注疏》卷二,第951—952页。

需要自我尊显,以妨碍宾、主行礼。

《仪礼·燕礼》曰:"小臣纳卿大夫,卿大夫皆入门右,北面东上。士立于西方,东面北上。祝史立于门东,北面东上。小臣师一人,在东堂下,南面。士旅食者立于门西,东上。"

郑玄注云:"纳者,以公命引而入也。自士以下,从而入即位耳。"①

此是燕礼活动开始卿大夫入寝门即位的礼仪。大致过程是,公先升堂即席,小臣领公命引导卿大夫而入;卿大夫就门东之位,自士以下就庭中定位。郑玄在此揭示的意思是,卿大夫位尊,得小臣领命引导而入,且先立君拟将揖之位,等待国君示下;士及以下,跟从卿大夫而入,直接即正位则可。《大射仪》此处仪节大略相同。

卿大夫是人臣中的尊者,君有礼敬之心,或许还有指示下达,故宜先处暂时的位置,等待尊者命令。若卿大夫径直就其定位,会有切迫冒昧的意味,也是对君尊的一种无视。相比而言,士位卑贱,无须尊者特别给予礼遇,入门自就定位即可,否则会有自显的嫌疑。

概括而言,礼仪活动中,参与人员中的尊者会得到主方的礼敬,并与主方有相互谦敬的行为,若就位,则宜先稍微远离自己将要处于的正式位置,等待主方的示意,这是一种"相人偶"的呼应;卑者当跟随尊者之后,不等待主方再来礼敬自己,直接就位在自己将要处于的位置上,依从仪节程式行事即可。以此可推,不当礼的卑者正式活动入场仪式前,已先就位,也是一种不当盛礼、简省仪

————————
① 《仪礼注疏》卷十四,第1015页。

节、遵从主旨精神的行为。为事行礼,得敬者稍待主人之命,是敬人自谦的表现;卑者从而行之,不待主人另外礼敬于己,每不自显,才是谦退的表现,可简称为"贱者就事静而自处"。

三、动静不干扰

无事者不惊扰他人做事,不立处在行事者往来进出的活动范围,不对行事者有所妨碍。

《仪礼·大射仪》曰:"大师及少师、上工皆降,立于鼓北,群工陪于后。乃管《新宫》三终。卒管。大师及少师、上工皆东坫之东南,西面,北上,坐。"

郑玄注云:"不言县北,统于堂也。于是时,大乐正还北面立于其南。"

贾公彦疏云:"工人前不即迁于东者,为管笙所作,不以无事乱有事,故待卒管。"①

这是记大射奏乐的礼仪。大师、少师从西阶升堂就席,歌唱完毕,降立在西悬之北,即鼓与钟磬之北。此时吹管者吹奏三遍《新宫》,管奏完毕,大师等前往东坫的东南边,面朝西而坐,以北边为上位。贾公彦指出,大师等乐工歌唱完毕下堂后不直接迁往东坫之处,因为接下来管奏开始,管笙在东悬处,即大师等东坫位处的南边,所以大师等待管奏完毕方前往就位,不以无事乱有事。

《仪礼·士虞礼》曰:"尸入户,踊如初,哭止。妇人入于房。"

---

① 《仪礼注疏》卷十七,第1034页。

郑玄注云:"辟执事者。"①

这是记虞祭飨神后迎尸的礼仪。虞祭飨神后开始祭尸,祝出庙迎尸,主人在庙中西阶上站立,主妇在堂上东边的位置。尸进庙门时,主人和众主人踊,接着妇人们踊,尸升堂时,踊如初。当尸进入室时,大家如开始时一样踊,同时停止哭泣。妇人退入东房中。郑玄对妇人"入于房"之仪的解释是:祭祀时执事者将由堂东入室,所以站立在堂东的妇人为避免给执事者造成不便而迁到东房。等主人、主妇、宾长三献礼成,妇人从房中出来回到堂上的西面位。此后祝宣布"利成",尸出室门,大家哭踊如初。

第四节　贱者因事得献

礼仪活动中,贱者因勤劳职事而得献酒,得到酬报。这体现的是礼对勤劳的尊重和推崇。贱者因事得献和礼均惠无遗是酬报问题上的两个原则。礼虽然讲求遍惠,但同时也贵勤劳,以达到礼在酬报问题上的和谐。

贱者因事得报,就要先就事,勤劳付出在前,得到酬报是对功劳的认可尊重。

《仪礼·燕礼》曰:"卒歌,主人洗,升,献工。"

郑玄注云:"工歌乃献之,贱者先就事也。"

贾公彦疏云:"歌《诗》是其事,先施功劳,乃始献之,是贱

---

① 《仪礼注疏》卷四十二,第1168页。

者先就事。"①

这是主人乐宾,工升歌后得献一事。工堂上升歌,歌《诗》完毕主人向工献酒;然后笙工吹奏乐曲,演奏完毕主人向笙工献酒。郑玄对升歌得献处的阐释,同样适用笙工得献。工以上皆无需就事而得献,贱者先就事,因事而得报。《乡饮酒礼》《乡射礼》《大射仪》,工皆先就事而后得献。

此外,在射礼向把靶者献酒的仪节中,该礼义也很明显,郑玄给予了揭示。

在射事中,射手若射中,获者负责举旌起身报"获","获"即得的意思,这是获者主要的职事。此外,射箭开始时,司马会命获者执旌背靠侯站立,欲射者志在射中;射毕取矢时,获者也要执旌负侯,指导弟子取矢。射事从第二番记成绩分胜负,射毕饮不胜者,此后获者等人也得到献酒。获者得献酒是因在射事中辛劳,所以得到酬报,但体现在礼仪上,则突出的是贱者因事得献,即卑者不以自己的付出为功劳,而因所负责事务的功劳而得到礼敬。该礼义精神蕴藉在献获者的位处上。见下。

《仪礼·乡射礼》曰:"司马洗爵,升实之以降,献获者于侯。"

郑玄注云:"乡人获者贱,明其主以侯为功得献也。"②

这是记射礼第二番射毕司马向获者献酒的礼仪。司马洗爵升堂酌酒,而后下堂,来到射侯的位置向获者进酒,获者背朝侯站立,

---

① 《仪礼注疏》卷十五,第1021页。
② 《仪礼注疏》卷十二,第1003页。

面朝北行拜礼,然后从司马手中接过酒爵。

郑玄对献获者"于侯"之仪的解释是:乡射是州中(或乡中)的射礼,为乡人报获的获者卑贱,故在射侯处向他献酒,而不是接近乏的地方,乡射乏在侯的西北,南距侯十丈,东距侯三丈,如此以表明获者主要因射侯的功劳而得酬报,而不是因为其负责报获的勤劳。

《大射仪》有三侯,分别是大侯、参侯、干侯,大侯是国君的射靶,其他二侯是卿大夫士的箭靶,大侯获者是服不氏,参侯、干侯获者是服不氏之徒。《大射仪》献获者的位处与《乡射礼》不同,但道理相同,见下:

《仪礼·大射仪》曰:"司马正洗散,遂实爵,献服不。服不侯西北三步,北面拜受爵。"

郑玄注云:"近其所为献。"①

献酒前,服不当在大侯之乏处,它在大侯的西北部,距大侯南有十步,东有十步,司马正向服不氏献酒,服不氏在大侯西北处三步远的地方受爵。

郑玄指明司马正是近服不氏所在之乏而献酒,这里的道理是:大射获者亦是因事得献,以侯为功,所以受献同样不在乏处。但与乡射相比,为君唱获的服不氏尊,所以在稍接近乏的位置献酒,与其受荐处相一致,如此以示对他的礼敬。

而且《大射仪》"司马师受虚爵,洗,献隶仆人与巾车、获者,皆如大侯之礼",该"获者"即是指参侯、干侯的获者,司马师献二侯

---

① 《仪礼注疏》卷十八,第1040页。

获者之礼如同司马正献服不氏,如此亦是近其所献酒。

《乡射礼》《大射仪》向获者献酒的位处,表明获者因射侯的功劳而得献酒,也正由此获者受酒后将以酒献侯,以示自己以侯为功。大致仪节是,获者拿着爵,使赞者拿着司马向其献酒时所进上的脯醢和折俎,他们来到射侯的右个前,接下来将开始依次在射侯个的右、左、中三处行祭。所谓"个",即射侯上下两旁的幅布,又称为"舌"(侯之制,中间部分称为"中",见方一丈,"中"的上下各接着长二丈的布条,称为"躬",上下躬的外侧又各接着长四丈的布条,称为"个")。获者在射侯三处祭毕,才开始自饮献酒。

《仪礼·乡射礼》曰:"左个之西北三步,东面设荐、俎。获者荐右东面立饮,不拜既爵。"

郑玄注云:"不就乏者,明其享侯之余也。"①

获者在个左西北处三步远的地方,站在所设脯醢的南边,最终饮所得献酒。郑玄指出获者并没有执爵来到乏处饮酒,表明自己享受的是射侯所剩余的。这同样也是展现了因侯而得献的道理。获者饮毕返回乏中,以待接下来开始第三番射时,才显明自己得酬报。见下。

《仪礼·乡射礼》曰:"司马受爵,奠于篚,复位。获者执其荐,使人执俎从之,辟设于乏南。"

郑玄注云:"迁设荐俎就乏,明己所得礼也。"②

---

① 《仪礼注疏》卷十二,第1004页。
② 《仪礼注疏》卷十二,第1004页。

以上是《乡射礼》。《大射仪》情况相同,服不氏祭毕,在"左个之西北三步",即开始受献的位置,面朝东饮酒,其不面朝北,是为避免有为侯饮酒的嫌疑。也就是说自己是享侯之余。三侯获者都得献酒后,皆各自拿着他们的脯醢,由庶子取着折俎跟从而后,分别来到各自乏处稍南的地方放置,明自己所得礼敬。

由此可见,执事者因事而得献,但受献之所也有不同,尊者在稍接近其所居位处的地方得献酒,卑者在所系属的事物处得献酒,引申来看,这里的区别在于尊者更突出因自己的勤劳得献,卑者则显明因所负责事务的功劳得献。之所以不同,执事者因勤劳的对象是尊者而亦得尊荣,肯定执事者的功劳,也是推重其所勤劳对象的一种表现。若负责的对象相对比较卑微,则执事者更谦逊地突出自己的酬报是因具体负责的事务的功劳而获得。

《乡饮酒礼》《乡射礼》主人之党最后得酬报也反映了该礼义。《乡饮酒礼》正歌备后立司正,初起旅酬。"旅",次序。旅酬就是以次序交错相酬。郑玄取《乡饮酒义》,云:"凡旅酬者,少长以齿,终于沃盥者,皆弟长而无遗矣。"① 在初起旅酬阶段,仅及堂上宾及其党,并非能及沃盥者。郑玄在此统概性解释旅酬,而连言无算爵之节,待无算爵时,方及主人之党。故《乡饮酒礼·记》曰:"主人之赞者西面,北上,不与。无算爵,然后与。""赞者",主人之属佐,助主人礼事,在燕时方得献。贾疏云:"以其主人之属,非主人所敬,故无算爵乃得酒也。"② 此处可以按郑玄"卑者先即事"说解。

---

① 《仪礼注疏》卷十,第988页。
② 《仪礼注疏》卷十,第991页。

因付出而得酬报,因职事而得到荣耀,以及不使无事妨碍有事,这些都是对功劳的推崇,是礼贵勤劳的表现。《礼记·祭法》曰:

> 夫圣王之制祭祀也,法施于民则祀之,以死勤事则祀之,以劳定国则祀之,能御大菑则祀之,能捍大患则祀之。是故厉山氏之有天下也,其子曰农,能殖百谷。夏之衰也,周弃继之,故祀以为稷。共工氏之霸九州也,其子曰后土,能平九州,故祀以为社。帝喾能序星辰以著众,尧能赏均刑法以义终,舜勤众事而野死,鲧鄣鸿水而殛死,禹能修鲧之功,黄帝正名百物以明民共财,颛顼能修之,契为司徒而民成,冥勤其官而水死,汤以宽治民而除其虐,文王以文治,武王以武功去民之菑,此皆有功烈于民者也;及夫日、月、星辰,民所瞻仰也,山林、川谷、丘陵,民所取财用也。非此族也,不在祀典。①

圣王制定的祭祀制度:能够把有益于民的好方法推行到民众中去的人就祭祀他,能为勤劳国事而死的人就祭祀他,能够立事功安定国家的人就祭祀他,能为国为民息止大灾害的人就祭祀他,能在有大患难的时候捍卫国家和民众的人就祭祀他。这些是礼推重勤劳的表现,也是农、稷、后土、帝喾、尧、舜、鲧、禹、黄帝、颛顼、契、冥、汤、文王、武王得以被人民所瞻仰的道理。

---

① 《礼记正义》卷四十六,第1590页。

第五章　渐成而有终

礼仪作为一种活动，具有程式性。也正是因为如此，礼仪才得以整体系统地被表现演绎出来。礼仪程式的进行有其内在原则，这就是渐成而有终。

"咸，速也。"(《周易·杂卦传》)注云："物之相应，莫速乎咸。"感应相与，可见天地万物之情，但正是由于如此，才不能"始求深"，要在礼的渐进过程中，使事理得以较为充分地发展。《周易·说卦》曰："渐者，进也。"①《渐卦》正义谓"徐而不速"②，《仪礼·士相见》宾至请见，曰："某也愿见，无由达。某子以命命某见。"③贾公彦疏云："孺悲欲见孔子，不由绍介，故孔子辞以疾。"④《仪礼·聘礼》曰："至于朝，主人曰'不腆先君之祧，既拚以俟矣'。宾曰'俟间'。"郑玄注云："宾之意不欲奄卒主人也。"⑤《礼记·少仪》曰"毋拔来，毋报往"，郑玄注云："人来往所之，常有宿渐，不可

---

① 《周易正义》卷九，第96页。
② 《周易正义》卷五，第63页。
③ 《仪礼注疏》卷七，第975页。
④ 《论语·阳货》曰："孺悲欲见孔子，孔子辞以疾。将命者出户，取瑟而歌，使之闻之。"刘宝楠《论语正义》引此，言贾疏意当出郑注。魏何晏注，梁皇侃《论语集解义疏》皆不取此意，而训"疾"为疾病。
⑤ 《仪礼注疏》卷二十，第1051—1052页。

卒也。"①

　　由上可得，人与人初相交接，宜有绍介。礼仪的开展与情谊交接，要循序渐进，按部就班，不切迫疾速，不疾来疾往。但这些侧重的都是礼事开始，或者礼事活动的前半段，是讲开始时的渐入佳境，不冒昧鲁莽。然而根据礼仪程式的一般模式，礼仪之"渐"的概念不仅如此，把握起来其关键点有三：（一）这个过程宏观上应该是连续性的。（二）这个过程有开始，有峰值，有最大值，有终结。（三）最终达到的是合宜的目的。故探讨礼的"渐进"应该包括这些方面。

第一节　循序渐进

　　本节探讨礼仪程式的递进展开和峰值营造两个问题。前者论述的是一般情况下，凡执礼行事，皆初始渐进，在循序渐进中升华礼义精神。后者探讨的是礼仪的过程中如何凝聚出小高潮，以烘托情感，也就是说礼仪过程不但是渐进的，而且具有丰富的层次性，是氛围烘托中有高涨有舒缓的一个循序渐进的过程。

　　一、递进展开

　　总的来说，礼仪程式的渐进是一个基本精神。程序的延展才能舒展情志，充分和周全地处理问题，推进礼仪主旨的深化和升华。

---

① 《礼记正义》卷三十五，第1512页。

（一）宾客之礼进宜难

"难进"是指宾、主相交接之初，行事执礼须有积渐。不急于求成，才符合中正之道，有益于关系的健康发展与长久维持。

《仪礼·乡射礼》曰："主人以宾三揖，皆行。及阶，三让，主人升一等，宾升。"

郑玄注云："三让而主人先升者，是主人先让于宾。不俱升者，宾客之道，进宜难也。"①

宾客升阶，三次相让，主人先升，宾后升，这种谦让和不同步体现了交接之道不会一步到位。又《士相见礼》士和士初次相交，宾请见，主人辞；宾又请，主人又辞；宾固请，主人辞挚；宾复请，主人固辞；宾再固请，主人许。这也是宾客之道，进宜难。

初来简便之礼不用盛仪。宾客新至，主人款待的盛礼还未开始，此刻前来致送资用仅先起到安处、安顿之心意，在这种情景下，致送的礼仪相对较轻②。

《仪礼·聘礼》曰："大夫帅至于馆，卿致馆。宾迎，再拜。卿致命，宾再拜稽首。卿退，宾送再拜。宰夫朝服设飧。"

郑玄注云："卿不俟设飧之毕，以不用束帛致故也。不用束帛致之者，明为新至，非大礼也。"③

这是记主国君派卿前去宾馆致馆设飧的礼仪。宾至所聘国国

---

① 《仪礼注疏》卷十一，第994页。
② 按：宋楼钥《北行日录》记述出使金国的过程，从至边境，到馆伴使接风宴、休息、见金朝皇帝等程式也非常符合《仪礼》程式的一些基本面貌。
③ 《仪礼注疏》卷二十，第1052页。

都，在外朝经下大夫通传先与主国君稍相致意，随后由大夫引领到达馆舍。主国君遣卿执束帛前来致馆，向宾传达国君请宾在此下榻的意思，宾答谢。卿退去，宾行再拜礼相送。宰夫穿着朝服，为宾设飧。

郑玄对"卿不俟设飧之毕"之仪的解释是：卿此行前来兼有致馆、致飧两件事，致馆传达君命有束帛，致飧不用束帛，故转达君命后不等设飧完毕就先行离开。之所以不用束帛致飧，是宾客始至，此致送食物非常简便，并非大礼。

所谓"飧"，是宾客初来，主国致送的饮食小礼，有腥饪、羞醢、米禾，没有饩牵（即只有熟食和生肉，没有活牲），且馈设不多。郑玄《聘礼注》云："食不备礼曰飧。"与此相对是致饔饩，是指使者与主国君行聘享礼后，国君使卿来致送供宾客食用的大礼，包括已经杀死的牲和活的牲，以及醯醢、米禾、刍薪、乘禽等物。郑玄《周礼注》云："飧，食也。小礼曰飧，大礼曰饔饩。"《聘礼·记》曰："飧不致。"不致，就是致命时不奉束帛，注云"草次馈，飧具轻"，此是说仓促设馔，飧食礼轻，所以不用束帛致命。《日知录》云："即孟子所谓'廪人继粟，庖人继肉，不以君命将之'，恐劳宾也。"[1]

致饔饩之礼，卿穿着韦弁服前来宾的馆舍门外表达来意，宾朝服略推辞后同意接受，卿随行的有司开始入庙陈设，等馈送陈设完毕后，宾改穿皮弁服到大门外迎接卿，卿捧着束帛与宾入庙升堂。卿在西阶上面朝东分别对馈送饔、饩致辞，宾每次都下堂行再拜稽首礼，卿以君命推辞，宾升堂再拜。宾在堂中央的西边面朝北接受

---

[1]［清］顾炎武著，陈垣校注《日知录校注》卷五，合肥：安徽大学出版社，2007年，第281—282页。

束帛，卿下堂出门。宾再次出门邀请卿入庙，向卿行侯礼，以表示感谢。卿接受宾赠送的束锦、骊马，然后离开。

总体来看，飨是宾客初至，主方致送的膳食小礼，并非大礼，故不用束帛致命，因此卿也不需等待陈设完毕再行离开，此义在招待简便，姑且聊以资用，不成敬意。若用不及或过度的仪来表示与其不相符合的义便失去了诚挚的本意。这实际上是礼与义的相称，情与实的相副。而初始即隆盛且能合理，则是主旨精神赋予整体规格展开的空间极大，如《国语·周语》载："襄王使太宰文公及内史兴赐晋文公命，上卿逆于境，晋侯郊劳，馆诸宗庙，馈九牢，设庭燎。及期，命于武宫，设桑主，布几筵，太宰莅之，晋侯端委以入。太宰以王命命冕服，内史赞之，三命而后即冕服。既毕，宾、飨、赠、饯如公命侯伯之礼，而加之以宴好。"

（二）教化取人循序善诱

射礼有三番。第一番射，为习射，若射中，便唱获，但不计多寡；第二番射，计成绩，分胜负；第三番射，和第二番射程式基本无异，只是射时要符合所演奏音乐的节奏。对三番射，郑氏解释是"取人以渐"与"教化之渐"。

《仪礼·乡射礼》曰："始射，获而未释获；复，释获；复，用乐行之。"

郑玄注云："君子取人以渐。"[①]

《仪礼·大射仪》曰："司射犹挟一个以作射，如初。一耦揖升如初。司马升，命去侯，负侯许诺。司马降，释弓反位。

---

① 《仪礼注疏》卷十三，第1011页。

司射与司马交于阶前,倚扑于阶西,适阼阶下,北面请以乐于公,公许。"

郑玄注云:"'始射,获而未释获,复释获,复用乐行之。'君子之于事也,始取苟能,中课有功,终用成法,教化之渐也。"①

"苟能",即可教之才②。"课",即试。"有功",有功绩、功劳、成效。"成法",既定之法③。《驺虞》是天子之射节,"乐得贤者众多,叹思至仁之人以充其官"。乡射亦乐贤,故取用之,"其他宾客、乡大夫则歌《采苹》"。

郑玄的意思是,推举可塑之人,通过诱导教化,而后课考其功成,以观其贤愚,此亦是"当以时人相比方耳",最后用先王成法以节之。即虽不可轻以先王成法拟人,但不代表先王成法可尽弃,选拔人才,最终要格以先王成法。

"始吾于人也,听其言而信其行,今吾于人也,听其言而观其行。于予与改是"(《论语·公冶长第五》)。取人和教化,若急于求成,往往适得其反。

《士冠礼》未冠之前,称"将冠者",加缁布冠后,称"冠者"。士

---

① 《仪礼注疏》卷十八,第1041—1042页。
② 《礼记·文王世子》曰:"凡语于郊者,必取贤敛才焉,或以德进,或以事举,或以言扬。"(《礼记正义》卷二十,第1406页)"德""事""言",皆可视为"苟能"之范畴。若以乡射说,所设之三耦,是"司射选弟子之中德行道艺之高者"。
③ 《礼记·表记》曰:"子曰:'……是故君子以义度人,则难为人。以人望人,则贤者可知已矣。'"郑注云:"言以先王成法儗度,人则难中也,当以时人相比方耳。"(《礼记正义》卷五十四,第1640页)由此见郑玄不欲轻辄以先王成法度之,而亦注重"时人"。

冠有三加。冠礼被视为"礼之始"①，喻成人之道，"成人之者，将责成人礼焉"，士加三冠，每加一冠，冠者回房换上相应衣服，出房面朝南展示，而后再加下一冠②。

《礼记·冠义》曰："醮于客位，三加弥尊，加有成也。"③

郑玄注云："冠者，初加缁布冠，次加皮弁，次加爵弁。每加益尊，所以益成也。"

《礼记·郊特牲》曰："适子冠于阼，以著代也。醮于客位，加有成也。三加弥尊，喻其志也。"

郑玄注云："每加而有成人之道也，成人则益尊，醮于客位尊之也。始加缁布冠，次皮弁，次爵弁，冠益尊则志益大也。"④

加冠在阼阶上进行，表明父子传代，初次加缁布冠，此"莫夕于朝之服"，"欲其尚质重古"；次加皮弁，此"与君视朔之服"，"欲其行三王之德"；再次是爵弁，"与君祭之服"，"欲其行敬事神明"。所加之冠一次比一次尊贵，这是晓喻冠者的志意，希望其渐进有成，志意益光明盛大。正因此在客位上向冠者行醮礼，每次加冠，有成人之道，尊之而在客位。

---

① 《礼记正义·冠义》卷六十一，第1679页。
② 按：这是据《仪礼》士冠而言。古礼，诸侯"四加"，另加玄冕。天子"五加"，四加之后加衮冕。汉代皇帝为四加。唐代皇帝加一冕，皇太子、亲王等三加。宋沿袭唐制。明，皇帝一加，皇太子三加。可参看秦蕙田《五礼通考》等文献相关章节。
③ 《礼记正义》卷六十一，第1679页。
④ 《礼记正义》卷二十六，第1455页。

（三）丧礼宜缓不尚疾

丧礼的"渐进"之义尤为凸显，主要原因在于不忍亲人遽然相去，是孝的表现。《礼记·坊记》曰："子云：'宾礼每进以让，丧礼每加以远。浴于中霤，饭于牖下，小敛于户内，大敛于阼，殡于客位，祖于庭，葬于墓，所以示远也。'"①

> 《仪礼·既夕礼》曰："祖，还车不还器。"
> 郑玄注云："祖有行渐，车亦宜乡外也。"②

"'既'，已也，谓先葬二日。已夕哭时，与葬间一日"（此诸侯下士之日）。死之将葬，当迁柩于祖，朝庙一日，已夕哭讫，明旦则开始迁柩于祖的仪式。至朝庙，"荐车"，因明旦将行以葬，故豫陈之，"象生时将行陈驾也"，此车所陈之位置为：当东荣于中庭，东陈，西上，车辕朝北。至日偏西，为祖，"祖"者，始也。堂上之棺柩要装载在柩车上，一切完备后，"商祝御柩，乃祖"，即还柩车向外，且前所陈三车皆还，此即郑玄所言"祖有行渐，车亦宜乡外也"，言明葬日，今为将行始，车向外，即"祖"，有行渐之意。

> 《仪礼·士虞礼》曰："祝反，入彻，设于西北隅，如其设也。几在南，厞用席。"
> 郑玄注云："'几在南'，变古③文，明东面。不南面，渐也。"④

---

① 《礼记正义》卷五十一，第1621页。
② 《仪礼注疏》卷三十八，第1149页。
③ 按："古"，当为"右"。详参阮校。
④ 《仪礼注疏》卷四十二，第1170页。

祭祀，"凡尸既出室之后，改馔于西北隅，谓之阳厌"①，郑玄注云："不知鬼神之节，改设之，庶几歆飨，所以为厌饫也。"②前时阴厌，几与席设于奥，面朝东，几在右；此阳厌"几在南"，变化了"几在右"的说法，实际与阴厌同，都是东面。

郑玄解"不南面，渐也"，言《特牲馈食礼》阳厌亦是东面，而《特牲馈食礼》为吉礼，此《士虞礼》为凶礼，与《特牲馈食礼》吉礼同，故为渐也，即渐吉之。

《礼记·檀弓》曰："始死之奠，其余阁也与？"郑玄注云："不容改新。"③用吃剩下的祭奠，这是因为生者不忍心按其鬼神敬奉，不接受逝者已死的一种感情表现。

丧礼中，遗体在室内南墙窗下，头朝南，脚朝北。未下葬前，遗体皆是头朝南，脚朝北，为不忍以死视之。只有在临葬朝庙，给祖先辞行时，头朝北，朝事当不背父母，以首向之。大敛后服丧服。这些都是丧礼渐进之义。

（四）婚事渐进养廉耻

婚礼特别重视"渐"的精神④。"女在其国称女，在涂称妇，入国称夫人。"(《公羊传》)《仪礼·士昏礼》在家称"女"，男方亲迎，随出，始称"妇"。《易》渐卦以女子出嫁礼备渐进说明物进宜渐的道理。《正义》曰，"妇人之嫁，备礼乃动，故渐之所施，吉在女嫁""女归有渐，得礼之正"。《士昏礼》有下达、纳采、问名、纳吉、纳征、请

---

① [清]凌廷堪著，彭林校点《礼经释例》，第238页。
② 《仪礼注疏》卷四十二，第1170页。
③ 《礼记正义》卷七，第1281页。
④ 《通典》尚有杜佑对汉末由战乱而起的急娶急嫁的论述，见[唐]杜佑撰，王文锦等点校《通典》卷五十九《礼》十九，第1682页。

期、亲迎等环节,足见婚礼行事之渐。

  《仪礼·士昏礼》曰:"昏礼。下达,纳采用雁。"
  郑玄注云:"昏必由媒,交接设绍介,皆所以养廉耻。"
  贾公彦疏云:"云'皆所以养廉耻'者,解所以须媒及设绍介者,皆所以养成男女使有廉耻也,使媒通之、媵御沃盥交之等,皆是行事之渐,养廉耻之义也。"①

郑玄指出婚礼有媒氏,男家派使者前往女家提亲,女方接受再行纳采礼,婚事必须有媒,交接设绍介,都是养人廉耻,不急于求进。贾公彦按照郑注的思路,又补充其他几处。分别是:

  《仪礼·士昏礼》曰:"女次,纯衣纁袡,立于房中,南面。"
  郑玄注云:"袡,亦缘也。袡之言任也。以纁缘其衣,象阴气上任也。"
  贾公彦疏云:"云'袡之言任也。以纁缘其衣,象阴气上任也'者,妇人阴,象阴气上交于阳,亦取交接之义也。"②

  《仪礼·士昏礼》曰:"主人爵弁,纁裳,缁袘。"
  郑玄注云:"袘之言施,以缁缘裳,象阳气下施。"
  贾公言疏云:"云'以缁缘裳,象阳气下施'者,男阳女阴,男女相交接,示行事有渐,故云'象阳气下施',故以衣带上体同色之物下缘于裳也。"③

---

① 《仪礼注疏》卷四,第961页。
② 《仪礼注疏》卷五,第965页。
③ 《仪礼注疏》卷四,第963页。

男子迎亲时爵弁,缁衣、缁带,穿下缘镶有黑边的纁裳;女子穿着黑色的衣、裳,丝衣下缘镶纁边,郑玄指出此象征阴气上交,阳气下施。贾疏认为这意味男女相交接,行事有渐进。

《仪礼·士昏礼》曰:"妇至,主人揖妇以入。……夫入于室,即席。妇尊西,南面,媵、御沃盥交。"

郑玄注云:"媵沃婿盥于南洗,御沃妇盥于北洗。夫妇始接,情有廉耻,媵、御交道其志。"①

《仪礼·士昏礼》曰:"主人说服于房,媵受。妇说服于室,御受。姆授巾"。

贾公言疏云:"云'主人说服于房,媵受。妇说服于室,御受'者,与沃盥文同,亦是交接有渐之义也。"②

《仪礼·士昏礼》曰:"御衽于奥,媵衽良席在东,皆有枕,北止。"

贾公彦疏云:"若然,前布同牢席,夫在西,妇在东,今乃夫在东,妇在西,易处者,前者示有阴阳交会有渐,故男西女东,今取阳往就阴,故男女各于其方也。"③

妇来到夫家,入室即位后先盥手,准备接下来的仪式。盥手时,夫洗,妇家随从媵盥水,妇洗,夫家随从御盥水,夫妇相随者交替为两位新人服务。郑玄解释:女子到来,男女始相接触,羞涩难为情,媵御交替以示情志沟通,使感情递进开展。贾公彦根据郑玄

---

① 《仪礼注疏》卷五,第966页。
② 《仪礼注疏》卷五,第967页。
③ 《仪礼注疏》卷五,第967页。

的思路,阐述接下来媵、御交替接过男、女新人的衣服,交替为他们铺席子都是渐进的表现。

《开元礼》亲王纳妃"同牢"一节,亦夫妇相随者交替为之沃水:

> 王导妃升自西阶,入于室,即席东面立。妃入,立于樽西,南面。王盥于南洗,妃从者沃之。妃盥于北洗,王从者沃之。①

以上即各礼的程式渐进问题。其余未提及者不再展开。《礼记·礼器》提出"礼之近人情者,非其至者也"的观点,郑玄于此一节的注文,则可视为揭示出了"礼有渐"的原因和意义。

> 君子曰:礼之近人情者,非其至者也。郊血,大飨腥,三献爓,一献孰。是故君子之于礼也,非作而致其情也,此有由始也。是故七介以相见也,不然则已悫,三辞三让而至,不然则已蹙。故鲁人将有事于上帝,必先有事于頖宫;晋人将有事于河,必先有事于恶池;齐人将有事于泰山,必先有事于配林。三月系,七日戒,三日宿,慎之至也。故礼有摈诏,乐有相步,温之至也。②

郑玄注云:"近人情者亵,而远之者敬。"言君子行礼,欲树立上下前人"敬非己情"之义,表明行非直任己心,而"此有由始也"。若没有"慎之至""温之至",则"情无由至也"。东汉建武三十年

---

① [唐]杜佑撰,王文锦等点校《通典》卷一百二十九《礼》八十九,第3311页。
② 《礼记正义》卷二十四,第1439页。

三月,刘秀亲临鲁地,经过泰山,下诏祭山及梁父。时虎贲中郎将梁松等议:"《记》曰'齐将有事泰山,先有事配林',盖诸侯之礼也。河岳视公侯,王者祭焉,宜无即事之渐,不祭配林。"卢植注云:"配林,小山林麓配泰山者也。谓诸侯不郊天,泰山巡省所考五岳之宗,故有事将祀之,先即其渐。天子则否矣。"① 天子至尊,祭天地、祭天下名山大川,差降而下,故不必积渐。诸侯方祀,祭名山大川在其地者,故先即其渐,是天子以下祭祀尊卑不同。

二、峰值营造

礼是渐进的,在这个过程中有正礼盛备之处,也就是每个活动最高潮的地方。在最高值之外,每段程式区间,也存在和需要小高潮,这就带来一个峰值营造的问题。在一个礼仪程式中,如何达到情绪的饱满,烘托出层次感呢?在此以用乐时机为例说明问题。

音乐用来渲染气氛,烘托小高潮,它的渐进直到停止,造就了峰值。音乐在此不是目的,是一个手段。因为要达成这样的效果,所以借助音乐演奏来达成。

《仪礼·大射仪》曰:"摈者纳宾,宾及庭,公降一等揖宾,宾辟。公升,即席。奏《肆夏》。……宾升筵,……席末坐啐酒,降席,坐奠爵,拜,告旨,执爵兴。主人答拜。乐阕。"

郑玄注云:"'阕',止也。乐止者,尊宾之礼盛于上也。"②

《仪礼·燕礼》曰:"若以乐纳宾,则宾及庭,奏《肆夏》。

---

① 《后汉书》志第七《祭祀上》,第3162—3163页。
② 《仪礼注疏》卷十六,第1030页。

宾拜酒，主人答拜而乐阕。"①

这是记大射、燕礼宾入奏乐的礼仪。公任命某大夫为活动的宾时，宾要先退出再重新以宾礼进入活动场地。当宾进入到活动场所的庭中时，公为了表示对宾的礼遇，降阶一等向其行揖礼，宾回避不敢当，公升阶入席，此时音乐奏起。主人开始和宾行礼。宾和主人执礼升堂后，主人开始向宾献酒，宾受酒行祭，尝一尝，然后下席行拜，向主人告酒美，主人则随后回礼。此时奏乐停止。

郑玄对奏乐礼宾之仪的解释是：奏乐是对宾的一种礼敬，充分展示着礼仪的隆重。宾正式入庭，这是纳宾的初始，此时起乐，随乐，宾、主开始执礼升堂，至宾饮主人献酒，这时从入庭到升堂，宾的尊贵逐渐到了一个隆盛的高度，奏乐纳宾礼宾，于是礼成。换言之，尊宾的礼仪以堂上为盛，故奏乐起自宾入庭，止在饮献酒。

《仪礼·士虞礼》曰："尸入门，丈夫踊，妇人踊。淳尸盥，宗人授巾。尸及阶，祝延尸。尸升，宗人诏踊如初。尸入户，踊如初，哭止。"

郑玄注云："哭止，尊尸。"②

虞祭飨神后开始祭尸，祝出庙迎尸，尸进庙门，主人和众主人踊，接着妇人们踊，尸升堂时，踊如初。当尸进入室，大家如开始时一样踊，但停止哭泣。止哭也是肃敬之义的营造。

音乐演奏效果的运用一直为后沿用。以《开元礼》为例：

---

① 《仪礼注疏》卷十五，第1024页。
② 《仪礼注疏》卷四十二，第1168页。

吉礼　皇帝仲春仲秋上戊祭太社
（奠玉帛节）

　　诸太祝俱取玉币于篚，各立于樽所。太常卿引皇帝，《太和之乐》作，皇帝诣太社坛，升自北陛，侍中、中书令下及左右侍卫量人从升，皇帝升坛，南向立，乐止。①

吉礼　皇太子释奠于孔宣父

　　太祝各跪取币于篚，立于樽所。率更令引皇太子，《永和之乐》作，皇太子自东阶升，左庶子以下及左右侍卫量人从升。皇太子升堂，进先圣神座前，西向立，乐止。②

嘉礼　皇帝正至受群臣朝贺

　　公初之门，《舒和之乐》作，公至位，乐止。③

嘉礼　皇帝养老于太学

　　三老入门，《舒和之乐》作，三老五更立于门西，东面北上，奉礼引群老随入，立于其后。初三老立定，乐止。④

嘉礼　皇太子加元服

　　通事舍人引宾赞入就位，宾赞初行入门，《舒和之乐》作，至位乐止。⑤

---

① ［唐］杜佑撰，王文锦等点校《通典》卷一百一十三《礼》七十三，第2909页。
② ［唐］杜佑撰，王文锦等点校《通典》卷一百一十七《礼》七十七，第2993页。
③ ［唐］杜佑撰，王文锦等点校《通典》卷一百二十三《礼》八十三，第3152页。
④ ［唐］杜佑撰，王文锦等点校《通典》卷一百二十四《礼》八十四，第3185页。
⑤ ［唐］杜佑撰，王文锦等点校《通典》卷一百二十六《礼》八十六，第3229页。

其他用乐营造气氛高潮亦无差异,不再赘述罗列。在现代礼仪活动中,这种仪式表现手法也被广泛应用。

第二节 合乎时宜

合乎时宜,是指在礼仪活动循序渐进的过程中,让各项行事合时。这也是程式渐进中应该含有的议题。《礼记·曾子问》:"曾子问曰:'除丧则不复昏礼乎?'孔子曰:'祭过时不祭,礼也。又何反于初?'"郑注云:"重喻轻也。同牢及馈飨相饮食之道。"① 又:"孔子曰:'先王制礼,过时弗举,礼也。非弗能勿除也,患其过于制也。故君子过时不祭,礼也。'"郑玄注云:"言制礼以为民中,过其时则不成礼。"②

(一)盛事当盛时

1.致送资用大礼当在正礼之日

《仪礼·聘礼》曰:"聘日致饔。"
郑玄注云:"急归大礼。"③

这是记向使者致送饔饩的日期。使者一行到来,先去外朝向主国君禀示,随后即就馆舍,主国会遣卿来致飧。等到行聘之日,使者与国君行聘后,主国派卿来致送饔饩,这是聘享中的大礼,包括已经杀死的牲和活的牲,以及酰醢、米禾、刍薪、乘禽等物。

---
① 《礼记正义》卷十八,第1392页。
② 《礼记正义》卷十九,第1397页。
③ 《仪礼注疏》卷二十四,第1075页。

郑玄对"聘日致饔"的解释是:使者与主国君行聘享之礼,正式相交接,礼仪最重要的环节已进行,相应地应尽快把资用大礼送呈至宾馆。

款待盛情的大礼也是礼仪发展过程中的一个节点,使者始至,仅在朝外通过摈者与主国君进行了短暂交接致辞,这时的礼物资用不宜达到高潮;聘日使者已向主国君和夫人行聘享礼,应当迅速地把馈赠的大礼致送给宾介,逾时则是一种失敬行为。

2. 宾请观瞻以尊大主方

《仪礼·聘礼》曰:"归大礼之日,既受饔饩,请观。"

郑玄注云:"聘于是国,欲见其宗庙之好,百官之富,若尤尊大之焉。"①

这是记使者请求观瞻主国宗庙宫室的礼仪。使者向主国君行聘享礼完备,主国随后派卿前来致送饔饩大礼,使者接受并提出参观的请求。

郑玄对"请观"之仪的解释是:宾前来行聘,希望观瞻主国宗庙宫室的宏伟壮丽、百官的富有,这是尊大推重主国的意思。

据《东京梦华录·元旦朝会》记述,辽使朝见正礼后,安排大相国寺烧香,以及射弓宴饮等活动。

> 大辽使人朝见讫,翼日诣大相国寺烧香,次日诣南御苑射弓,朝廷旋选能射武臣伴射。②

---

① 《仪礼注疏》卷二十四,第1075页。
② [宋]孟元老撰,伊永文笺注《东京梦华录笺注》卷六,北京:中华书局,2007年,第517页。

使者观瞻游玩的时间安排亦同。《观》之六四"观国之光,利用宾于王",《象》:"尚宾也。"此即《说苑》阐释之"甚尊其人,必敬其位"的道理。

(二)慰问不以残日

残日,日暮夕时。较为正式的拜访和慰问宜在清晨至正午间,这是一天的新始,时间充裕,精神充沛,也是他人处理事务的时间,在这样的情形下前去访问是对他人的尊敬。

> 《仪礼·聘礼》曰:"聘日致饔。明日,问大夫。"
> 郑玄注云:"不以残日问人,崇敬也。"①

使者向主国君行聘享大礼完毕,会在退出时请求拜访主国卿大夫。郑玄对行聘后改日问大夫之仪的解释是:行聘之日,聘享礼完毕,主国派卿来致送饔饩,诸事完备后时间已不早。拜访他人不应在夕阳日暮的时候,这样会显得仓促轻躁,有失敬意,故来日再前去慰问,以示崇敬之情。

这说明当行正礼完毕后,对于其他人的专诚慰问,不应在日暮的时候进行。

(三)助兴不宜迟

按《乡饮酒礼》《乡射礼》记载,活动时,可能会有诸公、大夫前来参加典礼。他们进入庠、序的时机存在规范,既有上限,也有下限,上限在"意旨归属确定"章节有阐释,现就其下限所蕴藉着的礼义精神进行分析阐述。

> 《仪礼·乡饮酒礼·记》曰:"乐作,大夫不入。"

---

① 《仪礼注疏》卷二十四,第1075页。

郑玄注云:"后乐贤者。"①

《仪礼·乡射礼·记》曰:"乐作,大夫不入。"

郑玄注云:"后乐贤也。"②

这是说当乡饮、乡射活动进行到音乐开始演奏之后,前来助事观礼的大夫就不再进入了。

郑玄对作乐后大夫不入之仪的解释是:"一人举觯"以后,升歌演奏之前,尚属活动正礼期间,大夫前来正可助主人乐宾,音乐奏起就过了乐贤这一主题③,既无法表达助礼这一主旨,也就没有必要再进入。

为了更好地理解这条礼义精神,首先需要对该处的"大夫"进行界定。在《乡饮酒礼》这里,他们是指前来助主人乐宾的诸公、大夫,其中诸公是指大国的孤,四命,爵位为卿大夫,而大夫是指乡中官至大夫者。见下。

《仪礼·乡饮酒礼》曰:"宾若有遵者,诸公、大夫,则既一人举觯乃入。"

郑玄注云:"遵者,诸公、大夫也。谓之宾者,同从外来

---

① 《仪礼注疏》卷十,第991页。
② 《仪礼注疏》卷十三,第1010页。
③ 《乡饮酒礼》礼仪开始,先是主人向宾、介、众宾献酒,此可看成正礼的第一个阶段;主人献众宾后,与宾揖让升堂,介、众宾亦随之升堂,此时主人使一人举觯,向宾进献酬酒,宾奠而不饮,接下来是作乐环节,此升歌奏乐环节可以看成正礼的第二个阶段;乐歌演奏完备,开始立司正,行旅酬,以及开启无算爵环节,这都是正礼后的阶段。至于《乡射礼》,礼仪程式基本相同,仅是设立司正后,暂不开始旅酬,正式进入射事环节,待射事完毕后,再接续开始行旅酬之法。

耳。大国有孤,四命谓之公。"①

《仪礼·乡饮酒礼》曰:"遵者降席,席东、南面。"

郑玄注云:"遵者,谓此乡之人仕至大夫者也,今来助主人乐宾,主人所荣而遵法者也,因以为名。"②

第一条是记诸公、大夫进入时的上限。第二条是记无算爵彻俎时,遵者下席站立以待受俎之人时的礼仪,而且"遵者"在此实指为大夫,而非诸公。此意味着虽然经文一再说如果有诸公、大夫前来,但实际上记载的这套正式程式中仅来了大夫。下《记》中交代了若诸公前来时诸公、大夫的席位,曰:"若有诸公,则大夫于主人之北,西面。"也就是说,诸公不来,则大夫即在宾席东面,与宾夹尊,面朝南;若诸公来,则大夫席主人之北,面朝西。至于为何郑玄认为《乡饮酒礼》此处降席的"遵者"具体是指大夫而非诸公,则可能是因为《乡射礼》此处实指大夫的缘故。

《乡射礼·记》"乐作大夫不入"似与《乡饮酒礼》同,泛指诸公、大夫,但由《乡射礼》经文来看,实际其记载的是乡中位至大夫者。见下。

《仪礼·乡射礼》曰:"大夫若有遵者,则入门左。"郑玄注云:"谓此乡之人为大夫者也。谓之遵者,方以礼乐化民,欲其遵法之也。"③

《仪礼·乡射礼》曰:"若有诸公,则如宾礼,大夫如介礼。

---

① 《仪礼注疏》卷十,第989页。
② 《仪礼注疏》卷十,第989页。
③ 《仪礼注疏》卷十一,第995页。

无诸公，则大夫如宾礼。"郑玄注云："尊卑之差。诸公，大国之孤也。"①

郑玄知《乡射礼》入门左的遵者不是诸公，因为下经为其设席乃是两重，此大夫制②。

综合以上，这里乐作不入的"大夫"是指大国的孤，或此乡之人仕至大夫者，其中孤称为公，爵位为卿大夫。

简言之，该诸侯国的孤、大夫若前来助礼、观礼，当错过为使宾愉悦而奏乐的环节，就不再进入庠、序中参与活动。因为首先他们不是活动的主持者，也非正当礼者，出席与否并不一定。其次活动的主旨，乡饮在于礼宾尚贤，乡射在于会民习礼，都是基层组织有关兴贤、教化的活动。在这种情况下，由经文所记可以看出，诸公、大夫一是不应干扰宾、主正礼，二是应谦己敬贤，不自殊别。位尊爵高的他们前来参加活动，正如郑注所言有助主人乐宾的意义，也藉此以示效法礼乐之治，所以他们到来的时间必附着其义，如果错过了盛情款待宾的正礼阶段，于《乡饮酒礼》则仅剩下燕欢的无算爵阶段，于《乡射礼》则是进入射箭环节，诸公、大夫莅临的意义已不大。

（四）容人先敬尊者

在活动中，若对方尚未与尊者成礼，自己不急于先与其成礼。在礼仪完备的先后程度上，尊者优先，卑者靠后，也就是成礼问题上的循序渐进和合乎时宜。卑者要顺遂对方优先礼敬他人的心情。

---

① 《仪礼注疏》卷十三，第1010页。
② 按：贾公彦疏云："郑知是当乡大夫者，以其《乡射》既与人行射礼，而言大夫者，当乡大夫可知。"

事情的推进有其内在层次性和逻辑性。从一个宏观的角度看，任何一个礼事行为都是一个有机的系统，里面的每个仪节，或程式、行为、事件，它们在重要性、优先性等方面都有一个系数。当礼仪主旨确定，人员进入活动开始，组成礼的每个能动要素就开始以自身的系数去参与。

要实现礼的"尊主分明"，一切就要依次开展。礼的程式体系里互有交叉，在交叉阶段，参与人数开始增多，卑者广泛参与进来。参与的卑者需先和尊者成礼，而他的同伦要顺成对方的这种心意。之所以不把该问题划归至"尊主分明"，因为这主要是卑者内部的调配，不涉及抢夺尊者的意旨归属。卑者之间不急于成礼叙意，顺达对方先敬尊者的心意。这突出体现于《有司彻》一篇。

《仪礼·有司彻》曰："司士羞一湆鱼，如尸礼。卒爵，拜。三献答拜，受爵。尸降筵，受三献爵，酌以酢之。"

郑玄注云："既致主人，尸乃酢之，遂宾意。"①

这是记尸在上宾向侑、主人献酒后，回敬上宾的礼仪。上宾继主人、主妇之后，第三位向尸献酒，尸欲神惠均平于庭中，奠爵未饮，于是三献仪节完毕。等到主人向众宾、兄弟、内宾及私臣一众人献酒完毕后，尸举起上宾前面的献酒饮干，把爵放下行拜礼，上宾西阶上北面答拜，然后接过尸的空爵。接下来上宾用此爵酌酒先后向侑和主人进献酒，等主人饮干，上宾接过主人的空爵。此时尸下席，接过上宾手中的爵，酌酒回敬上宾。

郑玄对尸回敬上宾仪节的阐释是：尸饮毕上宾的献酒，没有

---

① 《仪礼注疏》卷五十，第1214—1215页。

接着回敬上宾，而是直等到上宾向主人致酒完成以后才开始回敬。这是因为尸顺从上宾想与主人完礼的心情和心愿。详解如下。

《有司彻》是《少牢馈食礼》的下篇，是大夫在室中行正祭之后，在堂上进行的傧尸活动。参加的主要成员可分为6组：(1)主人和主妇，(2)尸和侑，(3)上宾和众宾(主人的诸官)，(4)主人兄弟，(5)姑姊妹和宗妇，(6)主人私臣(未受国君所命)。活动大致的程式如下：

  1.主人向尸献酒 2.主人向侑献酒 3.尸回敬主人‖4.主妇向尸献酒 5.主妇向侑献酒 6.主妇向主人致酒 7.尸回敬主妇‖8.上宾向尸敬酒‖9.主人向尸进献酬酒‖10.主人向上宾献酒 11.主人向众宾献酒 12.主人代上宾自酢 13.主人向上宾进献酬酒‖14.主人向兄弟献酒 15.主人向内宾献酒 16.主人向私臣献酒‖17.上宾三献礼成(尸饮上宾献酒，上宾献侑，上宾献主人，尸回敬上宾)18.旅酬 19.兄弟后生向长兄弟进酒 20.次上宾的众宾之长向尸献酒 21.次众宾长的宾向尸举觯再行旅酬 22.无算爵

从活动程式即可看出，第10节至第13节，主人向上宾献酒，因为主人是大夫，上宾在内的众宾皆是诸官，属于纯臣，上宾不敢与主人伉礼而回敬主人，故主人自己酢酒饮毕，又向上宾献酬酒。由此，从第10节主人献上宾，到第17节尸饮上宾的献酒，上宾还未真正回敬主人酒；既然尸在此饮干"三献"之酒，那上宾献尸的意愿达成，这样上宾也有情由去向佐尸行礼的侑献酒，此前作为众宾代表的上宾亦尚未献侑。在这种情况下，上宾先献侑，毕竟傧尸是活动主题，尸和侑是受敬者，献侑完毕后，上宾定要完成敬主人的

心情，也使礼数圆满，故向主人献酒。正是因为以上这些缘由，所以尸在受上宾献酒后，不立即回敬上宾，而是顺应上宾的心情，使他先完成向侑和主人献酒的礼仪，最后再回敬他。

由上面分析即可看出郑玄精义的高妙醇深。在这个礼义问题上，存有以下几个组成要素：1."傧尸"环节中尸相比于主人地位卑下。尸是从受祭者的同姓嫡孙中选取，正祭时尸代表受祭的死者，位尊；正祭结束把尸当成宾客招待，尸位卑，在"傧尸"开始时，尸与侑面朝北站在庙门外，注云："北面者，宾尸而尸益卑。"若以尸为宾客，尸当面朝东站在门西位置，今尸实是执臣道，故北面，所以尸在傧尸环节更加低微。2.上宾是由大夫的诸官中选任，属于纯臣。在这种情势下，作为上宾，他要在主人、主妇之后第三次向尸献酒，对于上宾的"三献"之爵，尸因三次献酒礼已完毕，希望神的惠赐能够遍惠，故先不饮，而等到庭中参与者都得献酒后，再举杯，于是尸把爵放置下来。既然如此，主人这条线开始依次向大家献酒，这其中也包括向上宾献酒，直等到主人向堂下众宾及以下全部献酒完毕，尸开始举上宾"三献"之爵；尸饮上宾献酒后，还要回敬上宾，但此时上宾还仍未向尸的佐礼者侑，以及向主人献酒，所以尸不急于与上宾速成礼，而是顺应上宾的心情，等上宾先与侑、主人行礼完毕后再与他执礼。

所以抽绎这种礼义精神就是，地位稍低的尸在此次款待活动中，不急于与地位同样不高，也须要与更尊者执礼的上宾一次性接连完成礼仪程式，而是体谅上宾的心情，使他把各项礼数都做周道，自己再来和他行礼。

此外，傧尸中位卑的尸不急于成礼不仅在此一处，贾公彦疏文根据郑玄礼义揭示尸也不急于与主人成礼的细节。

《仪礼·有司彻》曰:"主人坐取爵以兴,次宾羞燔,主人受,如尸礼。主人降筵自北方,北面于阼阶上,坐卒爵,执爵以兴,坐奠爵,拜,执爵以兴。尸西楹西答拜。主人坐奠爵于东序南。侑升。尸、侑皆北面于西楹西。主人北面于东楹东,再拜崇酒。尸、侑皆答再拜。主人及尸、侑皆升就筵。"

郑玄注云:"不降奠爵于篚,急崇酒。"①

主人向尸献酒,尸没有立即回敬主人,而是主人又向侑献酒,贾公彦疏云:

> 但《特牲》《少牢》主人献尸,尸即酢主人,主人乃献祝及佐食,此尸待主人献侑乃酢主人。不同者,此尸卑,达主人之意欲得先进酒于侑,乃自饮。彼尸尊,不达主人,欲自达己意,故先酢主人,乃使主人献祝与佐食,故不同。是以下文宾长献尸,致爵主人,尸乃酢之,遂宾意,亦此类也。②

贾公彦指出,《特牲馈食礼》《少牢馈食礼》,主人献尸,尸即回敬主人,然后主人再向祝和佐食献酒;《有司彻》主人向尸献酒后,尸未接着回敬主人,而是主人向侑献酒。原因就是在《特牲馈食礼》《少牢馈食礼》的正祭中,尸代表着受祭者,地位尊贵,所以直接与主人按仪节规范连续完整地行礼,而从尸的角度讲也是正当礼者,不存在向侑、佐食退让的问题。但在《有司彻》傧尸的礼仪中,尸是宾客的身份,且地位相对低微,主人地位尊贵,这样的情况下,尸没有独自占有礼敬的中心,而是谦谨地使主人申述对侑的

---

① 《仪礼注疏》卷四十九,第1209—1210页。
② 《仪礼注疏》卷四十九,第1209页。

尊敬之情，然后再回敬主人。按照贾疏的思路，即可以发现除去主人，尸与主妇的行礼也是如此。在《特牲馈食礼》《少牢馈食礼》中，主妇向尸献酒后，尸接着回敬主妇，《有司彻》主妇敬尸以后，尸没有立即回敬，而是主妇向侑献酒，然后尸再回敬主妇。它的道理与《有司彻》尸不直接回敬主人一致[①]。

综上所述，《有司彻》中不急于成礼出现的要素可概括为两点：一、近似私人性质的礼仪活动。二、活动受到主敬的人地位低，其他参加者都比主人地位要低。这种礼义精神抽绎而言就是：在活动中，地位不高者不急于与尊者、或前来与自己行礼的人立即执礼完备，还要顺从别人可能还要礼敬尊者或者当礼者的心情。简言之，地位不高的参与者不急于自显，也不把礼仪焦点集中在自己身上。

第三节　礼有终结

礼仪活动的举行，有始即有终。主客之间的行礼，若往来反复不知终结，则必然陷于疲敝。礼的目的在于谦己敬人，但当事情进展到将要结束或已经结束时，执礼双方却不宜再抱着"礼无不答"

[①]《乡饮酒礼》《乡射礼》是宾、主正匹敌；《燕礼》《大射仪》宾、主皆臣下，不敢与国君忼礼。《有司彻》正是因为作为宾的尸卑，与主人并非真正匹敌，活动有私礼的性质，活动主题除了款待尸，实则还隐含着对其他参与者的一种招待。在这样的情况下，尸以谦卑自处，受献酒后，顺遂主人、主妇向活动中理应受敬且跟自己地位实际大差不差的侑献酒；同时理解上宾先欲礼敬侑和主人的心情。

的心态争相礼敬,而是适时调整自己的言行情感,使礼仪顺利渐备和结束。郑玄将这种做法称为"礼有终"。可划分为行礼将近末尾和正式结束时两类。

一、顺势渐备

《仪礼》记载的各项礼仪活动,在礼仪将要结束时,都贯彻着"礼有终"的原则,郑玄对此给予了清楚的揭示。主要有两种情况:

(一)顺势接受施礼不崇新敬

活动开展中,如果礼仪已进行至将近末尾阶段,不再行倡议新的主题名目,推高活动气氛。

> 《仪礼·公食大夫礼》曰:"宾卒食会饭,三饮。……,北面坐取粱与酱以降,西面坐奠于阶西,东面再拜稽首。公降,再拜。"

> 郑玄注云:"答之也,不辞之使升堂,明礼有终。"[①]

此记主国君为小聘使者举行"食礼"的礼仪,大致过程是,宾先后用正馔、加馔食物行祭礼;用手抓食稻粱饭三次,每次就着正馔的肉汤和牲肉。此初食礼成,公用侑币劝宾继续用食,宾接受馈赠,退出庙门把它交给上介,再次入庙升堂,就着加馔的庶羞吃黍稷饭。饭毕,宾亲自撤,在堂下行再拜稽首礼,向公表示感谢。公下堂向宾回再拜礼。

郑玄对于"公降,再拜"之仪的解释是,公不再像前时那样礼貌地推辞宾的致谢,也没有请宾升堂,而是自己降阶答礼,这是因为

---

① 《仪礼注疏》卷二十五,第1083页。

"食礼"已经完备,宾将退出离去,所以公直接回拜,以此来明礼有终结。

简言之,礼将终结,对于客人的最终致谢,主人若依旧须要回礼,也不再推辞宾客的致意,不邀请宾客继续重新为礼。

《仪礼·士虞礼》曰:"尸受,振祭,哜,反之,祭酒,卒爵,奠于南方。"

郑玄注云:"尸奠爵,礼有终。"①

虞祭,早上安葬,日中在殡宫行祭,包括祭死者之神和祭献尸。三次虞祭过后是卒哭祭(自此唯有朝夕哭,期间不再哭),卒哭之后,将立神位祔祭于祖庙,序昭穆之位。卒哭祭献尸完毕,不待彻去祭物,就开始为尸饯行。大致过程,主人献尸,尸饮干爵中的酒,把爵放在脯醢的南边,接着是主妇、宾长依次向尸献酒,礼仪基本相同。

郑玄对于尸饮主人献酒后"奠爵"之仪的解释是,饯行就意味着礼将终结,尸此刻不再如前时虞祭、卒哭祭那样接受献酒后必回敬主人,而是顺应礼将完备的趋势,以明礼有终结。三次献酒完毕之后,尸即出门。

抽绎而言,礼将完备时,对于主人的礼敬,客人虽然会如前时一样接受,但是不须要再如礼仪正盛环节时那样必须回敬。

《仪礼·聘礼》曰:"宾于馆堂楹间,释四皮、束帛。宾不致,主人不拜。"

郑玄注云:"宾将遂去是馆,留礼以礼主人,所以谢之也。

---

① 《仪礼注疏》卷四十三,第1175页。

不致，不拜，不以将别崇新敬也。"①

这是使者临行留礼答谢馆舍主人的礼仪。使者在馆舍堂上两楹柱之间，放四张兽皮和一束锦，不致辞，主人也不拜谢。郑玄对此解释是：使者即将归国离开，临行赠送礼物给馆舍主人，以答谢此间的招待。之所以不致辞，主人也不拜谢，是因为不在即将离开时再推崇新的执礼敬意。所以使者和主人都相对简易地行礼，而不隆盛地另行新的主题名目。

（二）不再自当盛礼，依从本来身份行事

"礼有终"这个问题还包括礼将终结时，客方不应自任己得，宜以谦逊的意思。以下两条注文虽无"礼有终"的字眼，但有"礼有终"之义，所以一体看待。

《仪礼·聘礼》曰："君使卿皮弁，还玉于馆。宾皮弁，袭，迎于外门外，不拜，帅大夫以入。"

郑玄注云："迎之不拜，示将去，不纯为主也。"②

《仪礼·聘礼》曰："上介出请，宾迎。大夫还璋，如初入。"

郑玄注云："出请，请事于外以入告也。宾虽将去，出入犹东，唯升堂由西阶。凡介之位，未有改也。"③

来聘使者即将回国前，主国君会使卿向使者奉还圭璋以及赠送还报的礼物，以上两条是记使者接待卿的礼仪。使者在馆舍大门外迎接卿时，不行拜迎礼，郑玄对使者"不拜"之仪的解释是，使

---

① 《仪礼注疏》卷二十四，第1075页。
② 《仪礼注疏》卷二十三，第1066页。
③ 《仪礼注疏》卷二十三，第1066—1067页。

者在馆舍同于主人,前时卿来归饔饩,使者以主人自居,与卿行宾、主之礼。但目前礼将终结,使者便不再用宾、主之礼迎卿,以示自己即将离去。

卿还圭后走出庙门,上介出来请问卿还有何事,卿请奉还璋,使者得上介回禀,出门再次相迎,礼仪如同还圭一样。郑玄补充,宾虽然即将离去,但进出还是由门东,仅升堂时由西阶升,不再从阼阶。也就是说,使者在临行离开前,已不全从主人之义,虽依然从门东出入,但与卿执礼时,也不再由阼阶升堂,亦从西阶。实际上,经文在还圭一节已经明确说明宾"升自西阶",只不过注文在此才揭示出来。总体来看,使者接待领命前来还玉的卿,不再纯粹以主人自居,相迎不行拜礼,升堂由西阶,这都反映出礼将结束时,客方回归自己来访宾客的角色。

概括而言,下榻在主方处的宾客,活动渐备将要离开时,不再以主人的礼仪招待前来探看的主方人员,否则即与"礼有终"所提倡的精神不相符合。

《仪礼·燕礼》曰:"公有命彻幂,则卿大夫皆降,西阶下,北面,东上,再拜稽首。"

郑玄注云:"不言宾,宾弥臣也。"[1]

这是燕礼末尾的"无算爵"阶段,公意殷勤,必要饮完所陈设的酒,命彻去自己膳尊上的幂,卿大夫皆下堂,行再拜稽首礼。郑玄对设宾而不言宾,仅言以"卿大夫"的解释是,现在活动进行到即将完备,作为出于饮酒礼需要而由大夫充任的宾,愈加依从臣礼,就

---

[1]《仪礼注疏》卷十五,第1023页。

不再单独凸显,而归属在卿大夫之中,是礼有终结。

概括而言,在某些场合下,尊者会以客礼对待不相匹者,如果开始时尚可以接受这种礼遇,随着礼仪的推进,卑者则不敢安享尊者的隆情;而应明白礼有终结,用虚心恭敬的姿态去行事,使礼顺势渐备。

《仪礼·大射仪》曰:"宾降洗,升,媵觯于公,酌散,下拜。公降一等,小臣正辞。宾升再拜稽首,公答再拜。宾坐祭,卒爵,再拜稽首。公答再拜。宾降,洗象觚,升酌膳,坐奠于荐南,降拜。小臣正辞。宾升成拜,公答拜。宾反位。"

郑玄注云:"宾受公赐多矣。礼将终,宜劝公,序厚意也。"①

《仪礼·燕礼》曰:"宾降洗,升媵觚于公,酌散,下拜。公降一等,小臣辞。宾升,再拜稽首。公答再拜。宾坐祭,卒爵,再拜稽首。公答再拜。宾降洗象觯,升酌膳,坐奠于荐南,降拜。小臣辞。宾升成拜,公答再拜。宾反位。"

郑玄注云:"此当言媵觯,酬之礼皆用觯。言觚者,字之误也。"②

这是记宾媵觯于公的礼仪。活动进行到后半段,主人向士和士旅食者献酒完毕,宾下堂洗觯,向公献酬酒,以此媵觯于公。宾先自饮一杯,而后洗象觯献公。公执宾所媵之酒赐给某臣,受酬者饮干,开始堂上相酬,最后一位受酬的大夫在西阶上酬士,直到所

---

① 《仪礼注疏》卷十八,第1043页。
② 《仪礼注疏》卷十五,第1023页。

有士皆受旅酬。

郑玄对宾"媵觯于公"之仪的解释是：宾身为臣子，受到了充分的礼敬，得公的赐酒也多，在仪礼活动即将结束的时候，宾宜亲自充任执事者，向公媵爵劝酒，以表示对公的惠赐的深厚情义。

综合以上来看，礼仪活动将近终结时，主客双方都不应再尊崇新的礼敬开端；作为客方来讲，如果本与主人身份不对等，或已在主人处叨扰日久，在活动即将完结时，尤其不宜以盛礼自恃。任何礼仪开始之初都是礼的渐盛，到达顶峰后就开始逐渐简省，顺势渐进走向礼的终点。所以，宾、主行事都要符合礼的节奏，既不能在礼盛时表现出感情的不及，也不能在礼仪简省、情感无以为继时仍旧不肯结束礼仪。

二、易于退去

上文阐述了礼将终结时的"礼有终"，在礼仪完毕退去时，同样也都贯彻着"礼有终"的原则。

> 《仪礼·乡饮酒礼》曰："主人送于门外，再拜。"
> 郑玄注云："宾、介不答拜，礼有终也。"①

> 《仪礼·乡射礼》曰："宾降及阶，《陔》作。宾出，众宾皆出。主人送于门外，再拜。"
> 郑玄注云："宾不答拜，礼有终。"②

活动开始时，主人拜迎来访的宾客，宾客答主人之拜；活动结

---

① 《仪礼注疏》卷十，第989页。
② 《仪礼注疏》卷十三，第1009页。

束时,经文仅言主人出门拜送宾客,却没有宾客答拜主人的文字,郑玄指出宾客在此不答拜,因为行礼当有终结。

> 《仪礼·公食大夫礼》曰:"公逆于大门内,再拜。宾不顾。"
> 郑玄注云:"初来揖让,而退不顾,退礼略也,示难进易退之义。"①

公为小聘使者举行的"食礼"结束,君在大门内相送,行再拜礼,宾趋避,经文直言宾退去"不顾"②,君命摈者送宾出门,摈者返回时报告宾已经离去,没有回头,所以去者在此也没有答礼,而且郑玄还阐释了这种行为的礼义是"难进易退",此待下文详述。

> 《仪礼·特牲馈食礼》曰:"宾出,主人送于门外,再拜。"
> 郑玄注云:"凡去者不答拜。"③

郑玄此条注文直接发凡起例,既然言"凡",就意味着《仪礼》十七篇中所有礼毕退去的情况,离开者皆是不答复主人的拜送④。

综合以上,郑玄对离去者不答拜之仪的解释是,行礼完毕,宾退出,主人相送于门外(或门内),拜送(或揖送)宾客,宾不答复主

---

① 《仪礼注疏》卷二十五,第1083页。
② 《仪礼》经文中直接言明去者不顾的情况此外还有三处,分别见于《聘礼》和《有司彻》,因该三处的注文并非就"礼有终"的内容展开,故不在此阐述。
③ 《仪礼注疏》卷四十六,第1191页。
④ 凌廷堪《礼经释例》:"凡拜送之礼,送者拜,去者不答拜。"凌氏详细条列了《仪礼》十七篇中的相关内容来论证此条礼例,可参看([清]凌廷堪著,彭林校点《礼经释例》,第27—29页)。

人,而是迅速离去,且不再扭头回顾,以示行礼有终①。

《史记·滑稽列传》记有一则离开者不迅速退去的故事,从另一个角度补充印证了"礼有终"所指的存在。汉武帝乳母的子孙奴仆因在市横暴,皇帝准许了有司远迁其家于边陲的奏请。乳母在面辞武帝前,先拜见了郭舍人,郭舍人为之谋划了"即入见辞去,疾步数还顾"②的主意,乳母如其所言,辞行退去时数次扭头回顾,果然使得武帝心生悲怜,放弃了对她的处罚。在这个故事中,武帝乳母退去时的数次还顾,是要表现一种依依不舍之情,但这种依依之情却不合乎礼仪规范的精神。

开篇"初始渐进"节提到交接之道难进,与此礼毕易退,一个终点,一个开端,这两方面共同组成了"难进易退"思想。"难进"是慎始,是有所择取不滥交,如此可避免生怨,终相疏离。"易退"是敬终,知人有倦怠,事有不继,克己以礼,则不使人生厌。"难进易退"也是中国传统文化所倡议的一种君子品行,而不能"进人若将加诸膝,退人若将队诸渊",《礼记·儒行》曰儒者"其难进而易退也,粥粥若无能也"。可见难进易退即被认为是儒者的容貌之一。《礼记·表记》曰:"子曰:'事君难进而易退,则位有序。易进而难退,则乱也。故君子三揖而进,一辞而退,以远乱也。'"由具体的礼仪规范逐渐伸展开来,进而涵盖了君子择友立身,乃至君主治世用人的深刻道理,所以它在传统文化中非常被看重。所以,离开者简易退去虽然看似失于亲昵,实则是刚明中和的体现。

---

① 在具体的送宾仪节上,礼尚且存在诸多差异,如"凡君与臣行礼,皆不送"(凌廷堪《礼经释例》),又《特牲馈食礼》中尸不送主人,又《少牢馈食礼》中尸虽送主人,但不拜送,仅揖送之。然而无论哪种情况,去者皆不顾而去。
② 《史记》卷一百二十六《滑稽列传》,第3893页。

三、由谁示意

行事为礼中贯穿着的"礼有终"原则,要求礼将完备时,顺势不再推崇新敬;礼终易于退去,不反复致意。既然如此,在主、客双方的互相推进中,由哪一方示意礼将完备便成了题中之意。对该问题,《仪礼》《礼记》中都有相关涉及,由于礼仪的性质、等级等诸多差异原因,它的情况也较为复杂。总体来看,可暂且分为宾客之礼和非宾客之礼两种情况。宾客之礼更为突出宾客之道与地主之谊。非宾客之礼是指为礼双方并非主人和客人的关系,更突出一种尊卑的从属关系,如弟子侍从于先生、卑者侍奉于尊者等。

(一)宾客为礼

宾客之礼,都是礼仪活动的发起者发出礼将完备的信号。这在实际操作中又可分为两种情形,一是宾客不请自来,此时来访的宾客是活动发起者;二是宾客被邀请,此时主人是活动的发起者。

1. 不请自来则宾示意

如果客人不请自来,按照礼的精神,主人不宜期待宾客必然已经行事完备,所以是由宾客自己来示意礼将终结。在《仪礼》中,凡不请自来的宾客,行事完毕出门后,主方都会向其询问是否还有事,若宾还有事,则继续进行。若宾确已无事,则主人送宾。故《仪礼·既夕礼》曰:"凡将礼,必请而后拜送。"[①] 于此不再举例说明。

2. 应邀而来主人示意

在《仪礼》中,若主方招请他人来行事,礼毕时则无出请之事。简言之,宾客受邀而来,是由主方来示意礼将终结,宾客听从安排。

[①]《仪礼注疏》卷三十九,第1153页。

当行事执礼将要完备之时,活动的发起者主动示意礼将要终结的信号,此时主、客双方都不再另行推崇新的礼敬开端,所以开篇的《公食大夫礼》条,主国君面对使者的致谢,直接回礼,即是活动发起者主动示意。

(二)非宾客礼的情况

非宾客之礼更为凸显执礼双方的尊卑,当然这并不意味着上述宾客之礼中宾、主身份地位一定是完全对等的,但只要礼的性质还归在宾客之礼中,那就依照谁发起谁示意的原则。非宾客之礼主要强调一种从属关系,在这种性质下,礼终结与否由尊者示意。它具体又包含以下四种情况。

1. 尊者示意

尊卑之间,如君臣、父子、师生等,卑者不敢自我专擅,礼仪是否将要完备的信号由尊者发出。

《礼记·少仪》曰:"请见不请退。"
郑玄注云:"去止不敢自由。"①

这是指卑者见尊者的礼仪。卑者就尊者住所,可请求拜见尊者,但不敢自己请求退去,退必由尊者之命。若卑者主动请退,难免有轻慢和厌斁贤者的嫌疑,由此可知礼的终结在于尊者一方。简单讲,卑者与尊者执礼,无论是卑者主动发起,还是尊者吩咐卑者,在处理的事情完结后,尊者会根据具体情况,由自己的意愿来表示礼仪是否将要继续,故卑者不宜冒昧唐突地不待尊者示意,先行要求结束。

---

① 《礼记正义》卷三十五,第1512页。

2. 卑者请退

若尊者委婉示意，卑者可请退。有时尊者出于礼貌等原因，不直接结束礼仪，此时卑者可根据尊者流出的神情等，来请求终结礼仪，然后听命于尊者的应允。

《礼记·曲礼》曰："侍坐于君子，君子欠伸，撰杖屦，视日蚤莫，侍坐者请出矣。"

郑玄注云："以君子有倦意也。"①

《礼记·少仪》曰："侍坐于君子，君子欠伸、运笏、泽剑首、还屦、问日之蚤莫，虽请退可也。"

郑玄注云："以此皆解倦之状。"②

《仪礼·士相见礼》曰："凡侍坐于君子，君子欠伸，问日之早晏，以食具告。改居，则请退可也。夜侍坐，问夜，膳荤，请退可也。"

郑玄注云："君子，谓卿大夫及国中贤者也。"③

这是讲在尊者身边陪坐，如果君子打呵欠，伸懒腰，拿手杖，摇动笏板，舞动剑柄，转动鞋子，穿鞋，看天色早晚，问现在是什么时辰，夜间吃荤辛的东西来解除困倦，就表明尊者倦怠有起身之意，此时陪坐的人就应该请求退出了。总的来说，当尊者的神态、语气、动作流露出将要结束礼仪的意思时，卑者便可主动请求退去。

---

① 《礼记正义》卷二，第1240页。
② 《礼记正义》卷三十五，第1512页。
③ 《仪礼注疏》卷七，第977页。

3.卑者委婉示意

某些情况下,切实需要卑者示意时,处理方式要尽量委婉。

《仪礼·士虞礼》曰:"祝出户,西面告'利成'。主人哭,皆哭。祝入,尸谡。"

郑玄注云:"利犹养也。成,毕也。言养礼毕也。不言养礼毕,于尸闲嫌。谡,起也。祝入而无事,尸则知起矣。不告尸者,无遣尊者之道也。"①

这是记虞礼祭尸完毕的礼仪。虞祭迎尸入庙,先飨尸九饭,宾长在主人、主妇之后第三个向尸献酒完毕,此时祝出室门,面朝西向主人报告说"利成",主人哭,众人随之皆哭。祝再次入室,尸起身。接下来祝引导尸出室门,下堂,出庙门。

郑玄解释,祝向主人汇报"利成","利者,体之养也"②。实际是养礼已毕。礼毕却不直言,因为那样隐含此时尸闲无用处,有示意尸当离去的嫌疑,故祝告"利成"。于尸而言,当祝再次入室时,尸见祝无事而入,就知道礼毕当去,起身开始离开。祝在此仅入室以侍奉的姿态站立,而不直接告诉尸礼毕当退,也是因为没有发遣尊者的道理。卑者侍奉尊者,有相迎相请的道理,没有斥尊者离去的道理。

《仪礼·特牲馈食礼》曰:"主人出,立于户外,西南。祝东面告'利成'。尸谡。祝前。"

郑玄注云:"利犹养也。供养之礼成,不言礼毕,于尸闲

---

① 《仪礼注疏》卷四十二,第1170页。
② [清]苏舆撰,钟哲点校《春秋繁露义证》,第263页。

之嫌。"①

这是记特牲馈食礼祭尸完毕的礼仪。按照士之祭礼仪节，当祭尸礼仪完毕以后，祝向主人告"利成"，如《士虞礼》一样，祝入室以侍奉之姿态站立，尸见此即知礼备，于是起身随着祝离去。祝也不告尸当去，是不遣发尊者的礼义。

4. 善意提醒

若尊者有所疏忽，卑者也可以善意提醒。郑玄《诗经·湛露》一篇的笺注中，引有敬仲止桓公夜饮之事。按《春秋左氏传·庄公二十二年》：

> 饮桓公酒，乐。公曰："以火继之。"辞曰："臣卜其昼，未卜其夜，不敢！君子曰：'酒以成礼，不继以淫，义也；以君成礼，弗纳于淫，仁也。'"②

敬仲邀请桓公饮酒，天黑以后，桓公想继以火烛进行夜饮，按当时礼法，夜饮只能在宗室同姓诸侯间进行，所以敬仲以没有卜其夜来制止桓公，此即是敬仲知"礼有终"拂逆尊者的情况。简言之，在某些情况下，尊者有所疏忽，卑者可以委婉请示提醒尊者，是否可以结束礼仪了，然后等待尊者的命令。

礼将近完备时由谁主动示意，以及礼终退去时由谁率先结束礼仪，大约是，宾客之礼，礼仪将要终结的信号由活动发起者示意；非宾客之礼，则由执礼双方中的尊者示意。

---

① 《仪礼注疏》卷四十六，第1190页。
② 《春秋左传正义》卷九，第1774—1775页。

四、成于尊者

以上就是礼将终结时由谁示意的基本情况,此后即是礼仪终结离开者退去的问题,综合来看,在礼仪最终的完成环节上,都是礼仪行为完成于尊者,卑者领命退去,尊者不再回应。这里的"尊者"有两层含义,一是地位身份尊贵;二是身份对等,但是为主人所尊敬的人。前者主要是指非宾客之礼,在非宾客之礼中,若主方身份尊贵,不送离去者,此时是尊者示意,去者请退,如此也是礼仪行为率先终结于尊者。在宾客之礼中,主人拜送,客人不回顾答拜,这实则是客人率先结束了行礼,主人敬客,后结束礼仪。

若尊者在卑者已行礼完备以后,又兴起新的礼敬事宜,卑者仍须要答礼,使礼成于尊者。

《仪礼·燕礼》曰:"公坐,取大夫所媵觯,兴以酬宾。宾降,西阶下再拜稽首。公命小臣辞,宾升成拜。"

郑玄注云:"先时君辞之,于礼若未成然。"①

《仪礼·大射仪》曰:"公坐,取大夫所媵觯,兴以酬宾。宾降,西阶下再拜稽首。小臣正辞,宾升成拜。"

郑玄注云:"升成拜,复再拜稽首,先时君辞之,于礼若未成然。"②

燕礼、大射活动中,公向宾进献酬酒,劝其饮酒,宾降堂下行再拜稽首礼答谢,公命小臣推辞。此时若宾已经于堂下行礼完毕,

----

① 《仪礼注疏》卷十四,第1018页。
② 《仪礼注疏》卷十七,第1032页。

闻公辞之命,立即升堂,复再拜稽首以成礼。郑玄对宾升堂再次行礼之仪的解释是,如此之意在于似堂下之拜尚未完成,而升堂复再拜稽首使礼完备,是不使公命虚发,而让礼完备于尊者的意愿。反之,则相当于没有殷勤承应君命,是对尊者的不敬。

《仪礼·公食大夫礼》曰:"公当楣北乡,至再拜,宾降也,公再拜。宾西阶东、北面答拜。摈者辞,拜也。公降一等,辞曰:'寡君从子,虽将拜,兴也。'宾栗阶升,不拜。命之成拜,阶上北面再拜稽首。"

郑玄注云:"宾降拜,主君辞之,宾虽终拜,于主君之意犹为不成。"①

公为小聘使者举行食礼,公与宾入庙升堂后,公行拜至礼,感谢宾的到来。宾下堂回礼答拜,公命摈者推辞。宾再拜时,公降阶一等,摈者又以辞命推辞,宾此时已行再拜稽首礼,迅速栗阶而升,升堂不再拜。但如果公仍命之在堂上成礼,则宾升堂后再次行再拜稽首礼。

郑玄对"命之成拜,阶上北面再拜稽首"之仪的解释是:常例,臣堂下行拜是正礼,宾升堂不拜是为尽臣之礼,以成堂下拜的正礼。公出于对宾的礼敬,不答应宾在堂下行礼的既成事实,仍命宾在堂上行礼,以示宾在堂上完成礼仪,这时宾则以阶下犹不成之义再次行礼。如此顺遂君意,使礼终于尊者之命,而不是自己专断。

抽绎而言,与尊者为礼,即使尊者已示意,自己也已回礼,但此时若尊者更有发端,则应如礼未成对待,须再次答礼,不当认为自

---

① 《仪礼注疏》卷二十五,第1080页。

己行礼已经完备，而使尊者之命成空。

可以补充的是，具体劳事，任务安排宜使人有始有终，最后环节不再换人进行，使该事务由负责者直接完成。

在《乡射礼》《大射仪》中，司射主管射事，负责向宾、公请示和报告射箭仪程的事宜，如请射、请释获、请用乐等。第一番射后，司射向宾、公禀示"三耦卒射"。在第二、三番中，是由负责计射中多少的释获者向宾禀告该射箭环节的完毕。

> 《仪礼·乡射礼》曰："卒射，释获者遂以所执余获，升自西阶，尽阶，不升堂，告于宾曰：'左右卒射。'降，反位，坐委余获于中西，兴，共而俟。"

> 郑玄注云："司射不告卒射者，释获者于是有事，宜终之也。"①

> 《仪礼·大射仪》曰："卒射，释获者遂以所执余获适阼阶下，北面告于公，曰：'左右卒射。'反位，坐委余获于中西，兴，共而俟。"

> 郑玄注云："司射不②告者，释获者于是有事，宜终之也。"③

> 《仪礼·乡射礼》曰："三耦卒射，宾、主人、大夫、众宾继射，释获如初。卒射，降。释获者执余获，升告'左右卒射'，如初。"④

> 《仪礼·大射仪》曰："卒射如初。宾就席，诸公、卿、大

---

① 《仪礼注疏》卷十二，第1002页。
② "不"，阮校云："徐本、《通解》同，毛本'不'下有'言'字。"
③ 《仪礼注疏》卷十八，第1039页。
④ 《仪礼注疏》卷十二，第1005页。

夫、众射者皆继射,释获如初。卒射,降反位。释获者执余获进,告'左右卒射',如初。"①

随着众耦射毕,释获者用算计数结束,即成绩计算完毕,宜使其行事完整地有所终结,顺便升阶报告射事完毕的事宜。第三番射与第二番射相同,也记成绩分胜负,所以射毕也是释获者向宾禀告。

礼有渐进,不急于求成,符合事物发展的一般规律,必要的过程保证情理充分完备地展开,加强交流和信息的交换,有助于双方相互了解,给对方足够的空间,保证双方最终能够有好的决策。

过程的循序渐进、不断攀高的情致和深入的礼仪程式,存在情理上的峰值,以及峰值的营造,这使得礼的过程层次分明。而渐进的过程,也是追求合宜,在合适的时机做合适的事情,达到最好的效果。

再好的过程,也要有终结和完成,所谓"敖不可长,欲不可从,志不可满,乐不可极"②,凡物皆有法度,为事须有节制。礼有终结,则不会辗转反复,以致怠倦,这样才能最好地发挥礼仪的积极作用。郑玄"礼有终"的礼学思想对礼仪规范的节度进行了阐述,即礼将完备不推崇新敬和礼终容易退去。而且,在礼将终结时,尊卑为礼,是尊者示意礼成;宾客之礼,则是活动的发起者示意礼成。

---

① 《仪礼注疏》卷十八,第1042页。
② 《礼记正义》卷一,第1230页。

第六章 直观显明

仪式本身具有展现性,毋庸置疑地就具有了彰显与显明的意味,也就是说"自昭明德"是礼仪特征中的一个基本要素①。《韩诗外传》论述欲"俾民不迷",则须"形其仁义","使民目皙焉而见之,使民耳皙焉而闻之,使民心皙焉而知之",若"礼乐不明,民不见也",《诗》曰"君子所履,小人所视",即言其显明崇示之义。而有些仪节在普遍特征基础上,其显明的精神更为突出。这也是本章节探讨的意义所在。

第一节 预告警策显明

一、将有事自昭明

1. 射耦射前豫著

射礼,射耦取矢时,袒、决、遂,凌廷堪《礼经释例》云:"凡有

---

① 关于礼仪的表演性、象征性等问题的论述可参看胡新生《礼制的特性与中国文化的礼制印记》,《文史哲》2014年第3期,第66—78页。

事于射则袒,无事于射则袭。"① 黄以周《礼书通故》云:"凡有事于射耦,不论堂上堂下,皆袒;有事于有司,堂上袒,堂下袭。凡袒以示武。"②

《仪礼·乡射礼》曰:"司射乃比众耦,辩。遂命三耦拾取矢,司射反位。三耦拾取矢,皆袒、决、遂,执弓,进立于司马之西南。"

郑玄注云:"必'袒、决、遂'者,明将有射事。"③

贾公彦疏云:"始取未有射事而袒、决、遂者,以其取矢即迄④有射,故豫著之,故云将有射事也。"

这是记乡射第二番射开始前,司射命三耦依次拾取本轮所需矢的礼仪。三耦听命后先脱去左臂的外衣袖,右手拇指套上扳指,左臂套上遂,拿起弓,走到司马所在位置的西南边站立,然后司射开始命上耦取矢。

郑玄对三耦拾取矢时必"袒、决、遂"之仪的解释是:虽然取矢阶段并无射事,但取矢完毕后将射,所以开始环节即先按射时准备就位,预先标著将有射事。凡拾取矢都是如此。这主要是说明在活动预备时期通过某些仪节彰显将有动作的意思。

《仪礼·乡射礼》曰:"诱射,将乘矢。执弓不挟,右执弦。南面揖,揖如升射。降,出于其位南,适堂西,改取一个,挟之。"

---

① [清] 凌廷堪著,彭林校点《礼经释例》,第178—179页。
② [清] 黄以周撰,王文锦校点《礼书通故》卷二十五,第3册,第1134页。
③ 《仪礼注疏》卷十二,第1001页。
④ 阮校:"即讫",毛本作"讫即"。

郑玄注云："不射而挟之,示有事也。"①

《仪礼·大射仪》曰："司射入于次,摺三挟一个,……,诱射。射三侯,……,卒射,……,降,如升射之仪。遂适堂西,改取一个挟之。"

郑玄注云："不射而挟矢,示有事也。"②

司射不射时亦挟矢,也是射礼进行的昭示。

2. 出使张旜自表

《孙子》曰："言不相闻,故为金鼓;视不相见,故为旌旗。"③彰明是旗帜最主要的效用。《聘礼》集中阐释了使者出使载旜的礼仪。张旗是为表明有事,无事时则收起或敛藏。

《仪礼·聘礼》曰："使者载旜,帅以受命于朝。"

郑玄注云："旜,旌旗属也。载之者,所以表识其事也。"④

这是记使者出发前去君朝门外受命的仪节。使者把旜旗插在车上,帅领上介和众介到朝中去接受国君的辞命。郑玄指出车上载有旜旗,是为了表识出使这件事,主国见到张起的旗子就知将有交接要事。

《仪礼·聘礼》曰："遂行,舍于郊。敛旜。"

---

① 《仪礼注疏》卷十二,第1000页。
② 《仪礼注疏》卷十七,第1035页。
③ [春秋]孙武撰,[三国]曹操等注,杨丙安校理《十一家注孙子校理》,北京:中华书局,1999年,第131页。
④ 《仪礼注疏》卷十九,第1047页。

郑玄注云："此行道耳，未有事也。敛，藏也。"①

使者君朝受命后即出发，在行程中，把旗子收藏起来。郑玄指出此时在行道中没有相应事宜，故而把旗子收藏起来。

《仪礼·聘礼》曰："及竟，张旜，誓。"

郑玄注云："及，至也。张旜，明事在此国也。张旜，谓使人维之。"②

使者到达所聘国国境，重新张起旜旗，并告诫众人不得犯礼。郑玄指出这时张起旜旗表明行聘之事在此国，故在入境前张旗标明此行的来意。也就是说从在君朝受命时，到行至所聘国国境再次张旗，期间无事旗子收敛。

《仪礼·聘礼》曰："入竟，敛旜，乃展。"

郑玄注云："敛旜，变于始入。"③

使者一行进入所聘国国境，收起旜旗，今进入国境离国都尚远，行途中无事，故收敛旗帜以变于初入。

《仪礼·聘礼》曰："宾至于近郊，张旜。君使下大夫请行，反。君使卿朝服，用束帛劳。"

贾公彦疏云："入近郊张旜者，示将有事以自表也。"④

---

① 《仪礼注疏》卷十九，第1047页。
② 《仪礼注疏》卷十九，第1048页。
③ 《仪礼注疏》卷十九，第1048页。
④ 《仪礼注疏》卷十九，第1049页。

使者行进到主国近郊的时候,再次张起旜旗。这是宾一行新至将有事于主国,故而张旗自表。

3. 申述前由

《仪礼·士昏礼》曰:"请期,曰:'吾子有赐命,某既申受命矣。惟是三族之不虞,使某也请吉日。'对曰:'某既前受命矣,唯命是听。'"

郑玄注云:"前受命者,申前事也。"①

这是记婚礼男家使者来女家请示婚期之辞。男家使者来女家请期,表示说:"承蒙您接受聘礼,赐命许婚,某(使者)一再接受您的赐命。考虑到三族中可能会有不可臆度之事,因此趁今吉时派我前来,请您选定吉日以成婚礼。"女家主人回到:"某既然前已听命行事了,现在只要吩咐便是。"

郑玄对女家主人阐明"前受命"之仪的解释是:男家占得吉日前来相告,为了表示谦敬,以请婚期为言,女家主人先称前已遵命,这是重申自纳采以来所行诸礼,突出礼仪程式的顺利进展,传递对方不必有所顾虑的意思。也就是说,"申前事"是对前时状态的一种重申,包含着已发生的具体事宜,藉此作为后续表达的一种情感或因由铺垫。

"申前事"作为一种行事法则,是相互沟通的常礼,男家使者来行礼致辞时皆先申明前事。使者前来"纳采",告请事者辞:"吾子有惠,贶室某也。"郑玄注云:"明下达。"就是重申"下达"一事,即此前男家提亲,女家许亲。故这里说您(女父)前时施惠,赐女(妻

---

① 《仪礼注疏》卷六,第972页。

室)婿某。然后言"某有先人之礼,使某也请纳采",即某有先人遗留下来的礼物,派某赠送给您,请您接受纳采礼。纳采以后,男家使者行"问名"礼,问女之名以备占卜,先言"某既受命",某既已承蒙您接受纳采礼,再言"将加诸卜,敢请女为谁氏"。再之后是"纳吉",男家使者前来告知女家占卜吉利之事,使者先言"吾子有贶命",郑玄注云:"赐命,谓许以女名也。"即先申明前时女家主人告知女名,接下来再说"某加诸卜,占曰吉,使某也敢告"。又"纳征",男家前来下聘礼,使者言"吾子有嘉命,贶室某也",也是先重复前事,再说"某有先人之礼,俪皮束帛,使某也请纳征"。

这种"申前事"还集中体现在《士相见礼》中。士始相见,言:"某也愿见,无由达。某子以命,命某见。"此言早就希望拜见您,只是没人介绍故而不能实现,现今有某子传达您的命令,命某来见您。宾在这里说明的情况其实就是重复前事,即自己的久慕和某子的从中介绍。而在受访的士回访时,言:"向者吾子辱,使某见。请还挚于将命者。"前时您屈尊光临,使某能够见到您。回访的士先是重复了上次的相见之事,这同样也是"申前事"。

"申前事"的作用并不完全一致,有的是为了陈述因由,引出下面的话题,如使者来行"纳吉"礼的言辞,先说明此前女家告知女名,再引出占卜告吉的事宜;有的是一种谦虚用词,不显得言辞突兀,如使者行"问名"礼的言辞,他重申的纳采与将行的问名是两个仪节,这里偏重于带有谦敬性质的话题过渡;有的是为了表达一种情感形势,来铺垫渲染后面需要表达的意思,如女家主人面对使者请期,重言前已遵命的状态。

综合来看,"申前事"一般是活动发起者向对方阐述事情时所用的惯常作法,以达到上文所指出的各种作用。而当发起者是在向对方请求意见时,礼仪接受方也会"申前事",如《士昏礼》的"请期"。为何在询问请示时,受礼方会"申前事"呢?这是因为被询问者在回答时已然变成了阐明事情的主动方,此时为了表示对询问者的尊敬,故而会重复前事,以避免唐突,传递谦敬之意。由此也可以推知为何"申前事"的注文会出现在女家主人重复前事这里,因为男家使者"申前事"确实是完整表述行事意图的需要,而受礼的女家主人"申前事"则更为要突出某种意味,更蕴藉着这种重复前事背后的礼义精神,这或许正是郑注的精微之处。

抽绎郑注"申前事"的礼仪精神就是,在某些情况下,与人交流处理问题,宜先行简要复述前情。如此起到说明情况,或者铺垫情感的作用。

二、监察者自昭明

根据《乡饮酒礼》《乡射礼》《燕礼》《大射仪》记载,活动进行至爵备乐作后,会设立司正一职,以监察仪法。作为监礼者,司正行事的仪节也反映着其职责的礼义。

《仪礼·乡饮酒礼》曰:"司正洗觯,升自西阶,阼阶上北面受命于主人。主人曰:'请安于宾。'司正告于宾,宾礼辞,许。司正告于主人,主人阼阶上再拜,宾西阶上答拜。司正立于楹间以相拜,皆揖,复席。司正实觯,降自西阶,阶间北面坐奠觯,退共,少立。坐取觯,不祭,遂饮,卒觯兴,坐奠觯,遂拜,执觯兴,盥洗,北面坐奠觯于其所,退立于觯南。"

郑玄注云:"阶间北面,东西节也。其南北当中庭。共,拱手也。少立,自正,慎其位也。已帅而正,孰敢不正。"①

乡饮献酒礼成、设乐演奏完毕,将开始旅酬及无算爵、无算乐的燕欢阶段,此间主人立司正。郑玄注云:"礼乐之正既成,将留宾,为有解惰,立司正以监之。"大致过程,主人下堂命相改做司正,司正礼辞应允,主人拜谢,司正答拜,主人升堂即席。司正此时洗觯,从西阶升堂,到阼阶上面朝北请求主人的指示,并把主人的意思报告给宾,以及再回禀主人宾已同意。宾、主相互致意升席,司正给觯斟满酒下堂。接下来司正在两阶之间、庭的中央面朝北坐下,把觯放在地上,起身略后退,拱手稍静立一会,而后坐下取觯饮干,又起身,再坐下,把觯放下后行拜礼,执觯起身前去盥洗,洗毕回庭中原位面朝北坐下,把觯放置原处,自己站立在其后。

郑玄对司正拱手少立之仪的解释是:稍静立一会是自我端正,这是司正对自己位处谨慎的表现,自己先求得端正,在座见到者谁敢不端正呢?

《仪礼·乡射礼》曰:"主人升就席。司正洗觯,升自西阶,由楹内适阼阶上,北面受命于主人。西阶上北面请安于宾。宾礼辞,许。司正告于主人,遂立于楹间以相拜。主人阼阶上再拜,宾西阶上答再拜,皆揖就席。"

郑玄注云:"洗觯者,当酌以表其位,显其事也。"②

《仪礼·乡射礼》曰:"司正实觯,降自西阶,中庭北面坐奠觯,兴,退,少立。进,坐取觯,兴,反坐,不祭,遂卒觯,兴。

---

① 《仪礼注疏》卷九,第987页。
② 《仪礼注疏》卷十一,第996页。

坐奠觯，拜，执觯兴，洗，北面坐奠于其所。兴，少退，北面立于觯南。"

郑玄注云："奠觯，表其位也。少立，自修正，慎其位也。"①

乡射活动宾、众宾、遵者皆得献酒，合乐演奏已完毕，主人命相为司正，郑玄注云："爵备乐毕，将留宾以事，为有解倦失礼，立司正以监之，察仪法也。"同于乡饮，司正被任命后洗觯升堂，将向主人请示指令。郑玄对司正受命"洗觯"之仪的解释：司正领主人意挽留宾、佐助宾、主行拜礼后，要给觯酌满酒，下堂后当用此酒来奠觯标明自己的位处，如此显示出所担负的职责，故而在此升堂前先洗觯。《乡饮酒礼》此处情理一致。等经文真正述及司正下堂奠觯时，郑玄注再次对"奠觯"之仪解释：把觯放在两阶之间、庭的中央就是为了以此标志自己堂下的位置。《乡饮酒礼》此处注文侧重的是具体位置的说明，这里是情理的阐述，亦无殊别。至于司正奠觯拱手稍静立一会的礼义，也是司正自我规正、敬慎其位处的意思。

《仪礼·燕礼》曰："射人自阼阶下请立司正，公许。射人遂为司正。司正洗角觯，南面坐奠于中庭，升，东楹之东受命，西阶上北面命卿大夫：'君曰："以我安。②"'卿大夫皆对曰：'诺。敢不安！'"

郑玄注云："洗奠角觯于中庭，明其事以自表，威仪多也。"③

---

① 《仪礼注疏》卷十一，第996页。
② 按：该处断句，有误为"以我安卿大夫"的情况，非是。具体条辨见郭超颖《〈仪礼〉文献探研录》，北京：人民出版社，2020年，第165页。
③ 《仪礼注疏》卷十五，第1021—1022页。

《仪礼·燕礼》曰:"司正降自西阶,南面坐取觯,升酌散,降,南面坐奠觯,右还,北面少立,坐取觯,兴,坐不祭,卒觯,奠之,兴,再拜稽首。"

郑玄注云:"少立者,自严正,慎其位。"①

燕礼活动,公为宾、卿、大夫举旅,及升歌奏乐完备后,公命射人为司正,郑玄注云:"君三举爵,乐备作矣。将留宾饮酒,更立司正以监之,察仪法也。"是活动进行至将坐燕欢的阶段,开始设立司正监察仪法。大致过程,射人在阼阶下向公请示立司正,公随即任命射人充任司正一职。司正洗角觯,来到庭中央面朝南坐下,把觯放在地上,从西阶升堂,到东楹东接受公命,然后回到西阶上面朝北向卿大夫传公之命:"请为我安坐。"卿大夫皆回答:"是!敢不安坐。"

郑玄对被任命的司正升堂请示前"洗角觯,南面坐奠于中庭"之仪的解释是:司正洗觯放于自己位处,是显明所担负的职责,以此自示于众人。而且燕礼司正洗觯后先奠觯庭中,请示完毕后,再升堂酌酒;不同于乡饮、乡射司正洗觯执之升堂,堂上行事完毕后,酌酒以降,这是因为燕礼级别高威仪多的缘故。

《仪礼·大射仪》:

摈者自阼阶下请立司正。公许,摈者遂为司正。司正适洗,洗角觯,南面坐奠于中庭。升,东楹之东受命于公,西阶上北面命宾、诸公、卿大夫:"公曰':以我安宾。'"诸公、卿大夫皆对曰:"诺,敢不安!"

---

① 《仪礼注疏》卷十五,第1022页。

郑玄注云:"奠觯者,著其位以显其事,威仪多也。"①

司正降自西阶,南面坐取觯,升酌散,降,南面坐奠觯,兴,右还,北面少立,坐取觯兴,坐,不祭,卒觯,奠之,兴,再拜稽首,左还,南面坐取觯,洗,南面反奠于其所,北面立。

郑玄注云:"皆所以自昭明于众也。"②

大射公为宾、卿、大夫举旅,升歌奏乐完毕,摈者请立司正,公命摈者充任,郑玄注云:"三爵既备,上下乐作,君将留群臣而射,宜更立司正以监之,察仪法也。"同于燕礼,司正受命后先洗觯奠于庭中,然后才升堂向公请求指示。郑玄解释:把角觯放到自己位置上是标明自己的位处,显示自己担当的职事。以及包括司正饮酒前先奠觯拱手静立一会等在内的行为仪节,都是向众人自我昭明的礼义。

综合来看,司正作为活动中被任命为监察仪法之人,他洗觯酌酒和奠觯庭中,都是为了用以标志自己的位处。只不过鉴于礼仪威仪的多少,燕礼、大射是升堂请示前,乡饮、乡射是执觯升堂后。标注自己的位置为的是彰显自己的职责,饮酒前拱手静立一会是自我端正,敬慎自己位处的意思。总之这些行礼周折有法,不紧不慢,一板一眼,皆在于与其承担的职责相匹配,以此起到对大家儆戒、率导的作用。

抽绎这种精神就是活动中担负警示示范作用的人,他的动作仪法都要显著,要自示仪法委曲,对自己职事位处怀着敬畏之心,

---

① 《仪礼注疏》卷十七,第1034页。
② 《仪礼注疏》卷十七,第1034页。

亦以此周知众人，使大家都能知道该设置的存在。

射礼主管射事者把扑随时佩戴身上，这也是一种督查的显明。《乡射礼》《大射仪》设有司射一职，主管射事，乡射是主人之吏充任，大射则由射人执掌。司射履行职能时会佩戴扑，扑即楚扑，郑玄注云："所以挞犯教者。"①扑用来鞭挞违反教示的人。《乡射礼·记》曰："楚扑长如笴。刊本尺。"笴，箭杆。刊，砍斫。郑玄注云："刊其可持处。"②楚扑长度与箭杆相当，约三尺，手持的那端被削斫出一尺来。活动前它被设置在西阶西的位置，射事中司射把它插在腰间，以示警策，但并不是所有时候司射都会佩戴扑，郑玄对司射堂上行事不佩戴扑的仪节给了解释。

无论《乡射礼》《大射仪》，第一番射都是三耦射，三耦射前司射将先诱射，司射在堂上按射仪要求射完四支箭后，下堂走到中的西南，然后再北行至堂西，另取一只矢挟在指间，接着司射走到西阶西边拿取扑插在腰间，返回原位。在此之后，司射暂时都是堂下行事，包括命上耦射箭、命"无射获、无猎获"等，这些时候扑都佩戴在司射身上。仅当司射需要临近尊者时，才把身上佩戴的代表着惩罚意义的扑取下，然后再接近尊者位处，事情完备后再行佩戴。

从射事开始司射首次佩戴扑，到射事完毕的整个过程中，司射去扑只有两类情况，一类就是向尊者请示时，再者就是视算和献释获者时。算是用以计射中之数的筹码。视算，就是督察释获者数算。献释获者，就是向释获者献酒。因为从第二番射开始记成绩，

---

① 《仪礼注疏》卷十二，第1000页。
② 《仪礼注疏》卷十三，第1012页。

分胜负,这就要求每轮射箭完毕后要进行数获,如此才能定胜负,而司射就负责监视。在宣布成绩罚不胜方饮酒后,获者、释获者都会得到献酒,以酬报他们的劳动,其中司射负责向释获者献酒。

第二番射视算

《仪礼·乡射礼》曰:"司射遂适西阶西,释弓,去扑,袭,进由中东,立于中南,北面视算。"

郑玄注云:"释弓去扑,射事已。"

贾公彦疏云:"云'射事已',此始再番射未已,而言已者,前番不释获,今据第二释获之,功成则为已,是以下记云:'司射释弓矢,视算,与献释获者释弓矢。'注云:'唯此二事,休武主文。'休武者,射讫数算,主文者,洗爵献释获者是也。"①

《仪礼·大射仪》曰:"司射适阶西,释弓,去扑,袭,进由中东,立于中南,北面视算。"

郑玄注云:"释弓去扑,射事已也。"②

射箭完毕后的计算成绩,属于休武阶段,不需要再准备教习和监督射仪,所以司射视算时去掉弓和扑,这时不佩戴刑器。

第二番射献释获者

《仪礼·乡射礼》曰:"司射适阶西,释弓矢,去扑,说决、拾,袭,适洗,洗爵,升实之,以降,献释获者于其位,少南。荐脯醢,折俎,有祭。"③

---

① 《仪礼注疏》卷十二,第1003页。
② 《仪礼注疏》卷十八,第1039页。
③ 《仪礼注疏》卷十二,第1004页。

《仪礼·大射仪》曰:"司射适阶西,去扑,适堂西,释弓,说决、拾、袭,适洗,洗觚,升实之,降,献释获者于其位,少南。……司射适堂西,袒、决、遂,取弓,挟一个,适阶西,搢扑以反位。"

郑玄注云:"献释获者与获者异,文武不同也。去扑者,扑不升堂也。"①

向释获者献酒属于主文阶段,司射也要放下弓矢,去掉扑,再行敬酒之仪。

无论是"子帅以正,孰敢不正?"(《论语·颜渊》),还是佩戴刑器,不仅是执行惩戒,也是警励众人②。

《庄子·人间世》:"古之至人,先存诸己,而后存诸人。所存于己者未定,何暇至于暴人之所行!"③《德充符》:"仲尼曰:'人莫鉴于流水,而鉴于止水,唯止能止众止。受命于地,唯松柏独也在,冬夏青青;受命于天,唯舜独也正,幸能正生,以正众生。'"④此正所谓正己之性,人各自正之理。

---

① 《仪礼注疏》卷十八,第1041页。
② 按:《明集礼·军礼》曰:"今乡会众贤以礼乐欢民,而射者中人本志在侯,去伤害之心远,是以轻之,扑挞中庭而已。"([明]徐一夔等《明集礼》卷三十五,景印文渊阁《四库全书》第650册,第119页)
③ [清]郭庆藩撰,王孝鱼点校《庄子集释》卷二中,北京:中华书局,2012年,第140页。
④ [清]郭庆藩撰,王孝鱼点校《庄子集释》卷二下,第199页。

第二节　重志别贤

重志别贤是礼的一个重要意旨。这一礼义精神在礼仪制度运用中尤为显性，带有发扬、教化、期许的意味。

古代射礼尤为蕴藉这一礼义。《礼记·内则》曰："子生，男子设弧于门左。"郑玄注云："弧者，示有事于武也。"① 又曰："国君世子生，……射人以桑弧蓬矢六，射天地四方。"郑玄注云："天地四方，男子所有事也。"② 贾谊阐发王朝政治中当培育天地四方之志的精神，《新书·胎教》云："王太子悬弧之礼义。东方之弧以梧，梧者，东方之草，春木也；其牲以鸡，鸡者，东方之牲也。南方之弧以柳，柳者，南方之草，夏木也；其牲以狗，狗者，南方之牲也。中央之弧以桑，桑者，中央之木也；其牲以牛，牛者，中央之牲也。西方之弧以棘，棘者，西方之草也，秋木也；其牲以羊，羊者，西方之牲也。北方之弧以枣，枣者，北方之草，冬木也；其牲以彘，彘者北方之牲也。五弧五分矢，东方射东方，南方射南方，中央高射，西方射西方，北方射北方，皆三射；其四弧具，其余各二分矢，悬诸国四通门之左，中央之弧亦具，余二分矢悬诸社稷门之左。"③ 该节探讨的问题主要体现射礼篇。

---

① 《礼记正义》卷二十八，第1469页。
② 《礼记正义》卷二十八，第1469页。
③ ［汉］贾谊撰，方向东集解《贾谊〈新书〉集解》，第392—393页。

一、比赛中的自昭明

射耦就位射箭前,射事负责者命获者执旌旗背靠射侯站立,对于该仪节,郑玄揭示这是昭明竞进自励之义。

> 《仪礼·乡射礼》曰:"司马命获者执旌以负侯。获者适侯,执旌负侯而俟。"
>
> 郑玄注云:"欲令射者见侯与旌,深有志于中。"①

这是记乡射第一番射三耦习射时的仪节。在三耦射正式开始时,司马在堂下庭中的西南处(司射位处的南边)命获者,也就是报靶者,拿着旌旗背朝射侯站立,于是获者从堂西的位置走到射侯处,拿着旌旗背朝射侯站立待命。射事的二、三番射仪节相同,亦负侯。

郑玄对获者在射侯前执旌站立之仪的解释是:这是希望让射箭者见到射侯与旌旗,以此加深他们意欲射中的志向。即通过标显射侯这样的形式来激发他们志在射中的强烈意愿。

> 《仪礼·大射仪》曰:"司马师命负侯者:'执旌以负侯。'负侯者皆适侯,执旌负侯而俟。"
>
> 郑玄注云:"司马师,正之佐也。欲令射者见侯与旌,深志于侯中也。负侯,获者也。"②

大射第一番射也是三耦射的环节,开始前司马师命令负侯者执旌背朝射侯站立。负侯者由庭西处来到侯前,拿起旌背对侯而

---

① 《仪礼注疏》卷十二,第1000页。
② 《仪礼注疏》卷十七,第1035页。

立。郑玄对此补充负侯者即获者,通过获者执旌站立射靶之前的仪节,希望令射者见到他们将要射的侯和为他们唱获用的旌,充分树立箭射侯中的志向。第二、三番射亦如此。

侯是射靶,旌是报靶人所执之旗。在射事前的准备环节,司马命弟子把射侯张好,同时命由弟子充任的获者把放置于堂西的旌旗倚靠在已经张开系好的射侯中央。在射箭过程中,报靶人蔽身于乏后,郑玄注云:"容谓之乏,所以为获者御矢也。"乏的位置在射侯的西北方向,类似屏的形制,这样以防止获者被箭误伤。射者射中侯,报获者则扬起旌旗,大声唱"获","获"有"得"的意思。

对于射箭者,皆希望射中,侯是瞄准中靶的明确目标、旌则为报靶者唱获时打出旗语手势所用,这两件物品是射事的标的和引领。正如郑玄所言,让报获者执旌站立在射侯前,就是以此激发大家志在射中的寓意。若认为之所以执旌负侯,是使射者看清所要射的侯和为其唱获用的旌,则显然没有切中礼义的精髓,看清是用意之表象,主要是要达到一个以此激发射者志在必得的心态。

抽绎而言,在活动中,向大家标明、展示比赛须追逐的目标,包括赛事中的目标物品或胜利奖品,都是彰显希冀参加者勇于拼搏夺取胜利的意思。《开元礼》皇帝射于射宫,"布侍射者位于西阶前,东面北上。布司马位于侍射位之南,东面。布获者位于乏东,东面。侍射射位于殿阶下,当御前少西,横布,南面。侍射者弓矢俟于西门外",而"陈赏物于东阶下,少东。……若特射无侍射之人,则不设楅,不陈赏物"[①]。赏物有无,以及所设位置很能反映射

---

① [唐]杜佑撰,王文锦等点校《通典》卷一百三十三《开元礼纂类》二十八《军礼》二,第3406—3409页。

礼的竞技精神。

二、贤者自昭明心志

《仪礼·乡饮酒礼》曰:"主人戒宾,宾拜辱。主人答拜,乃请宾,宾礼辞,许。主人再拜,宾答拜。"

郑玄注云:"不固辞者,素所有志。"①

这是记乡饮酒主人"戒宾"的礼仪。主人与乡中致仕者商定宾、介人选后,前往宾家把商议的结果告知宾,请宾参加活动,宾推辞了一下,就应允了。郑玄宾"礼辞"之仪的解释是:礼辞,指一辞而许。固辞,是再辞而许。宾对于主人的邀请推举,仅是略微推辞就答应了,而没有再次推辞,是因为宾平素有此志向。

要明白宾平素的志向是什么,就要结合《乡饮酒礼》的内涵来认识。诸侯之乡每三年举行一次大比,选举贤能者献给国君,献贤之前先在乡学中举行盛大的饮酒礼,礼敬贤能之士,以示尚贤。对于将贡者的人选,主人往就乡先生处计议,选定最贤者为宾,其次为介,再其次为众宾。介、众宾辅助宾行礼。也就是说宾在此是作为被举荐者的,当主人告知宾选举结果时,宾仅是推辞一下就答应了,所以郑玄指出这是因为宾向来有济世的志向。

对于郑玄在此揭示出的宾素所有志故而"礼辞"的礼义,曹元弼《礼经校释》给予了很好的疏解,见下。

《士冠》《乡射》礼不专为己,故礼辞而不固辞;此及《士相见》礼专施于己,则皆宜固辞以致谦,今宾乃礼辞与《相见》异

---

① 《仪礼注疏》卷八,第980页。

者,以幼学壮行素所有志故也。观此注则郑君固欲行道济时者,特以汉祚将移,权奸窃柄,举己者多非其人,是以屡征不屈,守死善道,其出处合乎圣人,后世称郑大司农非其志也。①

曹氏指出《士冠礼》《乡射礼》,宾也是"礼辞"而许,但是士冠、乡射为礼并不专为宾进行,士冠是同僚为子弟加冠,作为被邀请主持加冠的宾自然乐以相成,稍加谦虚推辞即当应允;至于乡射,如郑玄所云是"习民以礼乐",也不专为礼敬宾自己,所以乡射主人请宾时,宾并不拜谢主人的屈驾光临。也就是说,这两处的"礼辞"不主要为礼敬自己,故宾不用再三推辞。《乡饮酒礼》与《士相见礼》是相同的情况,都是礼为宾展开,所以当"固辞"表达谦虚,然而与《士相见礼》不同,乡饮宾没有"固辞",这正因为宾幼学壮行,向有此志。《开元礼》乡饮酒礼:

> 主人曰:"吾子学优行高,应兹观国。某日展礼,请吾子临之。"宾曰:"某固陋,恐辱命,敢辞。"主人曰:"谋于父师少师,莫若吾子贤,敢固以请。"宾曰:"夫子申命之,某敢不敬须!"主人再拜,宾答拜;主人退,宾拜送。②

概括而言,对于素来有志去践行的抱负,在程式仪节上,宾仅礼辞即应允,不须要再次推辞才答应。

---

① [清]曹元弼《礼经校释》卷四,清光绪十八年刻后印本,《续修四库全书》第94册,第154页。
② [唐]杜佑撰,王文锦等点校《通典》卷一百三十《礼》九十,第3341页。

三、诚无能别不肖

《乡射礼》前来观礼的大夫与堂下众宾为耦,《大射仪》诸公、卿、大夫自行为耦,若大夫与大夫为耦人数不足,则以士为耦。射礼进行至第二番射开始记成绩分胜负,当释获者告获后即饮不胜者环节。三耦及其他堂下众耦皆二人一起升堂行礼,不胜者在西阶西,胜者在西阶东,亦若相饮之礼,而若与大夫为耦的士不胜,情况则不同。

《仪礼·乡射礼》曰:"若大夫之耦不胜,则亦执弛弓,特升饮。"

郑玄注云:"尊者可以孤无能对①。"②

《仪礼·大射仪》曰:"若诸公、卿、大夫之耦不胜,则亦执弛弓,特升饮。"

郑玄注云:"此耦亦谓士也。特,犹独也。以尊与卑为耦,而又不胜,使之独饮。若无伦匹,孤贱也。"③

射毕取矢委福之后,卿大夫升堂就席,其士耦仍即位次中。司射命设丰,胜者之弟子酌酒放置丰上,司射开始命胜者、不胜者按仪节准备装束,其中不胜者持释去弦的弓,以示不能用。若与大夫匹配的士不胜,即持弛弓,独自升堂就西阶饮酒,大夫不降席来西

---

① 阮校云:"徐本无'对'字。"([清]阮元《仪礼校勘记》,[清]阮元编《清经解》卷八六八,第5册,上海:上海书店,1988年,第549页)上古本《仪礼注疏》校勘记云:"无能,黄刊严州本同,徐本'能'下有'对'字,毛本同。"
② 《仪礼注疏》卷十二,第1003页。
③ 《仪礼注疏》卷十八,第1040页。

阶上。

孤,"顾也,顾望无所瞻见也"(《释名·释亲属第十一》)。郑玄对大夫士耦独自升饮之仪的解释是:大夫作为尊者,与位低的士为耦,有谦下相敬之义。士今不胜,既罚无能,尊者不必前来俯就配合行礼,故可使其独自立于阶上饮罚酒。若其无相酬应者,孤弃贱薄之意。

第三节　明恩惠显哀荣

　　一般而言,礼讲究自我谦敛,礼仪活动在于显明,二者之间的平衡在于,对关涉主旨的那部分,以及尊敬他人问题上偏重显明;执礼者自己对自己那部分侧重执谦,如不显耀自己的所得所获,不假尊者抬高自己,不过多强调自我的意志情感等等。但有一种情况则相反,这就是:当受尊者馈赐,以及涉及死者哀荣上则是显明的。《礼记·玉藻》曰:"有庆,非君赐不贺。"郑玄注云:"唯君赐为荣也。"又曰:"君赐车马,乘以拜。赐衣服,服以拜。"郑玄注云:"敬君惠也。"[①]《宋史·礼十六》庆历七年,御史言:"凡预大宴并御筵,其所赐花,并须戴归私第,不得更令仆从持戴,违者纠举。"[②] "顺以著明,臣之道也"(《易·晋》王注),即臣以功进、君以恩接之义。

[①]《礼记正义》卷三十,第1483页。
[②]《宋史》卷一百一十三《志》六十六《礼》十六,第2686页。

一、受赐明惠由尊者来

1. 受公赐后饮之

旅酬受君赐酒者待君卒爵后,再开始饮酒。

> 《仪礼·燕礼》曰:"受赐爵者以爵就席坐,公卒爵,然后饮。"
>
> 郑玄注云:"不敢先虚爵,明此劝惠从尊者来也。"
>
> 贾公彦疏云:"上已言君命所赐,至此经云'受赐',自然惠从尊者来。但先君受爵,似惠不由君来,故后饮然后授虚爵,是由尊者来,故后饮之也。"①
>
> 《仪礼·大射仪》曰:"受赐爵者以爵就席坐,公卒爵,然后饮。"
>
> 郑玄注云:"酬之礼,爵代举。今爵并行,嫌不代也。并行犹代者,明劝惠从尊者来。"
>
> 贾公彦疏云:"凡行酬之法,转爵递饮,今膳、散两有,宜得即饮,犹待公卒爵乃饮,犹代饮然。明惠从公来,嫌得即饮不代,故著嫌不卒爵然后饮,故曰'嫌不代'。"②

这是活动进行到"无算爵"时,开始不计算爵数地递相进献酬酒。执膳爵的士向公献酒,公受觯;执散爵的士向公所指示的受酬者献酒。散爵受酬者起身受觯,从席子的西端下席,把觯放在地上,向公行再拜稽首礼。公答拜。受酬者执爵就席坐下,等待公饮毕然后再饮。

---

① 《仪礼注疏》卷十五,第1023页。
② 《仪礼注疏》卷十八,第1043页。

郑玄对受酬者后饮之仪的解释是，旅酬行酒之法是以次序递饮（若甲酬乙，甲先自饮，然后斟酒授给乙，乙饮酒，然后酬丙），所以酒爵是转递而举的。现在公受膳爵和散爵行酬一起并行，受酬者等公饮毕再饮，按照上面所说的次序递饮法的流程，这样就能彰显出此酒是由尊者惠赐而来的意味；如果受酬者不等待公饮，就自行先饮酒，就有了酒爵并非更转而来的意含，也无法显示公命受酬、酒来自公恩惠之义。

抽绎这种精神，若与尊者为礼，或尊者携与之行事，卑者不能先尊者而自为，当从尊者之后，由此明惠从尊者而来，而自己不肆意简傲。我们可以把此条礼义概括称为"礼，惠由尊者来则后尊者取"。

2. 尊者前成礼明受惠

《仪礼·特牲馈食礼》曰："主妇适房，南面。佐食授祭。主妇左执爵，右抚祭，祭酒，啐酒，入，卒爵，如主人仪。"

郑玄注云："入室卒爵，于尊者前成礼，明受惠也。"①

这是主妇亚献尸，受尸酢酒的礼仪。主妇接过尸的酢酒到东房中，面朝南而立。佐食为主妇堕祭。主妇左手拿爵，右手抚摸一下祭物，接着用酒行祭，祭毕尝酒，然后进入室中，饮干爵中的酒。郑玄对主妇"入，卒爵"之仪的解释是：主妇在东房中，入室卒爵，在尊者面前成礼，昭明受尊者惠赐。

《仪礼·聘礼》曰："宾三拜乘禽于朝，讶听之。"

---

① 《仪礼注疏》卷四十五，第1185页。

郑玄注云:"发去乃拜乘禽,明已受赐,大小无不识。"①

这是记使者将归国离去时,前去主国君之朝拜谢馈赐乘禽的礼仪。乘禽是指成双而群居的禽鸟,如雉雁等,其于礼以双为数。乘禽是细小的礼物,宾该举是为了表明主国赠送的大小之礼都有记住。

二、显荣之事明受赠多

《仪礼·聘礼》曰:"乃入,陈币于朝,西上。上宾之公币、私币皆陈,上介公币陈,他介皆否。束帛各加其庭实,皮左。"
郑玄注云:"不加于其皮上,荣其多也。"②

出使归来,在朝中陈设行聘所得礼物。使者所获礼物,都要陈列,上介只陈列所聘国国君赐予的礼物,其他众介所得礼物不陈列。陈列时,束帛都在庭实虎豹皮的左边。郑玄指出:此不似出使前夕陈币时,把束帛放在虎豹皮之上,是因为不使礼物相互遮掩,明获得之多,出使以获礼物多为荣耀。

《仪礼·既夕礼》曰:"主人之史请读赗,执算从。枢东,当前束,西面。不命毋哭。哭者相止也。唯主人、主妇哭。烛在右,南面。读书,释算则坐。"
郑玄注云:"必释算者,荣其多。"③

---

① 《仪礼注疏》卷二十三,第1067页。
② 《仪礼注疏》卷二十三,第1067页。
③ 《仪礼注疏》卷三十九,第1154页。

这是记柩车将行前读赗的礼仪,史宣读赗、赙、赠的清单,副史坐在地上用算计算。郑玄的解释是:这些都是他人赠送给丧家的,代表死者的哀荣,所以显示数量,以多为荣。

但需要注意的是,显明受馈赐,一是受赐者向馈赐者表明,一是受赐者为彰显荣荷和荣哀;彰显荣荷是国事,彰显荣哀是明逝者之德,向逝者禀示,如《开元礼》"告赠谥于柩。无赠者,设启奠讫即告谥"①,这里面其实包含着对逝者的礼敬,对国事和君命的礼敬,也就是说,都不是自我显耀。

第四节　见示亲敬

《仪礼·大射仪》曰:"小臣委矢于楅如初,宾、诸公、卿、大夫之矢皆异束之以茅。卒,正坐,左右抚之,进束,反位。"

郑玄注云:"异束大夫矢,尊殊之也。正,司马正也。进,前也。又言'束',整结之,示亲也。"②

这是第二番射毕取矢委楅的仪节。小臣正把矢放置在楅上,宾、诸公、卿、大夫的矢用茅草捆束,尊殊于其他射耦,完成以后,司马正前进至楅抚摸核算,并整结地放置楅上,这个动作显示亲敬谨慎。

《仪礼·公食大夫礼》曰:"公立于序内,西乡。"

---

① [唐]杜佑撰,王文锦等点校《通典》卷一百三十八《礼》九十八,第3526页。
② 《仪礼注疏》卷十八,第1039页。

郑玄注云："不立阼阶上，示亲馔。"①

这是记公与宰夫为宾设正馔的礼仪。公先亲设醯酱，醯酱为馔之本。而后公立序内，在阼阶北边，此位置靠近宾馔，显示亲监设馔之义。

《仪礼·公食大夫礼》曰："公壹拜，宾降也，公再拜。介逆出。宾北面揖，执庭实以出。"

郑玄注云："揖执者，示亲受。"②

这是公用侑币劝食的礼仪。侑币，有束帛，有庭实，宾受束帛，将堂退出时，向庭中执皮的有司行揖让之礼，以表示亲受，出庙门后，上介接过束帛，宾的随从接过兽皮。

《仪礼·公食大夫礼》曰："宾卒食会饭，三饮。不以酱涪。捝手，兴，北面坐取粱与酱以降，西面坐奠于阶西。"

郑玄注云："示亲彻也。"③

这是记宾卒食礼终的礼仪。宾食毕，取粱饭和醯酱将堂，此二者公亲设，以此显示亲彻馔。

《仪礼·士昏礼》曰："主人以宾升，西面。宾升西阶，当阿，东面致命。主人阼阶上北面再拜。"

郑玄注云："阿，栋也。入堂深，示亲亲。"④

---

① 《仪礼注疏》卷二十五，第1081页。
② 《仪礼注疏》卷二十五，第1082—1083页。
③ 《仪礼注疏》卷二十五，第1083页。
④ 《仪礼注疏》卷四，第961页。

《仪礼·士昏礼》曰:"父醴女而俟迎者,母南面于房外。"

郑玄注云:"婿至,父出,使摈者请事。母出南面房外,示亲授婿,且当戒女也。"①

这是记婚礼纳采、亲迎的礼仪。无论是父母亲授女,还是使者纳采升堂当屋栋处行礼,都显示婚礼相亲之义。

《仪礼·特牲馈食礼》曰:"主妇适房,南面。佐食授祭。主妇左执爵,右抚祭,祭酒,啐酒,入,卒爵,如主人仪。"

郑玄注云:"抚授祭,示亲祭,佐食不授而祭于地,亦仪简也。"②

这是记主妇献尸的礼仪。佐食祭于地,主妇不亲祭,但抚之,仍是表示亲祭。

尊者无赞见其敬。国君至尊,常礼皆有赞者辅助或代劳,若国君行事时无赞,则主要显明尊敬重视的意思。

《仪礼·聘礼》曰:"公侧袭,受玉于中堂与东楹之间。"

郑玄注云:"'侧'犹独也。言独,见其尊宾也。他日公有事,必有赞为之者。"③

这是记主国君受聘的礼仪。使者向公行聘,执圭进庙,随公升立堂上,向公转达己国君致辞,公由面朝西向右转,面朝北行拜礼,使者后退以避让公的行礼。而后公独自掩好正服,在堂的中央与

---

① 《仪礼注疏》卷六,第971页。
② 《仪礼注疏》卷四十五,第1185页。
③ 《仪礼注疏》卷二十,第1054页。

东楹柱之间接受使者所授的圭。

郑玄对公"侧袭"之仪的解释是：侧，就是独的意思。公独自掩上正服，而不用赞者代为整理，显示出对使者的尊重。其他公有事的时候，必有赞者相助，替公打理或完成。

贾公彦疏云"案《大射》云公卒射，'小臣正赞袭'，是其赞为之也"[1]，《大射仪》公射箭完毕，小臣正帮助公穿上因射箭而脱下的外衣左袖。彼处的小臣正"赞袭"与这里的公"侧袭"形成显明对比。不仅如此，公将射时，小射正"赞设决，朱极三"，小射正帮助公在大拇指上戴上决，给食指、将指、无名指戴好朱韦制成的指套；小臣正"赞袒"，小臣正帮助公脱下左臂外衣袖；小射正"赞设拾"，小射正再帮公左臂上套上遂。以上都是由臣下赞公完成。由此即可看出，公接受使者行聘，独自掩服而无须外人相赞体现了对使者的尊敬。

>《仪礼·聘礼》曰："上介奉币，皮先，入门左，奠皮。公再拜。介振币，自皮西进，北面授币，退复位，再拜稽首送币。介出。宰自公左受币。"
>
>郑玄注云："不侧授，介礼轻。"[2]

这是记上介私觌的礼仪。使者向主国君和夫人行聘享礼后请求私觌，表达个人的敬意。君考虑到受大礼尚不及款待，故先醴使者，此后接受宾介的觌礼。使者行觌后，主国君推辞了上介、士介的以臣礼入见，于是上介捧着束锦，从庙门左侧进入，重新以客礼

---

[1]《仪礼注疏》卷二十，第1054页。
[2]《仪礼注疏》卷二十一，第1058页。

面见。上介面朝北把币授给君,再退回原位,行拜送礼,接着出庙。宰从君的左边接过束锦。

郑玄对"宰自公左受币"之仪的解释是:公并非是亲自授给宰,而是交给赞者,再由赞者代为转授给宰,公不亲授,这是因为介礼轻。与此相对的使者行觌礼,公受后,经文曰"侧授宰币",亲自把束锦授给宰。与由赞者转授不同,这是因为使者尊,公独立完成以显示尊宾。综观之,君独自完成仪节与否反映着礼事的轻重。

事实上,《聘礼》公与使者受授行事都是独自完成,这说明在国事活动中,国君与来聘方执礼不用赞者是一种表达敬意的方式。除去以上提及处,此外还有:

使者行聘:

> 宾出。公侧授宰玉。[1]

使者行享:

> 宾出,当之坐摄之。公侧授宰币。[2]

使者向夫人行聘享:

> 聘于夫人用璋,享用琮,如初礼。[3]

公醴使者:

---

[1]《仪礼注疏》卷二十,第1054页。
[2]《仪礼注疏》卷二十一,第1056页。
[3]《仪礼注疏》卷二十一,第1056页。

> 公升,侧受几于序端。宰夫内拂几三,奉两端以进。①

综上所述,国君作为至尊,每当重大礼事活动,独自完成仪节,并不设置赞者时,是为了显示对相应人事的敬重。

礼的直观显明是一个基础但很重要的问题。它可以帮助我们解决一些实际问题。在饮酒礼中有辞洗的环节,《乡饮酒礼》主人献宾,宾要随降,辞谢主人为自己洗爵,这就牵扯到辞洗降位的问题,即为辞洗而降时,堂下站立之位。后世驳郑者认为宾辞洗降位在西阶下,此时主人在洗的北边,面朝南洗,如果这样则主人背宾而洗,宾显然看不见主人为其洗爵。主人为宾洗爵是尊宾意旨的显明,若宾自己都看不见,这就有违背礼直观显明的原则。

在本章节主要探讨了预告警策、重志别贤、明惠由尊者来、至尊行事无赞为敬,以及逝者哀荣等等礼特别显明的地方。可以认为,围绕礼仪主旨进行的仪节,本身都是切合意旨的直观显明表现。

---

① 《仪礼注疏》卷二十一,第1057页。

第七章　尊重他人意志

人是活动中的能动性主体,如何处理个人和他人意志是礼仪交往中必然要面对的问题。礼仪虽然有较为固定的程式和做法,但这绝不意味着参与者在这个系统中是被动角色,这首先体现在郑玄所揭示出的"礼不必"和"谦不敢斥"两个问题上。

"礼不必"是不期待对方一定将会如何。在行礼过程中,即使知晓对方接下来的意图,也不在对方还没有明确行动前,就把这种可能事实性地展现出来,而是要把主动性让给对方,根据对方的实际行为来做出合适的回应。

"谦不敢斥"是与别人交流时,以询问协商的风格与别人对话。侧重的是给予对方足够的决定权,也就是说,礼充分尊重礼仪中人的意志,人在礼仪中具有相当的意志自由。

特别是"礼不必"典型呈现的便是允许对方有一定自我适应性。这并不意味着随意和肆意,而重在体现一种态度,一种允许他人有选择,有回旋空间的态度。"不斥"这种行为方式,不过于直突,容许对方思考,同时也规避因不同选择结果而带来的诸多问题。

贾公彦疏文认为郑玄的"礼不必"来源于《论语》"子绝四"之

"毋必"①。据唐写本《〈论语〉郑氏注》，郑玄注"必"谓："成言未然之事。"②"毋必"即指不可期待事情一定按照己之意志发展。

《庄子·外物》"外物不可必"③，《公羊传》"师出不正反，战不正胜"，《孟子》"必有事焉而勿正"也反映着不期待一定如何的道理④。

第一节　不期待必然

主、客方行礼，主方尊重客方的选择和态度，客方尊重主方的安排。在主、客执礼中，无论施行于平等关系还是上下关系，无不贯彻着这种精神。主人接待客人，不必知道客人必为某事而来，也不必期待客人必行某种相应的礼仪，主人首先谦恭行礼，即使内心对此已经晓明，仍然执礼询问，以示恭己敬人之意。而客人一方，虽然知晓礼仪流程，也不斥人必然如何，也跟随主方的指示行事。

一、主人尊重宾的意愿

谒问礼中的大体脉络，有初来之始、行礼更端、礼事完毕三个

---

① 《论语·子罕》："子绝四：毋意，毋必，毋固，毋我。"贾公彦三次指出郑注"礼不必"来源于《论语》，分别见《士昏礼》疏、《乡射礼》疏、《既夕礼》疏。
② 王素编《唐写本〈论语〉郑氏注及其研究》，第104页。
③ ［清］郭庆藩撰，王孝鱼点校《庄子集释》卷九上，第913页。
④ 《朱子语类》云："'必有事焉而勿正心'，此'正'字是期待其效之意。《公羊传》云'师出不正反，战不正胜'，此'正'字与《孟子》说'正心'之'正'一般，言师出不可以期其反，战不可必期其胜也。"（［宋］朱熹《朱子语类》卷五十二，朱杰人等主编《朱子全书》，第1736—1737页）

节点。

（一）明知宾来意依然请事

面对不请自来的客人，主方会询问客人为何事而来，这是确不知客人来意。如果主方事先已经知晓客人来意，出于敬慎之意，也依然按照程式接洽。

《仪礼·士昏礼》曰："使者玄端至。摈者出请事，入告。"

郑玄注云："'请'，犹问也。礼不必事，虽知，犹问之，重慎也。"①

婚礼的纳采礼，男方先请媒氏与女家沟通，女家许诺后，使者携带礼物来女家提亲；女家摈者出来迎接，问使者为何而来，然后进去向主人禀报。郑玄对摈者"请事"之仪的解释是，女家询问使者来意，是不预设使者一定是来主动说起提亲之事，以示慎重之意。《开元礼》凡来为礼，虽知来意，皆请事。如皇帝纳后②。

《仪礼·聘礼》曰："宾至于近郊，张旜。君使下大夫请行，反。君使卿朝服，用束帛劳。"

郑玄注云："'请行'，问所之也。虽知之，谦不必也。"③

这是记诸侯聘问中的郊劳之礼，使者至所聘国国境先向守关者通告来意，等主国派人前来问明情况后，得以入境；使者一行来到国都近郊，国君遣下大夫迎接，询问使者此行去往何处，然后下

---

① 《仪礼注疏》卷四，第961页。
② ［唐］杜佑撰，王文锦等点校《通典》卷一百二十二《礼》八十二，第3115—3116页。
③ 《仪礼注疏》卷十九，第1049页。

大夫返回向君汇报。郑玄对下大夫"请行"之仪的解释是,主国犒劳来聘使者,不期待使者一定是与自己行聘,而先请问宾客来意,以示谦己敬人之意。

简言之,宾客来访,主人即使已经知晓客人必为某事而来,也不期待宾客一定会如自己所预期,而是依然执礼叩问,以示谦虚谨慎。

(二)宾行别事虽知犹问

宾此行若兼有多重目的,当一事行礼完毕,对于其将行事宜,亦不以己意度定。

《仪礼·士昏礼》曰:"宾降,出,主人降。授老雁。摈者出请。宾执雁,请问名,主人许。"

郑玄注云:"不必宾之事有无。"①

这是记问名礼的礼仪。男方使者行纳采礼完毕,降阶出门,女家摈者出来询问使者还有何事,使者回答还要问女方名字,摈者再进门向女家主人禀告。郑玄对摈者"出请"之仪的解释是,女家虽知纳采之后将行问名礼,也不期待使者一定会主动提起行问名之事,而是先请问对方是否仍有别事。《开元礼》皇帝纳后问名礼也采用此义②。

《仪礼·聘礼》曰:"宾出。公侧授宰玉。裼,降立。摈者出请。宾裼,奉束帛加璧享。摈者入告,出许。"

---

① 《仪礼注疏》卷四,第962页。
② [唐]杜佑撰,王文锦等点校《通典》卷一百二十二《礼》八十二,第3115页。

郑玄注云："不必宾事之有无。"①

使者行聘事完毕，降阶走出庙门；主国摈者出来问使者还有何事，宾请求行享礼，摈者再进去向国君报告。郑玄对"出请"之仪的解释是，主国接待来聘使者，虽知使者聘事以后将进献礼物，也不期待使者一定必行享礼，而是先请问宾客是否还有他事，以示谦逊。

简言之，宾客不请自来，每一事完备，对于后续活动的开展，即使主方晓明其内容走向，也应先有请事的礼节，而不宜不问所以，径直按自己的预想，来期待宾客必行下节的礼事。

（三）虽知事毕犹请而后送

宾客行事完毕，走出大门以后，主人也不可因为自己心里明白事情已经完结就拜送宾客。

《仪礼·既夕礼》曰："凡将礼，必请而后拜送。"
郑玄注云："虽知事毕犹请，君子不必人意。"②

丧礼，死者下葬前先迁柩于祖庙，在此期间，凡宾客前来赠送助葬、随葬财物等等，宾礼毕出门以后，摈者先出来询问宾还有什么事情，当得到宾确已无事的回答后，主人方拜送宾客。郑玄对"必请而后拜送"的解释是，主人与宾执礼，虽知客人已行事完备，也不主观认定宾一定再无他事，而仍先向宾请示是否还有别事。

《既夕礼》属经文发凡的情况，凡不请自来的宾客礼毕退去时，主方皆先请事而后拜送。但有一种情况例外，即宾客虽是不请自

---

① 《仪礼注疏》卷二十、卷二十一，第1054—1056页。
② 《仪礼注疏》卷三十九，第1153页。

来，但事毕主人又挽留为其举行慰劳活动，此番礼毕宾出，主方不再请事。因为从慰劳活动开始，就转变成主人邀请客人为礼，邀请对方参与活动，自然无请问宾客是否行事完毕的道理。《开元礼》皇帝纳后，问名以后，使者此行事毕，主人方请事以后又候使者。这就是行礼完毕还有其他仪节。若无，直接送宾，这里既然候使者，行礼完毕则不请事①。

二、宾尊重主人的安排

《仪礼·公食大夫礼》曰："宾入门左，没霤，北面再拜稽首。公辞。揖让如初，升。宾再拜稽首，公答再拜。"

郑玄注云："便退，则食礼未卒。不退则嫌，更入行拜，若欲从此退。"②

这是记宾受侑币再次入庙卒食的礼仪。公为小聘使者举行食礼，宾食正馔三饭后有礼成告退之意，公意殷勤，用侑币劝宾继续享用，宾受币出庙门授给随行的介。宾从庙门的左侧门再次进入，走过门檐，面朝北向公行再拜稽首礼。公推辞。宾和公像刚入庙时那样行揖让之礼，然后升堂。宾在西阶上行再拜稽首礼答谢公的厚意。公回礼。

郑玄对宾"再拜稽首"之仪的解释是：食礼有常法，宾受侑币，只是正馔礼备，还当继续完成食礼，不可直接退去；但若无自觉之意，继续安享，正馔礼备之义也无体现，且有贪食的嫌疑，故宾行再

---

① [唐]杜佑撰，王文锦等点校《通典》卷一百二十二《礼》八十二，第3117页。
② 《仪礼注疏》卷二十五，第1083页。

拜稽首礼，示自己将辞退之意。公见如此留宾继续卒食成礼。简言之，宾虽然知道受币后须入庙卒食，但也不必然如此行事，而是行礼请退，以待主国指示再完成礼仪。

《仪礼·聘礼》曰："既将公事，宾请归。"

郑玄注云："谓已问大夫，事毕请归，不敢自专，谦也。主国留之，飨食燕献无日数，尽殷勤也。"①

这是记使者来主国行聘请归的礼仪。使者行聘享礼后，请求慰问主国卿大夫，以及曾经出使过己国的下大夫。一概公事完成后，使者便向主国君请求离去。郑玄对"宾请归"之仪的解释是：公事既已完毕，使者不敢独断自用，向主国君请求归去，主国将会挽留使者一行，为其举行飨食燕献的主题活动，以尽殷勤款待礼敬的心意。

简言之，聘问之礼自有常法，但使者依然执谦敬，不必然期待主国如何接待，而是根据主国的示意行事。

第二节　容许个人情况不同

"君子以常德行习教事"（坎《象传》），正义曰："当守德行而习其政教之事。"说明君子观《坎》之象，知垂险未夷，教不可废，故便习教事，此"行有尚"，"往有功也"。

《乡射礼》和《大射仪》两篇记载了为人示范之礼，在示范礼仪

---

① 《仪礼注疏》卷二十四，第1075页。

中就体现着这种精神。教授他人时,不期待所有人必然同时一起学会,比较好地反映因人而异、具体问题具体分析的道理,从根本上尊重为礼者个人意志。因《乡射礼》《大射仪》此间仪节相同,下面只以《乡射》为例具体阐述。

《仪礼·乡射礼》曰:"司射作射如初。一耦揖升如初。司马命去侯,获者许诺。司马降,释弓反位。司射犹挟一个,去扑,与司马交于阶前,升,请释获于宾。"

郑玄注云:"'犹',有故之辞。司射既诱射,恒执弓挟矢以掌射事,备尚未知,当教之也。今三耦卒射,众足以知之矣。犹挟之者,君子不必也。"①

《仪礼·大射仪》曰:"司射作射如初。一耦揖升如初。司马命去侯,负侯许诺如初。司马降,释弓,反位。司射犹挟一个,去扑,与司马交于阶前,适阼阶下,北面请释获于公。"

郑玄注云:"'犹',守故之辞,于此言之者,司射既诱射,恒执弓挟矢以掌射事,备尚未知,当教之也。今三耦卒射,众足以知之矣。犹挟之者,君子不必也。"②

这是记《乡射礼》第二番射箭活动中司射"请释获"的仪节。第一番射箭活动是三耦的练习环节,由司射负责教三耦射仪,在三耦射之前,司射先在堂上作射仪示范,待司射按照射仪标准全部射完四支箭后,三耦开始习射。整个习射环节,司射无论是上堂向宾请求开始射箭活动,还是在诱射完毕以后,都要一直执弓挟矢。因为

---

① 《仪礼注疏》卷十二,第1002页。
② 《仪礼注疏》卷十七,第1036页。

这是教授演示的环节，司射作为教习者须恒执弓矢，来掌控整个射事，以保证教学环节的顺利进行。

第二番射是正式比赛，一耦堂上就位，司射升堂向宾请求从此次射开始计算成绩。经文曰"司射犹挟一个"，司射在这个过程中依然要挟着一支矢。

郑玄指出"犹"乃"有故之辞""守故之辞"，"犹，可以已之辞"（《穀梁传·僖公三十一年》）。"有故""守故"都是保持原状之意，在此指司射依旧保持原来诱教时挟矢的状态。郑玄对司射"犹挟一个"之仪的解释是：众人经过此前的习射已经知晓射仪，礼仪中也不再安排司射射箭，但司射因有为人示范的职责，不期待别人一定都已掌握射仪，而依旧保持着预为示范的状态，以备他人需要时可以随时询问。

如此，当在担任教习职事时，即使知道被教习者或许已经学会，也应保持着预为教授的姿态，随时准备为不知者示范，而不是主观认定所有人都必然知晓，便不再想着为大家提供帮助。

第三节　尊者的选择空间

《燕礼》《大射仪》所记的燕饮、射礼都属于诸侯一级的仪制。由于国君的至为尊贵，无论是礼仪本身，还是经文的表述，对尊君这一主旨都有着特殊的凸显。在臣下侍奉国君的仪节中，贯彻着卑者不期待尊者一定如何的精神，礼仪给予尊者充分的选择和意愿自主，郑玄对此主要揭示以下三种情况：

(一)以君可不行某事示意

臣下侍奉国君为礼,虽知君必依程式行事,依然以君可不行示意,以此请君按自己意愿行事。

《仪礼·燕礼》曰:"媵爵者洗象觯,升,实之,序进,坐奠于荐南,北上,降,阼阶下皆再拜稽首,送觯。"

郑玄注云:"'奠于荐南',不敢必君举也。"①

《仪礼·大射仪》曰:"媵爵者洗象觯,升,实之,序进,坐奠于荐南,北上,降,适阼阶下皆再拜稽首,送觯。"

郑玄注云:"'奠于荐南',不敢必君举。"②

这两条是记媵爵者致酒于君的礼仪。饮酒奠爵之礼,不饮的酒放在席前脯醢的左边,将饮者则放在右边,前者是不妨碍事,后者是便于举杯。燕礼媵爵者给君进献的酒是将饮者,应放置在右边,但致酒者却把觯放在君席前的左边,即文中所言的"荐南",这是不饮之酒放置的位置。

郑玄对把君将饮之酒按不饮者放置的解释是,此起旅酬,臣下向君进酒劝饮,不敢期待君一定要饮酒,故先按不饮之酒摆放,如此臣下不唐突尊者,意此酒饮与不饮全在君,不期待尊者必举此杯。

《仪礼·大射仪》曰:"司官尊侯于服不之东北,两献酒,东面,南上,皆加勺,设洗于尊西北,篚在南,东肆,实一散于篚。"

---

① 《仪礼注疏》卷十四,第1017页。
② 《仪礼注疏》卷十七,第1032页。

郑玄注云："为大侯获者设尊也。言'尊侯'者，获者之功由侯也。不于初设之者，不敢必君射也。君不射，则不献大侯之获者。"①

这是记司宫为服不氏设尊的礼仪，君、宾、诸公卿大夫在大射的第二番射开始参与射箭，射箭完毕以后，按流程有向报靶人献酒以示酬谢的仪节。其中，司马正向为国君大侯报靶的服不氏献酒，此时由司宫为其现场设两壶酒。相比于此，给卿大夫士报靶者的献酒早在活动前就已预先在相应位置设好。

对于献服不氏的酒不预先设好，郑玄的解释是举行射箭活动，虽知君按礼当射箭，但也不敢期待君必须要参与射箭，故不预设献给服不氏的酒，待君确实参加了比赛，再现场为服不氏设尊。如此射与不射，悉听君命。

（二）进献以请示听命为辞

臣下按仪节的要求或礼制惯例，来向国君行进献礼，虽知君可能会接受自己的进献，依然加以请示。不能因为出于礼敬之心，或礼仪程式章法本就如此，就期待国君一定会接受，而直言唐突尊者。

《仪礼·燕礼》曰："献公，曰：'臣敢奏爵以听命。'"
郑玄注云："授公释此辞，不敢必受之。"②

主人向公献酒时，言谨奉酒以恭听公命，"敢"为冒昧之辞，贾公彦疏云"以卑触尊不自明之意"。对于主人的奏言，郑玄的解释

---

① 《仪礼注疏》卷十八，第1040页。
② 《仪礼注疏》卷十五，第1025页。

是，臣向君敬酒，不期待君一定会接受，而是以冒昧不敢自明的态度请命，以示尊君之意。

《仪礼·聘礼》曰："若有献，则曰：'某君之赐也。君其以赐乎！'"

郑玄注云："不必其当君也。"①

这是记使者返国后向君进献礼物的礼仪。使者行聘回国以后，会向国君进献一些礼物，言"这是某君惠赐的礼物，或许君可用它赐与臣下！"对使者这种谦虚的表达，郑玄的解释是，臣向君进献财物，不期待自己所献是君所需要的，是符合君意的，而是随尊者所与，以示诚敬自谦之意。

（三）赏赐任命不必然非己莫属

面对国君的任命或赏赐，臣下在接受过程中，不应该显露出理所应当的姿态，来期待尊者必定会委任或礼遇自己。若如此，对尊者、同伦都有失敬意。虽知君要赏赐或任命自己，依然谦让表示君不必如此。

《仪礼·燕礼》曰："君贶寡君多矣，又辱赐于使臣，臣敢拜赐命。"

郑玄注云："'敢拜赐命'，从使者拜君之赐命，犹谦不必辞也。"②

这是记摈者奉命邀请异国使者赴宴的礼仪。国君派摈者前去

---

① 《仪礼注疏》卷二十三，第1068页。
② 《仪礼注疏》卷十五，第1024页。

使者处告请，摈者到达馆舍门外，先后两次传达君的邀请，使者让介两次转达推辞之意。摈者第三次邀请，介先出来传达使者恭敬听命，然后使者亲自出来与摈者相见。摈者向使者亲致君命，使者则再次表达不必如此客气。对于使者应允后再次谦让，郑玄的解释是：使者虽已应许赴宴，但此时亲见国君摈者，也应先谦虚地表示不必如此，再跟从使者前往，而不是对尊者的邀请显得自安所得。

《仪礼·大射仪》曰："小臣请致者。"

郑玄注云："请君使一人与？二人与？不必君命。"①

这是记媵爵者为君致酒的礼仪。小臣宣布下大夫中的长者二人做媵爵者，两人拜谢君命，并自行饮酒一杯，然后拿着酒杯走到洗的南边待命。小臣请示君，是使其中一人向君致酒，还是二人都来致酒，君回答使二人致酒。郑玄对小臣"请致者"之仪的解释是：不揣度君命，二位媵爵者不期待君一定会允准自己，故请君来指派，以示尊君之意。

《仪礼·聘礼》曰："君朝服，南乡。卿大夫西面，北上。君使卿进使者。"

郑玄注云："进之者，使者谦，不敢必君之终使己。"②

这是记使者临行前到朝中接受国君辞命的礼仪。使者先就位雉门外，等卿领君命前来召见自己时，再跟随卿进入雉门。

---

① 《仪礼注疏》卷十七，第1032页。
② 《仪礼注疏》卷十九，第1047页。

郑玄对"卿进使者"的解释是：使者虽然此前在君与卿商讨聘事时就已经接受任命，但不敢期待国君最终一定任命自己，所以先在雉门外，等候君的召见，而不是径直入朝面君，以示谦虚之意。

以上虽针对尊君而发，但它的精神也同样适用其他礼仪。

《仪礼·士丧礼》："君升自阼阶，西乡。祝负墉，南面，主人中庭。君哭，主人哭，拜稽颡，成踊，出。君命反行事，主人复位。"

郑玄注云："出，不敢必君之卒敛事。"①

这是记君亲临视大敛的礼仪。稽颡，触地无容。稽颡，拜，是哀戚之至痛的表现。君哭，主人哭，主人稽颡而后拜，九踊，礼成。此时主人出庙门，郑玄对此解释是：君于士，既殡而往，视大敛为恩赐，主人不敢使君参加完整个仪式，故成礼则出门待命。

第四节　言语委婉不斥

不敢斥，是郑玄注中的一个高频概念。斥，直接指明的意思。礼讲求温婉，启发以进。言语不唐突，实质上就是一种协商，不有意冒犯，不强势，根本的还是尊重对方的意愿。所以这也是礼尊重个人意志的表现。

《仪礼·士昏礼》曰："醴，曰：'子为事故，至于某之室。某有先人之礼，请醴从者。'"

---

① 《仪礼注疏》卷三十七，第1141页。

郑玄注云："言'从者',谦不敢斥也。"①

这是记婚礼女家主人请醴使者之辞。男家使者来女家行纳采、问名二礼完毕，女家主人欲厚待使者，故请求向使者行醴礼，说："您为了我们两姓婚事，来到某的祢庙。某有先人传下的礼仪，请求您的从者接受醴礼。"

郑玄对"请醴从者"的解释是：这里说使者随从人员，而不直接请使者接受醴礼，是女家主人自谦，所以不冒昧直接指明，以示对宾的尊敬。

这种表达一般称为"曲指"。郑玄注所用的"敢"字，也是卑对尊的用词，贾公彦疏云："凡言'敢'者，皆是以卑触尊不自明之意。"② 这里有个问题还须注意，包括醴使者在内整个使者来访礼仪，主人与使者皆行敌礼，且使者是"夫家之属"，主人还略尊于使者，这样的情况下，主人请醴使者用如此谦逊的言辞，确实极其谦敬。

值得注意的是，这种语言风格上的"不斥"可能在整体上有着丰富的内容。先秦诸子散文中，寓言被广泛采用在劝诫进言之中，其中的道理也有这种委婉不直接的意味。这是当时文化中一种社交礼仪，尊重对方，减少言语的攻击性，避免咄咄逼人，通过启发以进，来把主动权让给对方。

不定之辞，不是考量到一定有意外而所做的准备，更多的之所以用不确定、不必然的表述形式，是以此表现尊敬的态度。

---

① 《仪礼注疏》卷六，第972页。
② 《仪礼注疏》卷四十三，第1174页。

《仪礼·乡射礼》曰:"司射倚扑于阶西,升,请射于宾,如初。宾许诺。宾、主人、大夫若皆与射,则遂告于宾,适阼阶上告于主人,主人与宾为耦。"

郑玄注云:"言'若'者,或射或否,在时欲耳。射者,绎己之志,君子务焉。大夫,遵者也。告宾曰:'主人御于子。'告主人曰:'子与宾射。'"

贾公彦疏云:"'言若者,或射或否'者,以'若'是不定之辞,故知或射或否。'射者,绎己之志'者,《礼记·射义》文。'绎',谓'陈己之志意'也。"①

司射升堂向宾请求开始射箭比赛,宾表示同意。第二番射是宾、主人、大夫都参与射箭的环节,经文在此用"若"字,如果他们都参与射箭,则司射开始为他们匹配射耦。郑玄指出,用"若",意射与不射由尊者当时的意愿,然"射者,绎己之志,君子务焉",是宾等皆射。这里不定之辞的运用体现着《仪礼》文法的特征,文辞之间的敬意蕴藉,也是一种思维和认知的呈现。通过这种方式,传递的是对他们意愿的尊重,这与参与者是否必然履行礼仪程序无关。

借助郑玄《仪礼注》中"礼不必",以及"不敢斥"的思想,我们对礼尊重个人意志问题有了一定认识。总体来看,它的主体思想和精神实质为:在处理事情时,不期待对方一定会遵循自己的意愿行事。即使知道别人的言行或合于自己的预期,在事情还没有完全发生之时,也不应先行确定未然之事,而抱着人或不必如此的谦

---

① 《仪礼注疏》卷十二,第1001页。

虚心态，把决定的主动性留给别人。

这个思想对日常礼仪具有切实的指导意义。如果违反该精神，不但有失谦敬谨慎，而且还会带来一些不必要的麻烦。如灌夫期待田蚡必要访问窦婴一事。当时武安侯田蚡为丞相，窦婴、灌夫二人失势，相互援引依靠。当灌夫去拜访田蚡时，田蚡说本想与灌夫一同前往窦婴家，只是碍于灌夫有丧服在身。灌夫听后表示他来转告窦婴做好准备，并请田蚡明日光临，田蚡许诺。次日直到正午时候，田蚡也没有如约到来，灌夫心下不悦，于是便自驾往迎，务必使田蚡前来。这里田蚡显然是姑且一言，既然宾客不来，作为第三方的灌夫径直去宾客家要求客人必来，即使田蚡前面戏言失信，灌夫的行为也有鲁莽粗直的嫌疑。所以司马迁虽怜二贤，仍有"魏其诚不知时变，灌夫无术而不逊，两人相翼，乃成祸乱"之叹[1]。

---

[1]《史记》卷一百七《魏其武安侯列传》，第3424—3425页。

第八章　伦匹对等

礼仪要求为礼双方伦匹对等相配，这样是对行礼者的一种尊重，主要体现在国与国的聘问礼仪中，主方的招待规格要与客方身份相符合，身份相敌，可省去诸多不便，执礼可相亲相敬。而且主方招待人员的身份也是释放给客方的一个信号。此外，礼的对等还包括卑者不与尊者亢礼。

第一节　使人各以其爵

1.聘事款待以同爵者相戒

使者来聘，主国将为使者举行一定次数的燕礼和食礼，这在聘问活动中，算是相当隆重的礼仪节目，在告请使者时，派遣爵位相等者相邀。

《仪礼·燕礼》曰："寡君有不腆之酒，以请吾子之与寡君须臾焉，使某也以请。"

郑玄注云："君使人戒客辞也。礼使人各以其爵。"[1]

---

[1]《仪礼注疏》卷十五，第1024页。

> 《仪礼·公食大夫礼》曰:"使大夫戒,各以其爵。"
>
> 郑玄注云:"'戒',犹告也。告之必使同班,敌者易以相亲敬。"①

《燕礼》记主国君与异国臣将燕,使卿大夫就馆相邀,郑玄注"使人各以其爵"或即出于《公食大夫礼》经文"戒,各以其爵"。

本国举行燕礼,《燕礼》经文曰"小臣戒与者",是使人以官;举行大射,《大射仪》经文"宰戒百官",亦是使人以官。可见,在国与国交往中,派遣同爵者相告请;本国则由负责的职官相告,前者是宾礼,后者是臣礼。

2.致馆遣同爵者以安来者

致馆就是宾初来下榻,国君遣人前去致礼问候。此前使者至国境,主国会派遣士前去请行,到达近郊,会派遣下大夫再请行。但宾下榻馆舍时,致馆之礼是卿来致意。

> 《仪礼·聘礼》曰:"大夫帅至于馆,卿致馆。"
>
> 郑玄注云:"'致',至也。宾至此馆,主人以上卿礼致之,所以安之也。"②

使者进入所聘国国都后,先前往主国君的外朝,主国君称言先君宗庙已洒扫完备,等待您的到来。使者表示等君闲暇时再来即可。随后,由大夫引导使者一行来到馆舍,国君派卿去使者下榻的地方致意。

郑玄对"卿致馆"之仪的解释是:使者来到馆舍中,国君派卿携

---

① 《仪礼注疏》卷二十五,第1079页。
② 《仪礼注疏》卷二十,第1052页。

束帛前往致意,以上卿礼待使者,是使者初来,主人宜使宾客安适。

聘礼有大聘、小聘之分,《仪礼·聘礼》主体所记是诸侯间大聘的礼仪,使者是卿,小聘时则是大夫。按《聘礼·记》"卿馆于大夫",这里的使者以大夫庙作为馆舍。使者下榻后,主国君命同等爵位的卿前来致馆,传达国君的辞命,并用以束帛。贵宾新至,使同爵者前来致意,以贵宾礼待之,突出尊敬使者,以此使其安处。

3. 致送侑币遣同爵者致礼

《仪礼·聘礼》曰:"若不亲食,使大夫各以其爵,朝服致之以侑币,如致饔,无傧。"

郑玄注云:"致之必使同班,敌者易以相亲敬也。致礼于卿,使卿;致礼于大夫,使大夫,非必命数也。"①

公若有事不能亲自为使者举行飨礼,则派遣同爵者前去馆舍致礼,郑玄注云"敌者易以相亲敬"。按《聘礼》经文,不仅致礼,而且归饔饩亦皆各使其爵。且《公食大夫礼》曰:"若不亲食,使大夫各以其爵,朝服以侑币致之。"这是主君不亲食,使大夫致礼于宾馆一事,与《聘礼》此节相同。

4. 代受聘君之币使同爵位者

《仪礼·聘礼》曰:"君使大夫各以其爵为之受,如主人受币礼,不拜。"

郑玄注云:"'各以其爵',主人卿也,则使卿;大夫也,则使大夫。"②

---

① 《仪礼注疏》卷二十二,第1065页。
② 《仪礼注疏》卷二十二,第1064页。

主国卿大夫有故不能亲受聘君之币,使敌者代替。且使者问主国卿大夫亦各使爵位相当者,经文曰"上介朝服,三介,问下大夫,下大夫如卿受币之礼",郑玄注云:"上介三介,下大夫使之礼也。"贾公彦疏云:"《曲礼》云'傧人必于其伦',故问下大夫还使上介,是各于其爵,易以相尊敬者也。"

5. 丧吊使爵位相等者

《仪礼·士丧礼》曰:"君使人吊。彻帷。主人迎于寝门外,见宾不哭,先入,门右北面。"

郑玄注云:"'使人',士也。礼使人必以其爵。"①

诸侯吊法,士的丧事,使士相吊,各以其爵。天子则命其官,不以其爵,《周礼·大仆职》曰"掌三公孤卿之吊劳",郑玄注云:"王使往。"②又《小臣职》曰:"掌士大夫之吊劳。"③按《宰夫职》曰:"凡邦之吊事,掌其戒令,与其币器财用凡所共者。"郑玄注云:"'吊事',吊诸侯。"④皆以官不以爵。

《礼记·曲礼》曰:"傧人必于其伦。"郑玄注云:"'傧',犹比也。'伦',犹类也。比大夫当于大夫,比士当于士,不以其类,则有所亵。"伦,辈也(《说文》),郑玄训为"类",《礼记·学记》"知类通达""比物丑类"之"类"。《曲礼》此文较《仪礼》"各以其爵"包涵更广泛。魏晋清谈善于进行人物伦类品评,如《晋书·郗鉴传》:"敦谓曰:'乐彦辅短才耳。后生流宕,言违名检,考之以实,岂胜满武

---

① 《仪礼注疏》卷三十五,第1129页。
② 《周礼注疏》卷三十一,第852页。
③ 《周礼注疏》卷三十一,第852页。
④ 《周礼注疏》卷三,第656页。

秋邪？'鉴曰：'拟人必于其伦。彦辅道韵平淡，体识冲粹，处倾危之朝，不可得而亲疏。及愍怀太子之废，可谓柔而有正。武秋失节之士，何可同日而言！'"①

"儗人必于其伦"虽与"各以其爵"有相同之处。《仪礼》"使人以爵"更符合《仪礼》诸篇的性质。

>《礼记·曾子问》曰："孔子曰：'婿使人吊。如婿之父母死，则女之家亦使人吊。父丧称父，母丧称母。'"
>
>郑玄注云："礼宜各以其敌者也。"
>
>孔颖达疏曰："若彼家父死，则此家遣使吊，当称此家父遣使吊也。若彼家母死，则此家亦称母遣使吊也。"②

敌，"当也"（《尔雅·释诂下》），"敌者"含有同班的情况，各以其爵即是各以其敌者，如《燕礼》之宾为大夫，主人亦是大夫。《大射仪》之宾是大夫，主人亦是大夫。宾主皆相敌。且君不为主者，即是臣无有可亢礼之意。《士冠礼》之宾主宜皆为士。特别是如《士冠礼》之类者，应用敌者解，而不用使人以爵。

综上所述，各以其爵，必于其伦，各以其敌者，其义一致，只不过出现于不同的语境之下。约言之，在礼仪活动中，执礼双方身份地位宜相对等，如此，宜亲近而又便为礼。

---

① 《晋书》卷六十七《郗鉴传》，第1797页。
② 《礼记正义》卷十八，第1391—1392页。

第二节　尊卑不伉礼

一、不齐礼并行事

齐，平等、同等。并，平列。尊卑组偶行事，卑者不与尊者平等平列。

（一）尊卑不并肩而立

《乡射礼》前来观礼的大夫为了表示谦敬，皆与士匹配为射耦，且为下射，士为上射。当大夫与耦升射时，在行进中，射耦都稍退于大夫，不似其他射耦并行，这是尊大夫的表现；当二人进至阶前时，近射事，耦得申，所以先升，大夫后升，耦在堂上皆得上射行事之仪。开始射箭时，上射先发一矢，接着大夫射，如此轮流射完四支矢。

  《仪礼·乡射礼》曰："大夫与士射，袒薰襦。耦少退于物。"
  郑玄注云："下大夫也，既发则然。"①

  《仪礼·大射仪》曰："公将射，则宾降，适堂西，袒、决、遂，执弓，搢三挟一个，升自西阶，先待于物北，一笴，东面立。"
  郑玄注云："不敢与君并。"②

《记》文在此言上射士与大夫堂上行射时，稍退后于物，郑玄对此解释是：射耦二人升堂履物，上射发矢，然后下射射。大夫与士

---

① 《仪礼注疏》卷十三，第1011页。
② 《仪礼注疏》卷十八，第1039页。

射时,上射士每次发矢以后,都稍退于物,以待大夫射,如此不与大夫并立,是下于大夫的表现。

《大射仪》宾侍公射,公礼敬宾,为下射,宾为上射。第二番射三耦先射,其次即君与宾为耦射箭,故三耦射毕,宾不待司射告知,即先行下堂前往堂西取弓矢,然后升堂就席。等负侯者执旌旗背朝射侯站立,隶仆人重新打扫侯道,司射告知公可以开始射箭,公同意,而后司射再前往西阶的东边告知宾。公正式要射箭时,宾下堂到堂西准备而后升堂。

宾升堂后,走到右物的北边,在距离物一笴的位置面朝东站立,先行等待君。郑玄指出宾不就物,而在距离右物一尺的地方站立,这是因为宾为臣下,不敢与君并立。司马命去负侯者离开射侯,公就左物,且先射,宾虽为上射,但后射,如此轮流射完四支矢。对于射时之仪,经文较为简略,按乡射之理,则宾每射完一矢,似乎应退后一笴的距离①,等待公射。

(二)不与尊者拾取矢

在《乡射礼》《大射仪》的第二番时,宾、主人、大夫等众耦才开始参与射箭,此前第一番射仅是三耦习射。第二番开始射箭时,三耦依次去楅上取矢,这是第一番射用过的矢,被收拾好放置在该处;宾、主人、大夫等众耦此前没有射箭,不去楅处拾取,皆是受弓矢。第二番射毕,乡射的司马、大射的司马正会命人把这轮射出的矢整收好后放在楅上,以待第三番射时取用。

三耦拾取矢时是上、下射交替取矢,以上耦为例,二人分别走到楅的左右两边,上射在西边面朝东,下射在东边面朝西,上射先

---

① [清]黄以周撰,王文锦点校《礼书通故》卷二十五,第3册,第1157页。

近前取一支矢，然后返回楅西侧原位，接着下射再近前取一支退回，如此直至二人取够四支矢。但当士与大夫匹配为射耦时，士取矢却不是与大夫交替拾取，而是一次性取完四支。

事实上，在取矢委楅阶段，乡射中的大夫，大射中的宾、诸公、卿、大夫的矢皆已用茅草将四支束在一起。

《仪礼·乡射礼》曰："司马袒、决，执弓升，命取矢，如初。获者许诺，以旌负侯，如初。司马降，释弓，反位。弟子委矢，如初。大夫之矢，则兼束之以茅，上握焉。"

郑玄注云："兼束大夫矢，优之，是以不拾也。"①

《仪礼·大射仪》曰："司马袒执弓，升，命取矢如初。负侯许诺，以旌负侯如初。司马降，释弓如初。小臣委矢于楅，如初。宾、诸公、卿、大夫之矢皆异束之以茅。卒，正坐，左右抚之，进束，反位。"

郑玄注云："异束大夫矢，尊殊之也。正，司马正也。进，前也。又言'束'，整结之，示亲也。"②

从《乡射礼》《大射仪》来看，诸公、卿大夫之矢用茅草捆束，是对尊者的优待，表示可不一一拾取。注在这里单独以"大夫"来说，因为牵扯到经文要谈的是大夫与士耦，或乡射里的众宾之耦为礼时的情况。乡射中，前来观礼的大夫是束矢，大射中宾、诸公、卿、大夫亦是束矢，《大射仪》注言"异束大夫矢，尊殊之也"，指明大夫，即是针对下经大夫与士为耦而言的。虽然束放在楅上，但到取

---

① 《仪礼注疏》卷十二，第1002页。
② 《仪礼注疏》卷十八，第1039页。

矢时，诸公、卿大夫还会把绳子解开。不同的是，《大射仪》诸公、卿大夫自相为耦，二人进至楅的跟前坐下解开捆束矢的茅草，轮流取矢，如同三耦取矢一样，依次拾取。《乡射礼》大夫和其射耦，《大射仪》中大夫与士为耦者，则是大夫先进楅前坐下，解开矢束，此后上射开始取矢，将四支矢一并拿起。

  《仪礼·乡射礼》曰："大夫袒、决、遂，执弓，就其耦。揖皆进，如三耦。耦东面，大夫西面。大夫进，坐，说矢束。兴，反位。而后耦揖进坐，兼取乘矢，顺羽而兴，反位，揖。大夫进坐，亦兼取乘矢，如其耦。北面，揖三挟一个。"

  郑玄注云："'说矢束'者，下耦，以将拾取。"①

  郑玄注云："'兼取乘矢'者，尊大夫，不敢与之拾也。相下相尊，君子之所以相接也。"②

  《仪礼·大射仪》曰："若士与大夫为耦，士东面，大夫西面。大夫进坐，说矢束，退反位。耦揖进，坐兼取乘矢，兴，顺羽，且左还，毋周，反面揖。大夫进坐，亦兼取乘矢，如其耦。"

  郑玄注云："说矢束自同于三耦，谦也。"③

---

① 《仪礼注疏》卷十二，第1004页。
② 《仪礼注疏》卷十二，第1004页。
③ 贾公彦疏云："云'自同于三耦，谦也'者，以其三耦是士之束，既是大夫，若束则异于三耦，故云说矢束自同于三耦，谦也。《乡射》'坐说矢束'，注云：'说矢束者，下耦以将拾取。'彼不言同三耦者，彼三耦非大夫故也。"按：文中"三耦是士之束""彼三耦非大夫"皆义所不通，恐有脱漏错乱。曹元弼《礼经校释》云："当为以其三耦是士，与大夫为耦不束，己是大夫。"（［清］曹元弼《礼经校释》卷八，清光绪十八年刻后印本，《续修四库全书》第94册，第261页）

> 郑玄注云："'兼取乘矢'，不敢与大夫拾。"①

乡射大夫的射耦是堂下众宾，或观礼的群士，这是因为大夫前来观礼不宜自我殊别，且大夫为下射。大射大夫与士为耦时，也是下射。这都是大夫执谦。《乡射礼·记》曰："大夫说矢束，坐说之。"郑玄注云："明不自尊别也。"②《大射仪》相同。既然大夫已解开束矢，如郑玄注所云"以将拾取"，是大夫希望与三耦相同，亦依次拾取矢，但耦在取矢时把四支矢一起拿起。

郑玄对耦"兼取乘矢"之仪的解释是，大夫之耦卑，不敢与尊者依次拾取，而是一并拿起，这样大夫也一并拿起。大夫谦下自同于耦，所以把优待的束矢解开，耦尊大夫，不与大夫并立交替取矢，故一次性取备。此即是郑玄所云的"相下相尊"。

在乡射中，三耦、宾、主人都是依次交替拾取矢，大射诸公、卿大夫自相为耦时也是四支矢一一拾取，这些都是取平敌之礼。但当大夫与众宾，或士组成射耦时，大夫之耦身份地位低于大夫，故不与尊者行一一拾取之仪。这反映出卑者与尊者匹配为耦时，卑者做事当依从尊者行事，不与尊者伉礼。

（三）不搁置尊者

> 《仪礼·大射仪》曰："公既发，大射正受弓而俟，拾发以将乘矢。"
>
> 郑玄注云："公，下射也，而先发，不留尊也。"③

---

① 《仪礼注疏》卷十八，第1041页。
② 《仪礼注疏》卷十三，第1011页。
③ 《仪礼注疏》卷十八，第1039页。

这是记大射宾与公射箭的礼仪。在大射中,宾与公组成一耦,宾为上射,公为下射,第二番射三耦射毕,宾侍公开始射箭。公每射一矢,大射正就过来接弓,等待公再射,如此轮流直到射完四只矢。郑玄指出公作为下射,但先射箭,宾作为上射而后射,这是因为尊卑一起行事,不敢搁置尊者。

《仪礼·大射仪》曰:"司射西面命曰:'中离维纲,扬触,梱复,公则释获,众则不与。'唯公所中,中三侯皆获。"

郑玄注云:"公则释获,优君也。"①

如果是公射,只要箭触到射侯,就算射中,且无论射中三侯中哪一个,都算射中。

《仪礼·聘礼》曰:"有大客后至,则先客不飨食,致之。"

郑玄注云:"卑不与尊者齐礼。"

贾公彦疏云:"此据《聘礼》而言,则无君朝之事。若然,则前有小国之卿大夫来聘,将行飨食,有大国卿大夫来聘,则废小国飨食之礼,以其卑不与尊齐礼并行之。"②

这是说如果在小国使者到来后,又有大国使者前来③,则主国君就不亲自为先来的小国之卿大夫举行飨礼和食礼,仅是遣人前往宾馆致送。

---

① 《仪礼注疏》卷十七,第1036页。
② 《仪礼注疏》卷二十四,第1076页。
③ 按:敖继公《集说》以"大客"指来朝的国君,即聘君,非是。贾公彦疏文已言此是据《聘礼》篇而言,无君朝之事,故所谓"大客"仅是指来聘使者的尊卑。

郑玄对此的解释是：卑者不与尊者享受平齐的礼仪，尊贵者优先，相对卑下的虽然早到也应礼让后来的尊客。

二、不敢与尊者为礼

卑者不敢与尊者行敌礼，故而对尊者发出的礼仪行为不应答。即不把自己放在与尊等齐的地位上。

（一）不敢答礼

《仪礼·士昏礼》曰："妇酢舅，更爵，自荐。不敢辞洗。舅降则辟于房，不敢拜洗。"

郑玄注云："不敢与尊者为礼。"①

这是舅姑飨妇的礼仪。舅向妇献酒，为此盥手洗爵，妇不敢辞洗，舅降堂时，妇到房中回避，洗爵完毕，妇也不拜洗。妇回敬舅时，换爵，自斟酒进呈。郑玄对此解释是子伦位卑，不敢与尊者为礼，故不辞洗、拜洗。

《仪礼·特牲馈食礼》曰："祝迎尸于门外。"

郑玄注云："就其次而请，不拜，不敢与尊者为礼。"②

这是记迎尸行正祭之事，庙门外为尸设次，祝出门就次相请，尸出次，祝迎尸而入门，经文没有记述祝拜请，也没有尸答拜，郑玄解释是：祝卑贱，不敢与尊者为礼，故不行平敌之礼。

《仪礼·士相见礼》曰："若他邦之人，则使摈者还其挚，

---

① 《仪礼注疏》卷六，第971页。
② 《仪礼注疏》卷四十五，第1183页。

曰：'寡君使某还挚。'宾对曰：'君不有其外臣，臣不敢辞。'再拜稽首，受。"

贾公彦疏云："宾不辞即受挚，以君所不臣。礼无受他臣挚法，宾如此法，故不敢亢礼于他君，故不辞即受之也。"①

外臣见他国之君，君使摈者还挚，外臣不推辞即收下，不与尊者亢礼。

《礼记·曲礼》曰："长者赐，少者、贱者不敢辞。"
郑玄注云："不敢亢礼也。贱者，僮仆之属。"②

凡长者馈赐，年轻的少者、僮仆之属等皆不敢推辞，宜即接受，不敢与尊者亢礼，故不推辞长者惠赐。

《仪礼·士相见礼》曰："退，坐取屦，隐辟而后屦。君为之兴，则曰：'君无为兴，臣不敢辞。'君若降送之，则不敢顾辞，遂出。"

郑玄注云："谓君若食之饮之而退也。隐辟，俛而逡巡。兴，起也。辞君兴而不敢辞其降，于已大崇，不敢当也。"③

臣侍君饮食，退去时，臣"就屦跪而举之，屏于侧"，若君起身降送时，臣辞君起身，但不敢辞其降送；君若降送，也不回顾推辞，而是快速离开。

---

① 《仪礼注疏》卷七，第977页。
② 《礼记正义》卷二，第1243页。
③ 《仪礼注疏》卷七，第978页。

(二)不亲授受

凌廷堪《礼经释例》曰:"凡卑者于尊者,皆奠而不授。"卑者不亲授尊者,而是把物品放置地上,这就是行礼不对等时,卑者不与尊者伉礼的表现。

《仪礼·士相见礼》曰:"若尝为臣者,则礼辞其挚,曰:'某也辞,不得命,不敢固辞。'宾入,奠挚,再拜。主人答壹拜。"

郑玄注云:"'奠挚',尊卑异,不亲授也。"①

《仪礼·士昏礼》曰:"主人出门左,西面。婿入门,东面。奠挚,再拜,出。"

郑玄注云:"'出门',出内门。'入门',入大门。出内门不出大门者,异于宾客也。婿见于寝。奠挚者,婿有子道,不敢授也。"②

曾经做过某大夫臣属的人现在做了士,拜见大夫时,把挚放在地上,不亲授。婿来女家迎亲,把所执挚摆在地上,婿有子道,故不敢亲授。

《仪礼·乡射礼》曰:"举觯者进,坐奠觯于荐西。"
郑玄注云:"不授,贱不敢也。"③

《仪礼·乡饮酒礼》曰:"进,坐奠觯于荐西。宾辞,坐受以兴。"

---

① 《仪礼注疏》卷七,第976页。
② 《仪礼注疏》卷六,第973页。
③ 《仪礼注疏》卷十一,第995页。

郑玄注云:"举觯不授,下主人也。"①

《仪礼·乡射礼》曰:"使二人举觯于宾与大夫。举觯者皆洗觯,升,实之,西阶上北面,皆坐奠觯,拜,执觯兴。……举觯者皆进,坐奠于荐右。"

郑玄注云:"坐奠之,不敢授。"②

饮酒礼时,一人举觯,二人举觯,皆不亲授,因为举觯者是主人之吏,贱而不敢亲授宾和大夫,故把觯放置在地上。

这里还牵扯到一个问题"礼无不答","礼无不答"之义出现在《礼记·燕义》中,主要解释下竭诚侍奉尊上,上礼待不虚。如果放置在其他范畴中,则尊者可不答卑者之礼。

汉魏故事,王公群妾见于夫人,夫人不答拜。新礼以为"礼无不答",更制妃公侯夫人答妾拜。挚虞以为:"礼,妾事女君如妇之事姑,妾服女君期,女君不报,则敬与妇同而又加贱也。名位不同,本无酬报。'礼无不答',义不谓此。先圣殊嫡庶之别,以绝陵替之渐。峻明其防,犹有僭违。宜定新礼,自如其旧。"诏可其议。③

《晋书》中记载新仪继续择用尊者不回礼的原则,也是尊卑不伉礼的一个方面。

---

① 《仪礼注疏》卷九,第985页。
② 《仪礼注疏》卷十三,第1008页。
③ 《晋书》卷二十一《志》第十一《礼下》,第661页。

礼的对等原则，是礼仪平衡和谐的保障。无论是在各诸侯国的聘问事务上，还是私人举行活动上，都讲求伦匹对等。虽然对等的内容侧重可能有所不同，但都讲究能相敬相亲，这也是对执礼者的一种尊敬。正是因为讲求礼仪的对等性，当执礼双方地位身份不相敌时，则卑者不与尊者伉礼。

第九章　礼渎则亵

《礼记·少仪》"毋渎神"，郑玄注云"'渎'，谓数而不敬"①。据此，"礼渎则亵"的"渎"乃屡次、再三的意思。"礼渎则亵"阐释了为礼的频率原则，即执礼不可频繁，否则即是一种对礼的亵渎和他人的叨扰。它不仅包括一个事件中的为礼频率，而且涵盖一个时间段内事件发生的频率规范问题②。

《易·蒙》卦辞曰："初筮告，再三渎，渎则不告。"《礼记·祭义》："祭不欲数，数则烦，烦则不敬。"③《春秋》庄公八年"春正月己卯，烝"，《公羊传》曰："讥亟也。亟则黩，黩则不敬。君子之祭也，

---

① 《礼记正义》卷三十五，第1512页。
② 《史记·陆贾列传》记载陆贾归隐后，分给五个儿子每人两百金，让其各治生产，自己则乘车马、携歌舞侍从过往于诸子家中，每十天换下一家。陆贾告诉他的儿子们"一岁中往来过他客，率不过再三过"，即一年之中加上还要往来其他宾客，所以每人一年也轮不过两三次，而且补充说明"率不过再三过"的原因，"数见不鲜，无久恩公为也"。"数见不鲜"即出于此，它的本意是对经常来访的宾客就不再宰杀禽畜招待，后来引申为对常常见到的人事，不再感到新奇。在陆贾过往其子的这个故事中，"数见不鲜"反映出的是一种人之常情，实际上它还牵扯到了一个基本的礼仪规范问题，即为礼频率的原则。
③ 《礼记正义》卷四十七，第1592页。

敬而不黩。"① "亟"是屡次的意思，《公羊传》认为经文记述春正月再次举行冬天的烝祭是讥讽祭祀的次数多了，次数多就滥，滥则不恭敬。而对《春秋》庄公八年"夏五月丁丑，烝"，《公羊传》与《穀梁传》都认为这是讥讽屡次祭祀而滥用祭礼。其实不可以过度频繁的不仅是祭祀，凡事执礼都应如此。

第一节　盛礼后不扰尊者

正礼次日的不相渎亵应该是"礼渎则亵"思想中重要的一方面。映照出的是礼事活动前后的一种陡然差异，这属于一个事件中的为礼频率规范问题。

（一）劳赐赞者不邀请前时至尊

活动中邀请尊贵的宾客参加，除对事情本身重视外，同时也表达和传递对贵宾的尊重之情。但盛礼之后第二天的行事却另有规范。

>《仪礼·乡饮酒礼》曰："宾、介不与。"
>郑玄注云："礼渎则亵。"②

>《仪礼·乡射礼》曰："宾不与。"
>郑玄注云："昨日至尊，不可亵也。"③

---

① 《春秋公羊传注疏》卷五，第2218页。
② 《仪礼注疏》卷十，第990页。
③ 《仪礼注疏》卷十三，第1009页。

在乡饮酒礼和乡射礼活动结束后的第二天,主人将举行慰劳司正的酒宴,酬劳昨日活动中的相关服务人员。此番活动,以司正为正宾,且不再为他设副宾,对于其他参与人员,主人可以随意愿决定要邀请哪位亲友,也可根据意愿请乡中的先生和君子们来参加。但昨日活动中的宾和介不再参加,因《乡射礼》无介,故独言"宾不与"。

郑玄对此的解释是:宾和介是主人所邀请的尊贵客人,在昨天的活动中已成正礼,既然主礼已经完备,如果今天再次召来,则是太过频繁地惊扰对方,这对于昨日活动的至尊来说是一种亵渎和不敬。所以经文在此特别说明宾和介不再出席宴请赏赐司正的活动。

(二)拜赐之礼宾主不相见

古礼,受款待的宾在为礼次日需要去主人处行拜谢之礼,主人在此之后又前往宾家拜谢宾的辱临,在这个过程中同样也贯彻着"礼渎则亵"的原则。

《仪礼·乡射礼》曰:"明日,宾朝服,以拜赐于门外。主人不见,如宾服,遂从之,拜辱于门外,乃退。"

郑玄注云:"不见,不亵礼也。"①

活动结束第二天,宾来到主人家门外,拜谢主人昨日对自己的礼遇和恩惠。主人并不出门相见,宾行礼完毕即退去。接着主人又来到宾家门外,拜谢宾的屈驾光临。宾亦不见,主人退去。

郑玄对此的解释是:宾、主昨日活动中已行盛礼,相交接的情

---

① 《仪礼注疏》卷十三,第1009页。

意已尽备,今日若又相见执礼,为礼过于频繁,如此即相亵,故宾、主不相见。至于《乡饮酒礼》经文不具,注用《乡射礼》此处经文补之,可知《乡饮酒礼》造门谢恩拜辱,宾、主亦不相见。

除《乡射礼》《乡饮酒礼》拜赐拜辱,宾、主互不面见外,在《聘礼》《公食大夫礼》中,宾次日谢恩,宾、主其实也并不相见。

《聘礼·记》曰:"凡宾拜于朝,讶听之。"① 这是说在聘礼中凡宾拜谢主国君的惠赐,都由负责宾客迎送一事的讶听取,报告给君,再出而报宾。例如,在使者与主国君行聘享礼以后,主国君会使卿来归饔饩。卿来致饔饩的次日,宾要于朝拜谢主君恩惠。按照经注所言,宾在大门外行再拜稽首礼,由讶来听取宾的致谢,并汇报给君。

又使者将归国离去时,拜"乘禽"②,乘禽是细小的礼物,宾该举是为表明主国赠送的大小之礼都有记住,也是由讶听之。在以上《聘礼》宾拜赐中,宾与主国君不相见。《公食大夫礼》,公以食礼款待大夫以后,经曰:"明日,宾朝服以拜赐于朝。讶听命。"③ 由此可知,《公食大夫礼》拜赐的情况同于《聘礼》。

礼事次日再行邀请至尊,会失掉前时敬畏之情,该问题关键在于主宾在昨日已得盛礼,与主人以及其他客人的情绪渲染到达了极致,在这种已无情势可藉的情况下,又行复召,对正宾来说不仅是扰乱个人生活事务安排,而且还是一种情感精神负担。这个道理在《列子》的"燕人返国"故事中演绎得较好,长在楚国的燕人老而返家,路过晋国时,同行人诓骗他说这即是燕国,在经过见城"愀

---

① 《仪礼注疏》卷二十四,第1075页。
② 《仪礼注疏》卷二十三,第1067页。
③ 《仪礼注疏》卷二十六,第1086页。

然变容"、见社"喟然而叹"、见庐"涓然而泣"、见冢"哭不自禁"之后,等真到了燕国,真见燕之城社、先人庐冢时,燕人反而"悲心更微"矣。对此,张湛云:"此章明情有一至,哀乐既过,则向之所感皆无欣戚者也。"①所以礼在一场活动中讲求节奏的前后协调,在活动的间隔上也注重频率的调节。

抽绎而言,在某一主题的礼仪活动中,若已行正礼,在接下来的酬劳服务人员等其他相关性的再次聚会中,对于前时活动中的至尊人员,则不宜再行延请,因为礼数则渎,对于至尊的轻易劳烦是一种对礼的亵渎。而这一精神同样为今天的礼仪活动所沿袭。

第二节　不频繁举事

对于一段时间内事件发生的频率规范问题,在《仪礼》十七篇经文的仪节中没能够直接反映出来。

按《士相见礼》士与士相见,来访的宾在拜访主人之后,主人将要还礼于宾。在前时主人还礼的过程中蕴含着宾、主为礼不能亵渎的思想。只是它非常隐匿不易察觉,郑玄注文给予了揭示。

《仪礼·士相见礼》曰:"宾对曰:'某也非敢求见,请还挚于将命者。'"

郑玄注云:"言不敢求见,嫌亵主人,不敢当也。"②

---

① 杨伯峻《列子集释》卷三,北京:中华书局,1979年,第113页。
② 《仪礼注疏》卷七,第976页。

前时的主人通过宾的摈者向宾传话,云前时承蒙您屈驾光临,使我能够见到您。现在请允许我把挚还给您的摈者。对于请辞,宾回答已经得到您的允许见到您,不敢使您自屈辱而来。接下来,前时的主人言"非敢求见"来回答对宾的"既得见矣",说明本不敢求见,只是还挚而已。

郑玄对前时主人称"非敢求见"之仪的解释是,宾与自己前时已执礼相见,今自己又即来见宾,是宾、主频繁相见,自己的请见有亵渎宾的嫌疑,所以称不敢又相见,只是把挚还给宾的摈者。

对于前时主人还挚之言,宾固辞,主人固请,宾应允前时主人的请求,答我一再推辞得不到您的允许,敢不从命。注云:"异日则出迎,同日则否。"① 郑玄的意思是前时宾、主相见,礼已完备,若此处宾是在相见礼的同日还礼,那么有频见相亵的嫌疑,礼仪也相应简省,主人不出迎。若宾还礼是在异日,礼以异为敬得以申,主人则出迎。故郑注"异日则出迎,同日则否",其意之重点在于宾、主不当嫌亵,若确实需要再次交接,为礼也应有所简省。

如此,宾前时来访,宾、主已执礼相见叙意,虽主人需还礼于宾,然礼不欲数,数则为亵,所以在宾推辞相见时,主人称"非敢求见"。如果此还礼是在次日,宾则出迎,若是同日,宾不出迎,是礼之简省。

此外《聘礼》中不每日致送,而是隔日多供给一些,也含有不频渎相亵的意味。

《仪礼·聘礼》曰:"既致饔,旬而稍,宰夫始归乘禽,日如其饔饩之数。士中日则二双。"

---

① 《仪礼注疏》卷七,第976页。

郑玄注云:"中犹间也。不一日一双,大寡,不敬也。"①

这是记致饔饩后主国供给使者一行的礼仪。聘日当天致饔饩之后,过十日要再向使者等提供谷米酒浆②,宰夫也开始向宾介提供乘禽,每日供给使者和上介的乘禽数同于饔饩的牢数,士介则隔一日供给两双。

郑玄士介"中日二双"之仪的解释是:中,是间隔的意思,给士介隔一天两双,相当于一日一双,既然如此却不像使者和上介的乘禽每日供应,而是隔日一次性供给,这是因为士介的乘禽数少,如果每日供给一双,显得太过于微薄,有失敬意,所以选择隔日馈赠两双的方式。

这是说向远方宾客提供日用饮食时,每日提供,数量却过少,不若按此规格一起准备几日的,间隔几天馈赠一次为好。

《春秋·成公四年》经文曰:"夏,公如晋。"《左传》记载"晋侯见公,不敬"③,鲁大夫季文子由此认为晋侯必不能免于祸难。至于晋景公不敬鲁成公的原因,三《传》都没有记述。明湛若水《春秋正传》认为《春秋》于此书"公如晋"是讥讽成公违礼,鲁成公不得敬是因为违反"礼渎则亵"的原则,湛氏云:

---

① 《仪礼注疏》卷二十四,第1075页。
② 按:稍,郑玄注云:"禀食。"贾公彦疏云:"以其宾客之道,十日为正,行聘礼既讫,合归一旬之后,或逢凶变,或主人留之,不得时反,即有稍礼。"《周礼·天官·浆人》曰:"共宾客之稍礼。"郑玄注云:"稍礼,非飧饔之礼,留间,王稍所给宾客者。"孙诒让《周礼正义》云:"盖凡朝聘宾客,始至则有飧,既行,礼则有饔;若其有事,留间,则别给禀食,其礼杀于飧饩。盖有米谷酒浆而无牲牢。"
③ 《春秋左传正义》卷二十六,第1901页。

> 书公如晋者,非礼也。夫礼不欲数,数则渎。《语》曰:"恭近于礼,远耻辱也。"成公频年如晋,岂为恭近于礼乎?愚谓晋侯不敬成公,非特其祸患之先兆,亦成公之卑屈,频渎有以致之也。①

湛若水认为成公三年夏刚刚去往晋国,四年夏又前往晋,频渎以致晋侯对其不敬,纵使晋侯不敬成公有祸患之兆,但成公本身也有自取其辱的嫌疑。晋景公不敬鲁成公的原因可能是多方面的,但湛若水的观点也算是看待这个问题的一种视角。《春秋榖梁传》曰:"礼人而不答,则反其敬。"②礼敬别人却没有得到别人的回敬,则要反省自己的敬意是否得当。如果说成公三年如晋是为了拜汾阳之田,那么四年夏若无切实之要事而再次去晋,在晋强鲁弱,景公为霸主,而成公年纪尚幼的情况下,晋国对成公数见不鲜的心情也或可以揣摩一二。

此外,《宋书》记有孙皓七日三祭的渎亵行为:

> 宝鼎二年,遂更营建,号曰清庙。遣守丞相孟仁、太常姚信等备官僚中军步骑,以灵舆法驾迎神主于明陵,亲引仁拜送于庭。比仁还,中吏手诏日夜相继,奉问神灵起居动止。巫觋言见和被服颜色如平日,皓悲喜,悉召公卿尚书诣阁下受赐。灵舆当至,使丞相陆凯奉三牲祭于近郊。皓于金城外露宿。明日,望拜于东门之外,又拜庙荐飨。比七日,三祭,倡伎昼夜娱乐。有司奏:"'祭不欲数,数则黩',宜以礼断情。"然

---

① [明]湛若水《春秋正传》卷二十二,桂林:广西师范大学出版社,2015年,第1026—1027页。
② 《春秋榖梁传注疏》卷九,第2400页。

后止。①

《管子·心术》云:"礼者,因人之情,缘义之理,而为之节文者也。故礼者谓有理也,理也者,明分以谕义之意也。故礼出乎义,义出乎理,理因乎宜者也。"②在人际交往中,随着彼此熟悉程度的加深,相互间的尊敬和谦谨就难免为人们所忽视,而这种亲密下的不甚为意却往往造成了"始乎谅,常卒乎鄙"③的结果。所以,久而使人敬是非常不容易做到的,这也才有了孔子"晏平仲善与人交,久而敬之"④的慨然。有鉴于此,礼一方面要补救不及,另一方面更要防止过度,从而获取其间的平衡与和谐。"礼渎则亵"无疑是礼对人相交往的节制原则,减少不合理的往来,也就降低了造成不敬的概率,而这也反映出了古人对于君子立身处世的认识。

《庄子·山木》云:"君子之交淡若水,小人之交甘若醴;君子淡以亲,小人甘以绝。彼无故以合者,则无故以离。"⑤恭不近于礼的热络并非是中国古人所赞许的相处之道。而为礼频渎即属于此。首先,频繁打扰无疑会给他人造成困扰,而礼讲求的是适可而止。《礼记·曲礼》曰:"君子不尽人之欢,不竭人之忠,以全交也。"郑玄注云:"欢谓饮食,忠谓衣服之物。"孔颖达疏云:"明与人交者,不宜事事悉受。若使彼罄尽,则交结之道不全,若不竭尽,交乃

---

① 《宋书》卷十六《志》第六《礼》三,第446页。
② 黎翔凤撰,梁运华整理《管子校注》卷十三,北京:中华书局,2004年,第770页。
③ [清]郭庆藩撰,王孝鱼点校《庄子集释》卷二中,第164页。
④ 《论语注疏》卷五,第2474页。
⑤ [清]郭庆藩撰,王孝鱼点校《庄子集释》卷七上,第682页。

全也。"①《礼记》这里的"不尽人之欢,不竭人之忠"是礼的一个基本精神,如果只顾自己尽兴就接连打扰,不考虑对方的承受能力,最终造成的只是他人的疲敝,这不但是非常失礼的行为,而且还会招到别人的厌烦。其次,频繁举事有损于自己的持重之道。《韩非子·诡使》云:"重厚自尊谓之长者。"②约己静事是君子沉敛的表现,相反在躁动喧嚣中洋洋自得则非常有损自身的修为,既不能持身谨严谦和,便会遭人非议。而且君子交接之道是相下相尊的,对别人不敬,使别人产生轻蔑之情,也就失掉了自己应有的尊严和分量。除此之外,还有一个层面,过于殷勤的背后往往于道义有亏,更带有一种攀附的嫌疑。若如此则愈是一种自我轻贱。

《礼记·儒行》曰:"儒有合志同方,营道同术,并立则乐,相下不厌,久不相见,闻流言不信。其行本方立义,同而进,不同而退。其交友有如此者。"③《儒行》在此所言的相交之道,其实就是传统文化所最为推崇的人际关系交往的模式。它并不侧重相见次数的多少,而讲求建立在道义基础上的诚挚、信任和担当。与之相反,有失敬畏之心的频相为礼并不符合礼仪规范,也有违礼仪所倡议的精神。而郑玄"礼渎则亵"的礼学理论就是对此问题最精要的阐释与提炼。

---

① 《礼记正义》卷三,第1248页。
② [清] 王先慎撰,钟哲点校《韩非子集解》卷第十七,北京:中华书局,1998年,第411页。
③ 《礼记正义》卷五十九,第1671页。

第十章　尊逸卑劳

礼事的举行与礼仪的展开作为一种行为活动，必然存在着事务分工及任务分配。为事劳逸是该问题的核心。郑玄《仪礼注》对此给出了总结性揭示，即"礼卑者先即事"和"礼尊者宜逸"，主要言明在礼仪活动中，尊者主敬宜安闲逸，不可烦扰，卑者需要先于尊者就事，以待尊者。我们统称为"尊逸卑劳"。

根据郑玄的总结，可见在礼事中，尊卑是区分就事先后及劳逸的根据。瞿同祖《中国法律与中国社会》言："儒家根本否认社会是整齐平一的。认为人有智愚贤不肖之分，社会应该有分工，应该有贵贱上下的分野。劳力的农、工、商贾是以技艺生产事上的，劳心的士大夫是以治世之术治理人民食于人的，各有其责任及工作。"[①]"贵贱上下的分野，是基于社会上每一个人的才能情性的，此外还有一种分异则存在于亲属关系之中，以辈分、年龄、亲等、性别等条件为基础所形成的亲疏、尊卑、长幼的分野。贵贱上下决定每一个人在社会上的地位和行为。"[②]

---

① 瞿同祖《中国法律与中国社会》，第309页。
② 瞿同祖《中国法律与中国社会》，第311—312页。

第一节　卑者先于尊者就事

（一）行事卑者先就位

执劳事群体虽然整体身份不高，但内部之间也有尊卑，行事时卑者先就位。

> 《仪礼·乡射礼》曰："工四人，二瑟，瑟先。"
>
> 郑玄注云："瑟先，贱者先就事也。"
>
> 贾公彦疏云："云'瑟先，贱者先就事也'者，案《大射》大师、少师歌，众工瑟，是知瑟者贱也。凡工者皆先瑟后歌，是贱者先即事，故序亦在前。"①

这是记主人作乐娱宾，乐工就位的仪节。《乡射礼》乐宾只有合乐一节，是志在射而略于乐。按《乡射礼》合乐的程序为：歌者四人先入，两位瑟工走在前面，两位歌者走在后面，他们自西阶升堂，北面而立，以东边为上位。他们的席位在西阶上稍东的位置。待此四人就席后，笙工始入，笙工于堂下磬的东边西面立。然后开始合乐。

郑玄对"瑟先"之仪的解释是：瑟工与歌者相比，地位卑贱，故走在前面先就事。贾公彦疏补充郑玄知瑟工贱的依据：《大射仪》工六人，四瑟，两歌者是大师和少师，大师为乐工之长，少师是其佐，由此可见鼓瑟者贱于唱歌者。

---

① 《仪礼注疏》卷十一，第995页。

其他如《乡饮酒礼》《燕礼》《大射仪》等，皆是地位稍卑的瑟工先于身份更高的歌者就位①。

当尊者组耦，地位低者先就事。

《仪礼·大射仪》曰："三耦卒射。宾降，取弓矢于堂西。诸公、卿则适次，继三耦以南。公将射，则司马师命负侯，皆执其旌以负其侯而俟。"

郑玄注云："不敢与君并俟告。取之以升，俟君事毕。"②

这是记大射宾参与射箭的礼仪。宾与公组成一耦，第二番开始后先是三耦射，其次即宾侍公射箭。三耦射毕，宾下堂，到堂西取弓矢。诸公卿也下堂到次中就位。当公将要射箭时，司马师就命令负侯者拿着旌旗背朝射侯站立，接下来开始准备事宜，待一切就绪后，司射得到公许射的命令会在西阶东边向宾禀告。

郑玄指出：宾侍君射，不敢与君并等司射告请，故三耦射毕，即先下堂，取弓矢升堂，公则待告射时方才取弓矢，等待公将射时，宾降阶前去堂西袒、决、遂，而后再升堂。在这里宾不等待告知而先行准备就是侍奉尊者先即事的道理③。

---

① 按：《乡饮酒礼》经文明言瑟先。《大射仪》工六人，四瑟，二歌，其先后次序为"相者皆左何瑟，后首，内弦，挎越，右手相。后者徒相入"。左肩扛瑟的仆人所相者自然是瑟工，而"后者徒相入"，后面空手的仆人其所相者自然是歌者。由此则知大射是瑟先而歌者后，《燕礼》经文不具，据《大射仪》亦可知应无差别。
② 《仪礼注疏》卷十八，第1039页。
③ 按：在宾侍君射这个仪节中，宾降后何时升堂问题与此条礼义精神也有关系。敖继公认为经有阙文。郝敬认为贾公彦疏文误读郑义，宾当降阶后一直在堂西等候，直待公射时才升堂，此间没有贾疏说的第一次降（转下页）

(二)尊者后即位不豫劳

《仪礼·燕礼》曰:"司宫筵宾于户西,东上,无加席也。射人告具。小臣设公席于阼阶上,西乡,设加席。公升,即位于席,西乡。"

郑玄注云:"后设公席者,凡礼,卑者先即事,尊者后也。"①

燕饮陈馔,先设宾席,在室门的西边,席首朝东,无加席②。射人向公报告准备就绪后,小臣在阼阶上为公设席,公升席即位。

郑玄对后设公席之仪的解释是:宾卑当先即事,故其席先设。君尊宜逸,不先以劳,故后设其席以显示其不先为事③。

在礼事活动中,卑者任事即事在前,尊者后。公为大尊,故臣等先即事,待正礼始,公方莅临。如《聘礼》,先行之日夕陈币将付使者,等到陈设毕,使者、众介及卿大夫就位后,宰人告具于

(接上页)为取弓矢,取完即升,公将射时再次下堂,二次升堂之说。黄以周赞同郝敬。曹元弼已疏通申明郑义。主要依据:1.经文先有降,后又西阶上告,明降后即升。2.先降是明侍射,后降是事至。3.第一个"公将射"是为公将射准备之意,第二个"公将射"是公许射,即开始射箭之意。4.西阶东与堂西不相值,未有在西阶上告下的情况。先降取矢,是先即事。无论这个细小仪节上的争议如何,可以看出宾先降取弓矢升堂待公事完毕,是先即事之义。

① 《仪礼注疏》卷十四,第1015页。
② 据《大射仪》卿大夫之席至其升坐时方布之,可推知《燕礼》此设或仅是以席树于其之位后。
③ 《大射仪》曰:"小臣设公席于阼阶上,西乡。司宫设宾席于户西,南面,有加席。"在此宾席并未先公席设之,故朱熹对设席尊者后之有所怀疑,对此黄以周已有论及,黄以周认为此大射宾有加席,故可与公同设。可参看,不复辨([清]黄以周撰,王文锦点校《礼书通故》卷二十四,第3册,第1054页)。

君,"君朝服出门左,南乡"。按《燕礼》《大射仪》,卿大夫等门外就位,具馔备,君即席,小臣纳卿大夫等入。又如《开元礼》季夏祭中霤于太庙设计中,有"未明一刻""质明""有司谨具,请行事"等等诸节①。

家庭生活也是如此。《士昏礼》新妇婚礼次日见舅姑的礼仪。婚礼次日,妇早晨起来洗头洗澡,以纚缠发髻,插上笄,穿上黑色的丝服,到舅姑寝门之外先行等待。到天亮时候,赞者向舅姑告知妇待见于门外。然后赞者布席,开始行妇见舅姑等一系列礼仪。此外《礼记·内则》篇记有子事父母、妇事舅姑事,子事父母、妇事舅姑,都要在鸡初鸣之时就开始洗漱,接着依次穿戴好衣帽以及佩物,至父母舅姑处,问衣冷暖、奉扶沃盥、奉进酒醴膳羞。若男女未冠笄者,也是在鸡叫头遍时,开始洗漱穿戴,然后黎明时候前去父母处请安,问是否已经用餐,如果已经用过,就可以告退,如果还没有,则帮助查看早餐准备得如何。

卑者先就事,可以豫劳。《少牢馈食礼》是大夫礼,虽然大夫尊,相对于诸官有君道,所以可以豫劳于宾。按《少牢馈食礼》,祭前一日之夕,主人与所肃诸官等在庙门外确定举行祭礼的时间。宗人向主人请示,主人让宗人安排,宗人回答说:"旦明行事。"郑玄注云:"'旦明',旦日质明。"② 即明日天亮的时候。对此贾公彦疏云:"大夫尊,有君道,可以豫劳宾,故云时节。"

《特牲馈食礼》与《少牢馈食礼》此处不同,也可以从另一个角度来阐释士卑不敢预先劳烦宾,而大夫有君道,则宾卑宜先就事。

---

① [唐]杜佑撰,王文锦等点校《通典》卷一百一十六《礼》七十六,第2972页。
② 《仪礼注疏》卷四十七,第1197页。

>《仪礼·特牲馈食礼》曰:"请期,曰'羹饪。'"
>
>郑玄注云:"肉谓之羹。饪,孰也。谓明日质明时,而曰肉孰,重豫劳宾。"①

祭前一日的黄昏视濯和视牲,主人察看完备,宗人便向主人请示明日举行祭礼的时间。主人回答说"羹饪"。羹,是指肉。饪,是言熟。主人之意即是明日牲肉煮熟的时候。对此郑玄的解释是:祭祀仪式本是天刚亮时行事,而主人在这里却说为肉熟的时候,是不欲事先劳烦于宾,所以才会说待肉熟行事。

按《士冠礼》,为礼当天正明行冠事,夙兴便开始陈设冠服与器物,而宾及赞冠者于礼时方来。宾在此为尊,主人之有司为卑,所以有司先就劳事而宾后至。《乡饮酒礼》与《乡射礼》,行礼之日亦夙兴开始设席位等事,而至羹定主人始速宾来。宾由处士贤者充任,主人尊宾不豫劳之,所以至肉熟方招其来。

还有一些行事规范也体现出这种精神,卑者与尊长出入,先俟反送。

>《仪礼·聘礼》曰:"介皆送至于使者之门,乃退揖。使者拜其辱。"
>
>郑玄注云:"将行,俟于门,反又送于门,与尊长出入之礼也。"②

这是记使者与介归来向国君汇报行聘情况后返家的礼仪。众介先送使者到达他的大门外,然后行揖礼告退,使者拜谢他们屈尊

---

① 《仪礼注疏》卷四十四,第1180页。
② 《仪礼注疏》卷二十三,第1068页。

随自己出使。

郑玄对此指出,出行前,众介先聚合在使者大门外等候,返回时又将使者先送回,这是陪侍尊长出入的礼仪。

第二节 尊者恒安卑者主劳

(一)执事者以服务劳事为主

1. 赞礼者近其事

赞者活动范围系属所司职事。随尊者来的从属人员先就职事。士冠礼赞冠者入庙升堂后,即前往放置加冠服装器物的房中就位。

《仪礼·士冠礼》曰:"赞者盥于洗西,升,立于房中,西面,南上。"

郑玄注云:"立于房中,近其事也。"①

这是记冠礼赞冠者入庙即位的礼仪。赞冠者佐助宾为主人子弟加冠,他跟随宾来到主人家后,入庙先在洗的西面盥洗,随后由西阶升堂,进入东房中,面朝西,站在主人赞者南边的上位。

郑玄对宾的赞冠者"升立于房中"的解释是:典礼开始前,将冠者加冠后需要穿的服装,以及仪式所需纚、笄、栉等器物都相应设置在东房中,将冠者在房中南面而立。赞冠者是具体负责加冠事宜的劳务人员,升堂后应直接前往他所负责事项的附近,归属在与

---

① 《仪礼注疏》卷二,第952页。

他同伦类的主人赞者处①。

概括而言,在活动中,卑者受到的尊敬不可同于尊者,纵使跟随尊者而来,只要身份仍是执劳事者,也不可忝安于尊者所受敬意的礼遇中,而应接近自己所属的事务附近,这样也有利于具体去做事。

《仪礼·乡饮酒礼》曰:"工入,升自西阶,北面坐。相者东面坐,遂授瑟,乃降。"

郑玄注云:"降立于西方,近其事。"②

这是记乡饮乐工升堂而歌的礼仪。乡饮乐工四人,其中两人为瑟工,工皆瞽矇,所以有相者帮扶。工席在堂上西阶东边的堂廉(殿堂的侧边)处,以东边为上位。工入庠门后,由西阶升堂就席,面朝北而坐。相者面朝东坐,把瑟交给工,然后下堂。

郑玄对相者降堂的解释是:相工降立在堂下西方,这样靠近堂上乐工,不远离其职事③。接下来,乐工、笙工合奏乐得献后,主人立司正,但不开启旅酬,开始进入射事阶段,这时乐工因避射要迁移到堂下,所以相者要从西方近前,像当初扶乐工进来时一样把乐工扶到阼阶的东南边,在堂前离堂三笴处面朝西坐下。如此可以看出相者因职责所在须要近其事以备遣用。

在礼仪活动中,"各就其位"是一个基本的行事规范问题,只不

---

① 此为《士冠礼》,在《开元礼》中有皇太子加冠礼,宾、赞者进至设定场地到受制位站定,先宣布制诏,也是近其事,此后再行正礼([唐]杜佑撰,王文锦等点校《通典》卷一百二十六《礼》八十六,第3232页)。
② 《仪礼注疏》卷九,第985页。
③ 《乡射礼》《燕礼》《大射仪》乐工相者皆降立在西方,其中《燕礼》《大射仪》相者具体位置是西悬的北边。

过以上情况中,该问题在客方随从人员上,或者说后来者身上,与主方人员相比,礼义精神体现得更突出。所以郑玄就此出注。在以下情况中,则是负责者因职事不同,位置出现变动,故而也更能体现出这一问题。

《仪礼·乡饮酒礼》曰:"司正升相旅,曰:'某子受酬。'受酬者降席。司正退立于序端,东面。"

郑玄注云:"辟受酬者,又便其赞上赞下也。始升相,西阶西,北面。"①

这是记乡饮酒礼司正佐助旅酬时的礼仪。乡饮正礼完备,开启旅酬阶段,整个流程:宾酬主人,主人酬介,介酬众宾,以及众宾依次序相酬。介在西阶上,此时司正升堂,西阶西站立,面朝北向着三位宾,说:"某子接受酬酒。"受酬者下席,这时司正稍退,站立在西序南端,面朝东。

郑玄对司正"退立于序端,东面"的解释是:一方面,西阶西在行旅酬活动范围内,司正退却西序可避让受酬者;另一方面,堂上三宾依次相酬后,接续堂下众宾,故堂下众宾将升降行礼,司正在西序端恰便其相赞上下。

在此,司正这个监察仪法者,实质上还同时兼佐助行旅之事,所以司正由庭中之位升立堂上西阶西,又从西阶西退至序端,如此可便其赞众宾由西阶上下,以及在西阶上行酬②,这实质上就是赞

---

① 《仪礼注疏》卷十,第988页。
② 至于司正赞上赞下时的面向,敖继公云:"司正退立于序端,东面,惟俟事之时则然。自后凡作受酬者,堂上者北面作之,堂下者南面作之,既则复其位。"盛世佐云:"堂上者北面作之,惟相介酬众宾则然,其他则(转下页)

礼者"近其事"的道理。不仅《乡饮酒礼》《乡射礼》《燕礼》《大射仪》司正相旅酬皆然,始升立西阶西,退立西序端。

由上可见,当某人需要赞礼时,他将由原来位处前往"近其事"的位置上,以佐助事情顺利完成。即佐助宜靠近事情进行地。

2. 尊者将有出命卑者俟于近处

《仪礼·聘礼》曰:"及庙门,公揖入,立于中庭。宾立接西塾。几筵既设,摈者出请命。"

郑玄注云:"接犹近也。门侧之堂谓之塾。立近塾者,已与主君交礼,将有出命,俟之于此。介在帟南,北面西上,上摈亦随公入门东,东上,少进于士。"①

这是记使者向主国君行聘时的礼仪。行聘之日,使者至外朝大门外,主国君在大门内相迎,上摈请使者入门;主国君与使者相揖请着走到庙门前,主国君先入,在中庭面朝南而立,宾在靠近西塾的地方站立。庙堂上设置几筵完毕,摈者出门请使者进庙。

郑玄对宾"立接西塾"之仪的解释是:使者与主国君已交接,一起来到庙门前,主国君先入庙,必将有命传出,所以自己先在门侧西塾处这个靠近庙门的地方等候,而不远离前往别处,以方便接下来及时进行后续活动。与此相对的是使者刚来到外朝大门外时,此时尚未与国君相交接,皆摈者出入传命以接洽,故使者在门外七十步远的地方,郑玄注云:"公之使者七十步,侯伯之使者五十

(接上页)司正东面自若也。《乡射礼》在下者皆升受酬于西阶上,司正安得南面作之。"黄以周赞同盛世佐说([清]黄以周撰,王文锦点校《礼书通故》卷二十三,第3册,第1036页)。

① 《仪礼注疏》卷二十,第1053—1054页。

步,子男之使者三十步。"

行礼之初,尚未交接时,以循序渐进为敬,所以设立摈介,使者也距离大门较远;在使者与主国君相交接后,主国君先行进庙,这必将有命示传出,故使者应在近门的地方等待。

抽绎而言,在门外候尊者之命时,应在靠近门侧的地方,不宜离开前往其他远处活动。

3. 以各司其职为要不待同党

《乡射礼》第二番三耦及众耦射毕先就位在堂西,此时司马命获者和弟子取矢归置好后放置在楅上,司射则到中的南边视察释获者数筭,当释获者计算完毕,向宾告胜负结果后,司射开始命令准备饮不胜者的事宜。

> 《仪礼·乡射礼》曰:"司射适堂西,命弟子设丰。弟子奉丰升,设于西楹之西,乃降。胜者之弟子洗觯,升酌,南面坐奠于丰上,降,袒,执弓,反位。"
>
> 郑玄注云:"'胜者之弟子',其少者也。耦不酌,下无能也。执弓反射位,不俟其党,已酌有事。"[1]

释获者向宾告获即汇报数筭的结果后,司射到堂西命弟子设丰。丰是承放爵、觯的器具,形似豆而稍低。弟子捧丰升堂,把它设在西楹柱的西边,然后下堂。胜者之弟子盥洗觯,升堂酌酒,面朝南坐着把觯放在丰上,而后下堂,至堂西处脱去左臂外衣袖,拿起弓,返回原来的位置。郑玄在此指出,胜者之弟子,指众宾中获胜群体里的年少者。第二番射记成绩分胜负后,饮不胜

---

[1] 《仪礼注疏》卷十二,第1003页。

者,不使射耦中成绩差者酌酒,而用胜者之党,是为轻贱无能者,以示罚。

郑玄对胜者之弟子"执弓反位"之仪的解释是:领司射命负责酌酒的这些胜者中的年少者,酌酒完毕后,先行执弓就庭中射位,不返回堂西以就其耦,这是因为他们有自己负责的事务,故不等待其他众宾之党。简言之,负责酌酒的胜者之弟子事毕未归队,而自己先行就射位。因《大射仪》射毕就已即位于次北之位,故不存在该问题,在此不再赘言。

胜者之弟子就射位后,接下来司射袒执弓,右手挟矢,腰间插入扑,面朝北站在三耦的南边,开始命三耦及众宾中的胜、负者各自依礼准备仪装,然后自己先返回中之西南边的正位,以等待三耦及众耦前来各就射位。

郑玄对胜者之弟子"反位"是返回何位的揭示非常精审①,抽

---

① 郑玄揭橥的此条礼义不易被重视。似乎行事后归队,其理更通,而敖继公、吴廷华、盛世佐欲此驳郑,皆非是(可参看《仪礼正义》卷九,第575—576页)。曹元弼对该问题有阐述,其云:

"己"严作"已","已"犹既也。司射命设丰后已反位矣,弟子受司射命而酌觯,必反司射南之射位,使司射知爵已酌,乃适堂西命三耦等就射位,故弟子执弓反位不俟其党,以既酌酒,即有事于射位也。经于"反位"下言"司射遂袒执弓",明司射命三耦等就位,以弟子反位为节,礼固无陵节而施者也。弟子袒执弓亦于堂西,袒执弓反位也。([清]曹元弼《礼经校释》卷六,清光绪十八年刻后印本,《续修四库全书》第94册,第203页)

曹氏给出了弟子反射位的支持理由,指出弟子反射位乃为酌酒事宜完毕的终节,这代表着弟子至此才算正式完成司射命令。其实,胜者之弟子降堂后先行袒执弓就可证其"反位"不是往堂西之处,因接下来司射会命三耦及众耦胜、负者皆准备仪装,其中胜者是袒、决、遂,执张有弦的弓,如果胜者之弟子酌酒后仍就其耦立堂西处,完全不必要先行袒执弓,可等待命时一起行事。也即胜者之弟子先"袒执弓"本就是先就射位(转下页)

绎该礼义精神,在礼事活动中,同侪中若有领命行事者,应先行执行任务,按要求即行完成命令,而不俟俟呼引尚原地等待的同伴。

(二)尊者动止以安泰为主

《诗经·小雅·十月之交》:"民莫不逸,我独不敢休。"郑玄笺云:"'逸',逸豫也。"① 逸豫是闲适、安乐的意思。"尊者宜逸"的"逸",即为逸豫之义。

> 《仪礼·乡射礼》曰:"凡适堂西,皆出入于司马之南。唯宾与大夫降阶,遂西取弓矢。"
>
> 郑玄注云:"尊者宜逸,由便也。"②

按《乡射礼》经文,三耦与众耦若欲往堂西为事,则不可以由阶下径直取近以往,而是先要行至司马之南,司马之位在堂西之南,所以三耦等人实际上是先南行,再折而向北,最终取远以至堂西。但宾与大夫则不需如此,可直接降阶西取弓矢。对于如此之原因,郑玄的解释是:宾与大夫是尊者,尊者宜逸,不可劳烦,故可取便。若非尊者,则不敢自逸而取其便。

宾与大夫,是尊者,宜逸。若士,则不自逸者。《仪礼·既夕

(接上页)的表现,而非是归队就其射耦再等候一起行动。

　　从整个仪节来看,从负责酌酒的众宾中的年少者由堂西走出,到三耦及众耦得命前来就司射即射位,饮不胜者准备就位阶段不是一个整体协同行事的环节,而是一个次第就位的程式,先是任务承担者,其次命令发出者,再次是全体受命者。这里不同于一般我们认识中的行动宜归队协同,因为该环节本身主旨即罚不胜者饮酒,是一种区分,而非谐调一致的情势。

① 《毛诗正义》卷十二,第447页。
② 《仪礼注疏》卷十三,第1010页。

礼》曰："藏器于旁,加见。"郑玄注云："'器',用器、役器也。'见',棺饰也。更谓之见者,加此则棺柩不复见矣。先言藏器,乃云'加见'者,器在见内也。内之者,明君子之于事,终不自逸也。"①

"用器"者,《礼记·王制》"用器不中度,不粥于市",郑玄注曰:"弓矢、耒耜、饮食器也。"②"役","戍边也"(《说文》),故"役器",即兵器。郑玄对于把用器、役器等入葬的明器,近身陈之,阐发出了"君子之于事,终不自逸也"的礼义。郑氏其意,君子上于职事,下于修身,终究不自我优游纵弛。《诗经·小雅·十月之交》:"悠悠我里,亦孔之痗。四方有羡,我独居忧。民莫不逸,我独不敢休。天命不彻,我不敢效,我友自逸。"③穷终尚且如此,何况其他?

在郑玄《仪礼注》中,"尊者宜逸"该具体表述仅出现于以上这一次,但《仪礼》十七篇莫不以此之思想一以贯之。

1. 尊者不亲为劳事

《仪礼·少牢馈食礼》曰:"主人出迎鼎,除鼏。士盥,举鼎,主人先入。"

郑玄注云:"道之也。主人不盥不举。"④

这是记将祭时,主人迎鼎入庙的礼仪。《少牢馈食礼》是大夫祭礼,大夫尊贵,所以不参与举鼎,仅是出庙门迎鼎,导引入庙。《特牲馈食礼》是士礼,士卑,主人亲自举鼎。

---

① 《仪礼注疏》卷四十,第1157页。
② 《礼记正义》卷十三,第1344页。
③ 《毛诗正义》卷十二之二,第447页。
④ 《仪礼注疏》卷四十七,第1198页。

2. 尊者宜恒坐多安逸

《仪礼·少牢馈食礼》曰:"主人佐执爵,右受佐食,坐祭之,又祭酒,不兴,遂啐酒。"

郑玄注云:"至此言坐祭之者,明尸与主人为礼也。尸恒坐,有事则起。主人恒立,有事则坐。"①

这是记尸酢主人的礼仪。主人向尸献酒后,尸回敬主人。主人左手拿爵,右手接过上佐食所授的黍稷和切肺,坐下祭先人,有用酒行祭,祭毕不起身,接着尝一尝酒。

郑玄对主人"坐祭"之仪的解释是:祭礼活动进行到现在,主人才得以坐下,这说明祭祀中主人与尸为礼的常法。尸尊贵,入庙后以坐为主,有事须要时才起身②;主人则以站立为主,有事时才坐下。尸安逸,主人侍奉供养尸,应劳。不仅是《少牢馈食礼》如此,在祭祀中主人当常立,而尸当常坐。

3. 不使尊者变动位处

《仪礼·乡饮酒礼》曰:"受酬者自介右。"

---

① 《仪礼注疏》卷四十八,第1202页。
② 黄以周《礼书通故》云:"尸自诏妥而后恒坐不起。凡曰尸答拜,皆坐而答之,其礼与妇人为尸坐肃拜同。《少牢》郑注'有事则起','有'当作'无',浅人据下'有事则坐'而改也。《郊特牲》曰:'古者尸无事则立,有事而后坐也。'据妥尸前言。郑注以古为夏时,谓周时尸恒坐也,非谓有事则起。郑注'无事则起',《诗》所谓'皇尸载起,鼓钟送尸',据尸谡时言,郑注:'谡,起也。'贾疏误甚。傧尸时,尸之坐兴如宾礼,亦有事则坐。"([清]黄以周撰,王文锦点校《礼书通故》卷十七,第2册,第785页)按:尸以坐为主无分歧,何时起立则有异议,贾公彦疏认为有事则起,黄以周认为尸答拜不起身,有事则坐,无事则立。但这并不妨碍对尊者宜逸礼义。

郑玄注云："由介东也。尊介，使不失故位。"①

这是记乡饮酒介酬众宾长的礼仪。活动进行至旅酬阶段，宾酬主人，主人酬介，介酬堂上三宾长。一般来说，授受之法，受者在授者的左边。在上一环节主人酬介时，主人站立在西阶上向介授酬酒，介下席往就主人的左边受酒，这就相当于介处在西阶授受酬酒位处的稍西边，那么接下来受介酬酒的某宾长按照常例在介的左边受酒，而这里接受介酬酒的某宾从介的右边受酒。

郑玄对受自"介右"之仪的解释是：这里的某宾长如果按照常例在介的左边受酒，那么就要使介变动下位置，略向东一点去，而该宾长尊敬介，不欲再烦劳他改易位置，故行变例在他的东边受酒，这样介即可以不用离开他的位置。也就是说这是为尊介而行的变例，从该宾长受酬后再酬其他众宾开始，都是按常例受者在授者左边。

抽绎而言，与尊者行礼，为不劳烦尊者，不使其变动居处，故而自己稍违常例，往就尊者故有的姿势和位处，是以迁就尊者②。

4. 不使尊者久列有事之位

《仪礼·乡射礼》曰："大夫降，立于堂西以俟射。"

郑玄注云："尊大夫，不使久列于射位。"③

这是记乡射大夫在堂下准备升堂射箭时的礼仪。射礼第二番

---

① 《仪礼注疏》卷十，第988页。
② 因《乡射礼》无介，故该仪节仅出现在《乡饮酒礼》中，《乡饮酒礼》宾长受自介右的情况较为特殊。一般而言，二人并列，以右为尊，受者在左，是以尊居于右边的授者。故郑玄此条礼义值得关注。该仪节为唐时乡饮酒礼沿袭。可参见《新唐书·礼乐志第九》。
③ 《仪礼注疏》卷十三，第1011页。

射,宾、主人、大夫开始参与射箭,最先升堂射箭的依然是三耦,其次是宾与主人的射耦组合,再次是大夫与其耦。当三耦射毕,宾、主人、大夫相揖一起下堂,前往堂西准备,此后宾、主人升堂射箭,大夫则暂在堂西站立等待接下来的射箭。

郑玄对大夫"堂西俟射"之仪的解释是:乡射中射者有堂西位和司马之南的射位两个位处,三耦、大夫与其耦、众耦将射时,都要由司马之南的射位升堂射箭。在第二番射开始时,大夫的射耦就同三耦、众耦一起在司马之南的射位站好,现在大夫随宾、主下堂后,不是先就其耦,而是止步堂西,待宾、主人射毕才前往司马之南,这是因为司马之南的射位是射者升堂射箭前所就射事的正位,使大夫长时间与卑者同立在行礼的正位上是一种对尊者的不敬,故大夫先在堂西处等候,事至方前去就位,以示对其的优尊。

乡射在堂西位进行的主要仪节有:第一,司射比三耦及众耦。第二,除主人外,其他射者将射时的袒、决、遂、执弓,以及射毕时的释弓、脱决和拾、袭。第三,三耦、众耦射毕等候再番射。第四,宾、大夫、三耦、众宾初射取弓矢。所以相比可知,司马之南的射位是射者升堂射箭前就事的位处。在乡射中,主人是下大夫,宾是士,其他为乡人,前来观礼的大夫是尊贵者,让尊者久列位在此,较长时间整装待射,确实有失敬的嫌疑。

5.若有事尊者行重略轻

《仪礼·公食大夫礼》曰:"宰夫设筵,加席、几。"

郑玄注云:"公不宾至授几者,亲设湆酱,可以略此。"[①]

[①]《仪礼注疏》卷二十五,第1079页。

这是记食礼前的陈设仪节。牲肉煮熟时，陈设器具和食物。宰夫在堂上户牖之间设席，席上又设加席和几。郑玄对宰夫设席之仪的解释是：在此不是公待宾至，亲自为其设几，是因为在食礼中公将为宾亲自设湇、酱，有公亲身馈设饮食这样隆重的仪节，像为宾设几这样的仪节就可以省略。

与此相对的是《聘礼》公醴宾的环节，宾行聘享礼完毕，请求行私觌之礼，公则先以酒待宾。在公醴宾时，公接过宰夫进上的几，用衣袖向外拂拭三下，然后亲自授给宾。

公出，迎宾以入，揖让如初。公升，侧受几于序端。宰夫内拂几三，奉两端以进。公东南乡，外拂几三，卒，振袂，中摄之，进，西乡。摈者告。宾进，讶受几于筵前，东面俟。公壹拜送。宾以几辟。北面设几，不降，阶上答再拜稽首。①

在这里公仅向宾献醴，致送束帛、庭实等礼品，没有亲设馔的仪节，所以亲设几就体现了对宾的亲敬。在《公食大夫礼》中则因为有更为体现亲敬的环节，故不须有设几的仪式。

6. 向贱者传尊者命可遥令

《仪礼·乡射礼》曰："司射与司马交于阶前，去扑，袭，升，请以乐乐于宾。宾许诺。司射降，搢扑，东面命乐正，曰：'请以乐乐于宾，宾许。'"

郑玄注云："东西，于西阶之前也。不就乐正命之者，传尊

---

① 《仪礼注疏》卷二十一，第1057页。

者之命于贱者,遥号令①之可也。"②

这是记乡射第三番射司射请示奏乐的仪节。司射升堂向宾请示演奏乐曲,宾同意,于是司射下堂,面朝东向乐正传达命令。郑玄对司射命乐正之仪的解释是:司射下堂后,是在西阶前面朝东向乐正传达命令,前面射事环节开始时,为了不妨碍射箭,乐正已由西阶下东边的位置,迁移到阼阶东南边的位置,如此司射则未前去乐正处告知,这是因为向贱者传达尊者之命可以遥相号令,不必往就受命者具体所在的位处。在这一点上,大射的情况与乡射相同,见下。

《仪礼·大射仪》曰:"司射与司马交于阶前,倚扑于阶西,适阼阶下,北面请以乐于公,公许。司射反,搢扑,东面命乐正曰:'命用乐。'"

郑玄注云:"言君有命用乐射也。乐正在工南,北面。"③

司射抽出腰间的扑,走到阼阶下向公请示奏乐,公允准后原路返回西阶前,把扑重新插进腰间,面朝东向乐正传达君的命令,此时乐正在阼阶的东南边,面朝北站立,故司射也是遥相传命。二者不同之处在于,乡射乐正受命回复时依旧面朝北,并不转身面向司射,因为此时宾在堂,故乐正面朝宾;大射乐正受命时,面朝西向着司射,因君面朝西,而后乐正再转身面朝东命大师,此无关本条讨论,不再赘述。

---

① 令,阮校云:"徐、陈、《通解》、杨氏同,毛本'令'作'命'。"
② 《仪礼注疏》卷十二,第1004—1005页。
③ 《仪礼注疏》卷十八,第1041—1042页。

与向贱者传命截然相反的是,乡射司射传递宾、主间信息时,皆是就其位处禀告,而大射司射传递君、宾之间信息时也是如此。

在远处隔着距离向他人发号施令,是一种有失礼敬的行为,但尊者对卑者可以,故向卑者传尊者之命可遥相告知。而当需要表达谦敬时,无论是与尊者为礼,还是同侪为礼,须就对方位处示意。

"尊逸卑劳"是礼的一个核心思想。孔颖达疏云"事则须作而成,民则供上役使""君宜静而无为,物宜积聚"①。贾公彦在《仪礼疏》和《周礼疏》中,多处运用此郑注来疏解经义,且扩展为"尊者宜逸,卑者宜劳"。主要内容分为:一,尊者行近,卑者行远。二,尊官少,卑官多。三,尊者为大事,卑者为劳事。关于尊逸卑劳,不能简单理解成对立,它还牵扯到古人对社会管理的思考,涉及社会分工以及各自的性质和特色。《淮南子·主术》云"凡人之论",当"能欲多而事欲鲜"。

> 能欲多者,文武备具,动静中仪,举动废置,曲得其宜,无所击戾,无不毕宜也。事欲鲜者,执柄持术,得要以应众,执约以治广,处静持中,运于璇枢,以一合万,若合符者也。②

"能多者,无不治也;事鲜者,约所持也",这也是古人对尊逸卑劳的一个思考。《礼记·杂记》曰:"张而不弛,文、武弗能也。弛而不张,文、武弗为也。一张一弛,文、武之道也。"郑玄注云:"张、弛,以弓弩喻人也。弓弩久张之,则绝其力,久弛之,则失其体。"③

---

① 《礼记正义》卷三十,第1482页。
② 何宁《淮南子集释》卷九,北京:中华书局,1998年,第689、691页。
③ 《礼记正义》卷四十三,第1567页。

郑玄在此把张弛之度,训为民事。孔颖达疏云:

> 此孔子以弓喻于民也。张谓张弦,弛谓落弦。若弓久张而不落弦,则绝其弓力,喻民久劳而不息,则亦损民之力也。"弛而不张,文武弗为也"者,言弓久落弦而不张设,则失其弓之往来之体,喻民久休息而不劳苦,则民有骄逸之志。民若如此,文、武不能为治也,而事之逸乐,故称不为也。"一张一弛,文武之道也"者,言弓一时须张,一时须弛,喻民一时须劳,一时须逸。劳逸相参,若调之以道,化之以理,张弛以时,劳逸以意,则文、武得其①中道也,使可以治。文、武为政之道,治民如此,故云文武之道也。②

孔颖达疏文阐发了役民为事的劳逸问题,指出劳逸相参,既能不损其力又要规避骄逸之志。郑玄《周礼注》云:"凡用役者,不必一时,皆遍以人数调之,使劳逸递焉。"③也是说张弛有度、劳逸结合的问题。所以,礼在劳逸问题上是全面而且辩证的。礼既承认尊逸民劳的合理性,又提出统治者对于民力,需用之张弛有度,使民不至于疲敝而绝。当然这属于国家政治层面,与人民日常生活层面面对的问题有所差异,所以在对待礼之劳逸问题上,需就具体问题来采用与之适应的认识和处理方式。

总的来说,尊逸卑劳是礼的总体精神,是礼仪规范的一个基本

---

① 按:"其"原误重,据阮校删。
② 《礼记正义》卷四十三,第1567页。
③ 《周礼注疏》卷十六,第745页。

原则①。这里面有两个值得注意的问题。

一方面,君子应于己砥砺,终不自逸。郑玄在《既夕礼》"藏器"之处,注"君子之于事,终不自逸也",逝者尚且不示自逸,足见郑玄对此的强调和推崇。它更体现着中国文化对君子,对"逸"的认识,或者说,君子的品格和精神与"逸"的关系。这个精神无疑是一脉相承的。

一方面,尊者并非全然安逸,在《燕礼》中,礼无不答拜,君屡次举爵,不敢安闲。所以劳逸只是相对而言。而且尊卑的劳逸各有所侧重,牵扯到社会分工和工作性质。在古人看来,尊者过于烦劳琐碎的事宜是一种管理低能和失误,会陷在其中而不能清明。所以从这点来说,对于尊者宜逸的理解不能仅从公平与否认识。

《淮南子·主术》:"人主之术处无为之事,而行不言之教,清静而不动,一度而不摇,因循而任下,责成而不劳。是故心知规而师傅谕导,口能言而行人称辞,足能行而相者先导,耳能听而执正进谏。是故虑无失策,谋无过事;言为文章,行为仪表于天下;进退应时,动静循理;不为丑美好憎,不为赏罚喜怒;名各自名,类各自类,事犹自然,莫出于己。"②这里不仅是因为《淮南子》旨近淡泊无为,故提倡无为清净。《韩非子·说疑》卷第十七:

> 为人臣者,诚明于臣之所言,则虽罼弋驰骋,撞钟舞女,

---

① 在社会生活中,我们仍然遵循尊者宜逸,卑者先就事的认识。如古礼"为人子者,居不主奥"(《礼记正义》卷一,第1233页),室为尊者之处,房室之制向南,户近东南角,则西南隅为隐奥处,此处无事不宜被扰,故呼为奥。礼常推尊者居闲乐无事处,故尊者居必主奥。房屋格局无论怎样变化,这个精神还在继续延续,尊者居安闲处也是礼仪的基本原则。
② 何宁《淮南子集释》卷九,第605—606页。

国犹且存也；不明臣之所言，虽节俭勤劳，布衣恶食，国犹自亡也。赵之先君敬侯，不修德行而好纵欲，适身体之所安，耳目之所乐，冬日罼弋，夏浮淫，为长夜，数日不废御觞，不能饮者以筒灌其口，进退不肃、应对不恭者斩于前。故居处饮食如此其不节也，制刑杀戮如此其无度也，然敬侯享国数十年，兵不顿于敌国，地不亏于四邻，内无君臣百官之乱，外无诸侯邻国之患，明于所以任臣也。燕君子哙，邵公奭之后也，地方数千里，持戟数十万，不安子女之乐，不听钟石之声，内不湮污池台榭，外不罼弋田猎，又亲操耒耨以修畎亩。子哙之苦身以忧民如此其甚也，虽古之所谓圣王明君者，其勤身而忧世，不甚于此矣。然而子哙身死国亡，夺于子之，而天下笑之，此其何故也？不明乎所以任臣也。①

社会分工差异化，本身也是儒家、法家所持有的观点，且管理效率，以及治理的关键都不在于具体劳事行为。《荀子·非相》云："人有三不祥，幼而不肯事长，贱而不肯事贵，不肖而不肯事贤，是人之三不祥也。"②

---

① [清]王先慎撰，钟哲点校《韩非子集解》卷十七，第408—409页。
② [清]王先谦撰，沈啸寰、王星贤点校《荀子集解》，第76页。

主要参考文献

一、古代典籍

［清］阮元校刻《十三经注疏》（附校勘记），北京：中华书局，1980年。

［汉］郑玄注，［唐］贾公彦疏，彭林整理《仪礼注疏》，北京：北京大学出版社，2000年。

［汉］郑玄注，［唐］贾公彦疏，王辉整理《仪礼注疏》，上海：上海古籍出版社，2008年。

［汉］郑玄注，［唐］贾公彦疏，方向东点校《仪礼注疏》，北京：中华书局，2021年。

［汉］郑玄注，［唐］孔颖达疏，郜同麟点校《礼记正义》，杭州：浙江大学出版社，2019年。

王锷汇校《礼记郑注汇校》，北京：中华书局，2020年。

［清］阮元《仪礼校勘记》，阮元编《清经解》第5册，上海：上海书店，1988年。

［元］敖继公《仪礼集说》，《儒藏》精华编第45册，北京：北京大学出版社，2012年。

［清］褚寅亮《仪礼管见》，清乾隆刻本，《续修四库全书》第88册，上海：上海古籍出版社，2002年。

［清］胡匡衷《仪礼释官》，清嘉庆二十一年研六阁刻本，《续修四库全书》第89册，上海：上海古籍出版社，2002年。

［清］凌廷堪著，彭林校点《礼经释例》，北京：北京大学出版社，2012年。

［清］胡培翚撰，段熙仲点校《仪礼正义》，南京：江苏古籍出版社，1993年。

［清］孙诒让撰，王文锦、陈玉霞点校《周礼正义》，北京：中华书局，2013年。

［清］曹元弼《礼经校释》，清光绪十八年刻后印本，《续修四库全书》第94册，上海：上海古籍出版社，2002年。

［清］曹元弼著，周洪校点《礼经学》，北京：北京大学出版社，2012年。

［清］黄以周撰，王文锦点校《礼书通故》，北京：中华书局，2010年。

［清］秦蕙田撰，方向东、王锷点校《五礼通考》，北京：中华书局，2020年。

［清］苏舆撰，钟哲点校《春秋繁露义证》，北京：中华书局，1992年。

［明］湛若水《春秋正传》，桂林：广西师范大学出版社，2015年。

［清］马瑞辰撰，陈金生点校《毛诗传笺通释》，北京：中华书局，1989年。

［清］皮锡瑞撰，吴仰湘点校《尚书大传》，北京：中华书局，2022年。

［清］刘宝楠撰，高流水点校《论语正义》，北京：中华书局，1990年。

程树德《论语集释》，北京：中华书局，1990年。

［清］焦循撰，沈文倬点校《孟子正义》，北京：中华书局，1987年。

［唐］陆德明《经典释文》，上海：上海古籍出版社，2013年。

黄焯《经典释文汇校》，北京：中华书局，1980年。

［清］臧琳《经义杂记》，清道光学海堂原刻本，阮元编《皇清经解》

第3册,济南:齐鲁书社,2016年。

[清]惠栋《九经古义》,清道光学海堂原刻本,阮元编《皇清经解》
　　第4册,济南:齐鲁书社,2016年。

[清]江藩著,钟哲整理《国朝汉学师承记》,北京:中华书局,1983年。

[清]皮锡瑞《经学历史》,《皮锡瑞全集》,北京:中华书局,2015年。

[清]皮锡瑞撰,吴仰湘点校《经学通论》,北京:中华书局,2017年。

[汉]许慎《说文解字校订本》(第2版),南京:凤凰出版社,2018年。

[汉]刘熙撰,[清]毕沅疏证,[清]王先谦补,祝敏彻、孙玉文点
　　校《释名疏证补》,北京:中华书局,2021年。

《史记》(修订本),北京:中华书局,2014年。

《汉书》,北京:中华书局,1962年。

《后汉书》,北京:中华书局,1965年。

《晋书》,北京:中华书局,1974年。

《宋书》(修订本),北京:中华书局,2018年。

《隋书》(修订本),北京:中华书局,2019年。

《旧唐书》,北京:中华书局,1975年。

《新唐书》,北京:中华书局,1975年。

《旧五代史》(修订本),北京:中华书局,2015年。

《宋史》,北京:中华书局,1977年。

《清史稿》,北京:中华书局,1977年。

[清]钱澄之撰,诸伟奇辑校《所知录》,《钱澄之全集》第7册,合
　　肥:黄山书社,2006年。

[清]李天根撰,仓修良、魏得良校点《爝火录》,杭州:浙江古籍出
　　版社,1986年。

［宋］楼钥《北行日录》，《丛书集成初编》，北京：中华书局，1991年。

［宋］孟元老撰，伊永文笺注《东京梦华录笺注》，北京：中华书局，2007年。

［唐］李林甫等撰，陈仲夫点校《唐六典》，北京：中华书局，1992年。

［唐］杜佑撰，王文锦等点校《通典》，北京：中华书局，1988年。

［明］徐一夔等《明集礼》，景印文渊阁《四库全书》第649—650册，上海：上海古籍出版社，1987年。

刘俊文笺解《唐律疏议笺解》，北京：中华书局，1996年。

［春秋］孙武撰，［三国］曹操等注，杨丙安校理《十一家注孙子校理》，北京：中华书局，1999年。

［汉］贾谊撰，方向东集解《贾谊〈新书〉集解》，江苏：河海大学出版社，1994年。

［汉］仲长统撰，孙启治校注《昌言校注》，北京：中华书局，2012年。

［清］陈立撰，吴则虞点校《白虎通疏证》，北京：中华书局，1994年。

［汉］应劭撰，王利器校注《风俗通义校注》，北京：中华书局，2010年。

［宋］朱熹撰，朱杰人等主编《朱子全书》，上海：上海古籍出版社，合肥：安徽教育出版社，2010年。

［宋］王应麟著，［清］翁元圻等注，栾保群等校点《困学纪闻》（全校本），上海：上海古籍出版社，2008年。

［清］顾炎武著，陈垣校注《日知录校注》，合肥：安徽大学出版社，2007年。

［清］王鸣盛撰，顾美华标校《蛾术编》，上海：上海书店出版社，2012年。

[清]王念孙《读书杂志》,南京:江苏古籍出版社,1985年。

[清]钱大昕撰,杨勇军整理《十驾斋养新录》,上海:上海书店出版社,2011年。

[清]陈澧《东塾读书记》,《陈澧集》第2册,上海:上海古籍出版社,2008年。

[清]陈澧《东塾读书论学札记》,《陈澧集》第2册,上海:上海古籍出版社,2008年。

[唐]段成式撰,方南生点校《酉阳杂俎》,北京:中华书局,1981年。

[宋]庄绰撰,萧鲁阳点校《鸡肋编》,北京:中华书局,1983年。

[清]郭庆藩撰,王孝鱼点校《庄子集释》,北京:中华书局,2012年。

[晋]葛洪撰,杨明照校笺《抱朴子外篇校笺》,北京:中华书局,1997年。

[宋]王钦若等编纂,周勋初等校订《册府元龟》,南京:凤凰出版社,2006年。

[清]钱大昕《潜研堂文集》,影印清嘉庆十一年刻本,《续修四库全书》第1438册,上海:上海古籍出版社,2002年。

[清]黄以周著,詹亚园、韩伟表主编《黄以周全集》,上海:上海古籍出版社,2014年。

[清]全祖望撰,朱铸禹汇校集注《全祖望集汇校集注》,上海:上海古籍出版社,2000年。

二、现当代专著

黄侃《黄侃国学文集》,北京:中华书局,2006年。

沈文倬《宗周礼乐文明考论》(增补本),杭州:浙江大学出版社,

2006年。

彭林《中国古代礼仪文明》，北京：中华书局，2004年。

钱玄、钱兴奇编《三礼辞典》，南京：江苏古籍出版社，1998年。

钱玄《三礼名物通释》，南京：江苏古籍出版社，1987年。

钱玄《三礼通论》，南京：南京师范大学出版社，1996年。

王素编《唐写本〈论语〉郑氏注及其研究》，北京：文物出版社，1996年。

杨天宇《仪礼译注》，上海：上海古籍出版社，1994年。

杨天宇《郑玄〈三礼注〉研究》，天津：天津人民出版社，2007年。

中国社会科学院历史研究所编《甲骨文合集》，北京：中华书局，1999年版。

蔡元培《中国伦理学史》，长春：吉林人民出版社，2012年。

章太炎《章太炎全集》，上海：上海人民出版社，2014年。

梁启超《中国近三百年学术史》，北京：东方出版社，1996年

柳诒徵《中国文化史》，上海：东方出版中心，1988年。

钱穆《钱宾四先生全集》，台北：联经出版事业公司，1998年。

刘咸炘《学略》，上海：华东师范大学出版社，2009年。

陈梦家《陈梦家学术论文集》，北京：中华书局，2016年。

唐长孺《魏晋南北朝史论拾遗》，北京：中华书局，1983年。

杨树达《汉代婚丧礼俗考》，上海：上海古籍出版社，2000年。

章太炎演讲，诸祖耿等记录《章太炎国学讲演录》，北京：中华书局，2013年。

辜鸿铭撰，李静译《中国人的精神》，天津：天津人民出版社，2016年。

冼玉清《冼玉清论著汇编》，桂林：广西师范大学出版社，2016年。

陈顾远《中国法制史概要》，北京：商务印书馆，2011年。

高明士《中国中古礼律综论》,北京:商务印书馆,2017年。

(法)孟德斯鸠撰,许明龙译《论法的精神》,北京:商务印书馆,2012年。

瞿同祖《中国法律与中国社会》,北京:商务印书馆,2017年。

三、期刊论文

刘家和《先秦儒家仁礼学说新探》,《孔子研究》1990年第1期。

费孝通《反思·对话·文化自觉》,《北京大学学报》(哲学社会科学版)1997年第3期。

胡新生《礼制的特性与中国文化的礼制印记》,《文史哲》2014年第3期。

后　记

这部作品最初要解决的问题是：探求礼的原则，即如此规范的"原因"。原则之所以重要，是它对于具体概貌、意义目的来说，更具方法论意义。原则可以进一步促进研究的不断深入，同时也有利于把握事物之间的联系。也即它面对现实、为现实所需要。

原则一定是更早时间就确立起来的，体现的是人类早期发展史中那些最基本的成果。就中国早期经典来说，其内在禀赋在于注重对事理原则的探求总结。而经学元典更注重全局，专注那些更为永恒的东西。它固然追求有序性，但却是建立在认识无序性、承认复杂性这一根本点上的。"究天人之际，通古今之变"，它不仅提供智慧，而且毫不避讳告诉我们哪种更为明智正确，即使这会使其招致批判。

对于礼义原则的研究，我们的结论是：（一）郑玄的探讨更为接近地表达出了本质，这种表述方式与思维更具有一种定理的风格，是中国哲学表达的一种巅峰。（二）由具体实际到观念形态的形成，这种胜利是建立在两种资源上的。一是子学时代的理性讨论。这是指对历史经验的充分积累、充分研究与极大吸纳。一是统一的、中央集权式国家的形成及其伟大的治理实践。秦汉时代作为中国第一个大一统国家形态的历史时期，国家治理模式在这幅员辽阔、纵深多样的大地上极具开拓性、多样性。社会治理的艰巨、复杂,诸多或隐或现的议题,都会随着矛盾的不断转化最终显现出来,也只有这样,问题之间的联系才更需要精准的辨析把握。(三)两汉经学整体上完成了商周以来礼乐文明遗产的总结性整理与再生性创新。因而经典远比我们想象的要更具超越性、开阔性、革新性。

这一研究并结论的探讨,也涵盖着如下几个问题:1.为什么会是《仪礼》这部书。2.《仪礼》的礼义是什么。3.郑玄是如何具体完成《仪礼》经义塑造的。4.这又是在怎样的全局性工作中展开的。所以,这部作品,并不是因为选择《仪礼》,遂以《仪礼》立论,而是出于探求郑玄为何选择了《仪礼》,也即《仪礼》具备了怎样的性质,使得它可以成为礼义原则集中体现的文本。《仪礼》的礼义,实际上是事理逻辑,是文、事、义的综合,也即文本校订、事理分析、义理含括的综合。

两千多年前,西汉的辞赋家们描摹了大海滂渤奋振、日夜不止、行乎东极之外的波澜壮阔。经典的智慧如蒲伏连延的大海,永远具有穿透的力量。涓流泱瀁,回复万里,当这部书稿真正要面世的时候,我感觉到,它既不是新的,也不是旧的。经义的这份鲜洁终究属于其本身。这一过程于我而言,一以贯之的是:为领悟经典中包含的历史经验而努力。因为,人们总需要在他自己的时代对历史经验进行再驾驭。

对发展规律与本质的探索抱有自觉的敏锐、崇高的使命感,似乎是中国早期经典的一个品质。早期经典,是人类在大自然生存竞进中不断追求理性光辉的见证,是人类对历史经验高瞻远瞩、怀抱未来的总结。这种存续与发扬,依靠着千百代人坚忍不拔的努力，包含着那些共同或孤独的奋斗。这值得我们珍视，并深深敬仰之。

2024年8月